혁명군과 함께 **새로운 경제세계로 진군하라**

휴대폰 인류의
블록체인 디파이 혁명

기태현, 김형중, 김호진, 리재학, 박항준
신용우, 안동수, 양해진, 이서령, 채경채 공저

본 도서 추천기관

한국블록체인협·단체연합회/(사)한국블록체인기업진흥협회
고려대학교 암호화폐연구센터 / (사)한국소프트웨어기술인협회 / 세계유통연맹(WDF)
(사)한국공유정책연구원 / (주)블록체인시큐리티 / (사)우리경제협력기업협회

BOOK STAR

프롤로그

'회색코뿔소 현상'이라는 비유처럼 요즘은 다가오는 변화를 잘 몰라서 당하고, 또 알면서도 어쩔 수 없이 피해를 보는 일이 많아지고 있습니다. 유명한 미래학자 앨빈 토플러는 "21세기 문맹은 읽지 못하거나 쓸 줄 모르는 것이 아니라 새로운 것을 배우지 않는 것"이라고 했습니다. 『성경』에도 "지식이 없어 내 백성이 망한다"는 구절이 있고, 1달란트를 활용하지 않고 땅에 묻어둔 게으른 종은 쫓겨나는 구절이 있습니다.[1] 무식하고 게으른 자는 결국 벌을 받게 되든지 있는 복도 빼앗겨 버리게 된다는 교훈입니다.

인류사의 각 혁명기에는 항상 새롭고 낯선 최신의 도구들이 출현했는데, 이 도구 활용에 게으르지 않으려면 그 도구에 대해 깊이 알아보아야 합니다. 도구는 세 가지 안목으로 봐야 제대로 파악할 수 있다고 합니다. 그것은 육안과 뇌안, 그리고 영안입니다. 우선 사물을 눈으로 파악하고 나서 지식과 경험을 동원하여 두뇌로 이해합니다. 그러나 그 목적물이나 비즈니스에 내재된 의도나 가치 등을 제대로 알아보기는 쉽지 않습니다. 그것을 둘러싼 사람들의 심성과 사회적 환경이나 철학, 가치 등이 복잡하고 때로는 교묘하게 감춰져 있기 때문입니다.

---

1) 호세아 4:6, 마태복음 25:14, 누가복음 19:11-27

이 책은 블록체인과 암호화폐 세계의 지식과 지혜 그리고 복잡하게 구성된 다양한 비즈니스에 대해 설명하고 있습니다. 조석으로 변하고 발전하는 블록체인과 암호자산 생태계를 독자들에게 제대로 알려드려서 '코끼리 더듬는 오류'를 최소화하고 적정한 판단을 할 수 있도록 했습니다. 그래서 각 분야의 전문가들이 함께 집단지성으로 우리나라의 암호자산 산업의 발전을 위해 심혈을 기울여 요약 정리한 지식과 지혜를 이 책에 모았습니다. 이 내용을 독자들께서 충분히 활용하여 좋은 결과를 내면, 그것이 결과적으로 사회와 국가 발전에 이바지할 수 있다고 확신합니다.

비트코인으로 시작된 암호자산 화폐는 금융의 중앙은행 탈피라는 개념 때문에 2016년 이후 세계 여러 나라에 엄청난 충격을 주었지만, 한국을 비롯한 대다수의 정부는 '뜨거운 감자'로 치부하여 적극적인 관리보다 방치 수준으로 일관해 왔습니다. 이런 상황으로 시장에서는 금융 사기에 가까운 일들이 일어나 홍역을 치렀습니다.

그러나 지난 2020년 3월 5일에 열린 국회 본회의에서 '특금법'이라고 하는 〈특정 금융거래정보의 보고 및 이용 등에 관한 법률 일부 개정법률안〉[2]이 통과되었습니다. 시행 시기가 1년 이후이기는 하지만 이로써 블록체인 기반의 가상자산화폐가 본격적으로 제도권에 진입하는 준비 단계에 들어섰습니다. 이제 특금법이 우

2) 국민참여입법센터에서 의안번호 24776 검색

리 사회가 제도권 미래화폐 경제로 가는 기초석을 놓았습니다. 점진적으로 제도화되는 블록체인과 암호자산 화폐에 대해서는 개인이나 기업을 막론하고 휴대폰 인류의 디파이 경제 혁명에 적극적인 대응이 필요한 시기입니다. 마지막 11장에는 실습하고 소득을 창출할 수 있는 모델들로 실전에 돌입할 수 있습니다. 블록체인이나 암호화폐, 암호자산을 제대로 파악할 수 있는 좋은 계기가 되기 바랍니다.

2020년 5월
대표 저자 안동수

머리말

1. 사람이 쓰는 돈, 기계가 쓰는 돈 _안동수

2. 암호화폐 개론 _김형중

3. 코인 이코노미의 2차 성장 전략 _이서령

4. 블록체인의 분야별 적용 방안 _양해진

8. 블록체인의 글로벌 프로젝트 _김호진

9. 공유경제의 완성, 소셜 블록체인 _박항준

제1장

사람이 쓰는 돈, 기계가 쓰는 돈

- 안동수 -

문명을 가늠하고 그 문화와 경제를 앞당기자

마이클 폴란의 『욕망의 식물학』에 보면 16세기 스페인의 한 신부가 남미 원주민에게 받아 온 이것은 유럽인들을 질색하게 했다고 하는데, 그 이야기는 다음과 같다.

그들은 이것을 보고 "성경에서도 본 적이 없는 흉물스러운 물건이군! 악마의 열매가 틀림없어!"라며 두려워했다. 유럽 전역에 이것에 대한 두려움이 커지자 프랑스 의회는 "이것은 나병을 일으키므로 재배하는 것을 금한다."라고 판결했다. 그로부터 200년 후쯤 프랑스 학자 파르망티에는 귀족들을 모아 파티를 열었다. 파티가 무르익자 그는 사람들을 향해 "여러분이 먹었던 요리는 모두 이것으로 만들어졌소!"라고 외쳤다. 이것이라는 그 식물은 나병을 일으키는 것과는 반대로 영양이 풍부해 식량이 부족한 유럽에 꼭 필요한 식품이었던 감자였다. 잘못된 추측으로 200년간 오해받았던 감자는 한 사람의 편견을 깬 용기로 세계인의 식탁을 바꿔놓았다.

오늘날도 감자처럼 편견에 가려진 진실은 또 있다. 그것은 사기와 거품에 지나지 않는다는 평가를 받는 암호자산 또는 암호화폐로 불리는 코인이다. 비트코인으로 대표되는 이것들은 기계를 위한 돈, 기계적 언어를 통해서만 전달되는 가치이니 이해하기 어려워 편견을 갖게 되기 십상이다. 특히 정보와 지식의 전달 체계에 시간과 질적 차이가 나는 곳에는 인식의 정도와 속도에 차이가 생길 수밖에 없다.

1) 네 차례의 혁명이 가져온 가치

새로운 도구는 산업을 교체하고, 문화를 교체하며, 결국은 사회 주역들을 교체하여 권력 이동으로 이어진다. 이러한 문명이 출현하게 된 것은 인간 심연의 가치와 사회적 배경 등이 원인이다. 이런 것을 잘 이해하지 못하고 '감자의 예'처럼 오해한다면 큰 후회를 남기게 될 것이다. 코인으로 다가온 암호자산경제 Crypto Asset Economy 를 단순한 기술이나 핀테크의 차원에서 보기보다는 그 등장 배경과 내재된 가치와 철학 등을 먼저 살펴봐야 한다.

1차 산업혁명은 몸으로 하던 일들을 증기기관 같은 기계로 대체하며 인간 노동의 해방을 가져왔다. 2차 산업혁명은 전기의 발명으로 인간 생활에 에너지 혁명을 가져온 대변혁이라 할 수 있다. 그리고 3차 산업혁명은 컴퓨터의 발명으로 인간의 기억 능력과 인지 능력의 한계에서 해방된 대사건이다. 이 컴퓨터 관리 시스템은 인간능력으로만 해 오던 사회관리 체계를 획기적으로 개선해 주었다. 그러나 인간의 이기적이고 비양심적인 속성을 막아내지는 못했다. 오히려 첨단 기술을 이용해서 악한 DNA의 언행은 더 심화되었다.

그러면 4차 산업혁명 시대를 통해 인간은 무엇을 얻게 되었나? 블록체인으로 대표되는 4차 산업혁명은 '인간 신뢰 제로 시대'를 마감할 수 있게 되었다고 볼 수 있다.

ㄹ) 블록체인의 인문학적 가치

블록체인과 암호화폐는 컴퓨터 기술과 인성을 조합하는 프로그램을 통해 신新문명을 만들어 낼 수 있는 도구이다. 암호자산경제는 새로운 유형의 시스템, 응용 프로그램 및 네트워크를 운영하기 위해 인센티브 및 암호화를 사용한다. 그럼 왜 이런 도구가 나올 수밖에 없었는가?

[그림 1-1] 사회관리 체계의 변천
자료: 안동수 외. 2018.01. 『알기쉬운 비트코인 가상화폐』. Book star

신경제 금융 자본주의의 기본은 정보와 기술 기반으로 운영되고, 개인과 기업의 경쟁력은 지식의 생산과 처리 능력에 따라 결정된다고 할 수 있다. 이러한 현상은 금융시장, 과학기술, 국제교역, 생산과 통신 미디어, 고숙련 금융 자본과 기술이 세계적으로 연결된 전 지구적 차원의 시대상이다. 이 컴퓨터 관리 시스템은 인간 능력으로만 해 오던 재래식 조직관리 체계를 획기적으로 바꾸어 주었다. 그러나 인간의 이기적이고 비양심적인 속임의 속성까지는 막지 못했다. 오히려 첨단 기술을 이용해 악한 행실은 심화되고 DNA로 고착되었다.

이런 환경에서 달러화를 비롯한 각국의 법정 화폐 제도에서 일어난 인플레이션은 그들이 양적 완화라는 고급스런 경제 단어로 위장한 혹세무민의 제도로 정착되어 일반 시민은 깨닫기조차 못하게 되었다.

또 경제적 이득 앞에 거짓 언행을 하는 인간의 속성은 인플레이션과 경제 양극화의 긴 역사를 통해 '인간은 신뢰 제로의 사회적 동물'로 전락하였다. 그리고 인간의 힘으로는 참 인간성 회복이 희박해졌다. 그래서 세상을 관리해 주는 새로운 주관자가 나타나 인간 세상의 거짓 언행을 원천 차단하는 기능을 해야 하는 시대가 된 것이다. 이래서 나온 것이 '만인의 정보 공유로 만인이 보증하는 만인의 정직성을 구현하는 도구'가 블록체인이다. 즉 공동 보증 공유 시스템인 분산형 데이터 저장 기술이 출현하게 된 것이다.

그래서 결국 인간 스스로 신뢰를 회복하지 못하고 블록체인이라는 제3자에게 관리를 받게 된 셈이다. 이런 연유로 인간 세상의 관리 주체인 주인이 바뀌게 된 것이다. 아쉽게도 인간이라는 영혼을 가진 만물의 영장이 인간 가치와 영혼을 지켜내지 못하고 결국 기계가 앞서가는 결과가 되어 버린 것이다. 인간은 앞으로 이 앞선 기계들을 어떻게 경영해야 할 것인가를 고민해야 한다. 또다시 기계가 인간을 지배하는 결과를 가져와서는 안 된다. 그렇게 되면 인간은 영혼이 없는 존재가 되거나 아니면 영혼을 지켜낼 수조차 없는 보잘것없는 이기적 동물로 퇴화될 것이다. 이토록 오명을 안게 된 데 대하여 인간은 반성하고 회개하여야 한다.

3) 선한 로봇, 악한 로봇

블록체인으로 그런 인간의 나쁜 질서도 방지할 수 있게 되었으니 분명 인류 역사의 위대한 전환이긴 하지만, 이렇게 인간 사회의 관리 체계가 사람의 손을 떠났기에 앞으로 어떻게 변해 갈지 아무도 모른다. 그렇기 때문에 다가오는 고도의 관리 문명을 인간이 어떻게 선하게 만들어 갈 것인가가 큰 과제로 다가왔다.

이제 인간은 탐욕의 DNA를 협력과 신뢰의 좋은 DNA로 바꿔야 한다. 왜냐하면, AI는 집중 학습 Deep Learning 을 통해 인간을 분석하고 그 인간성을 배우기 때문이다. 그 인공지능이 배우는 모델에 따라 선한 AI와 악한 AI로 나뉘게 되고, 결국 미래는 선한 AI와 악한 AI의 대결 세상이 될지도 모른다. 나쁜 AI가 승리하면 인간은 기계의 지배를 더 철저히 받게 될 것이다. 그래서 인간이 "기계님! 어디서 무엇을 할까요?"라고 조아리지 않으리라는 법이 없지 않은가? 반대로 좋은 AI가 승리하면 인간은 유토피아에서 살게 될 것이다. 따라서 개인의 이기적인 탐욕 DNA를 협력과 신뢰의 좋은 DNA로 바꿔야 할 숙제가 있는 것이다. 그래서 4차 산업혁명 이후 5차 산업혁명 시대의 과제는 인간의 영성이 스스로 인간을 지켜낼 수 있도록 해야 하는 것이다. 이때에는 로봇에게 좋은 인성을 가르쳐 좋은 사람처럼 일하게 하는 로봇 산업시대가 될 것이기 때문이다. 그래야 블록체인이 인간 사회의 공동선을 이루는 도구로서의 가치를 지켜낼 수 있다.

4) 비트코인이 도대체 뭐지

우리가 지금 의존하고 있는 기존 금융 시스템은 중앙화된 서버의 원장 프로그램을 통해서 모든 결제와 금융 상품의 거래가 이루어진다. 이러한 배경에서 2008년 사토시 나카모토라고 하는 익명의 암호학자가 P2P 프로토콜에 대한 논문을 발표하며[1] 최초의 비트코인이 탄생하게 되었다.

이 4차 산업혁명 시대의 화두는 디지털 화폐, 곧 코인을 중심으로 한 새로운 경제 게임인 토큰경제다. 암호화폐는 거래소 해킹 등 크고 작은 사고가 많았지만, 블록체인 원리는 지난 10여 년간 에러 없이 성장해 왔다. 그러나 이 태동과 함께 지속적인 지진과

---

1) 사토시 나카모토(Satoshi Nakamoto)가 2008년 10월 31일 오후 2시 10분(미국 동부 시간)에 발표

격동의 성장통을 겪어 왔다.

4차 산업혁명의 혈액 역할을 담당하는 것이 암호화폐와 코인이다. 이 돈은 사람들을 위해 만든 돈이 아니고 기계들을 위해 만든 돈이기 때문에 당연히 이해하기가 어렵다. 투기 자본주의의 몰락을 피하기 위한 사회 공동 감독 제도가 블록체인이고, 이를 경제적으로 구현한 화폐가 비트코인인 셈이다.

[그림 1-2] 항상 이익을 챙기는 중재자

블록체인 기반으로 발행하는 토큰이나 코인의 개념은 지금까지 금융 이용자들을 관리·통제해 온 중앙은행의 화폐 시스템과 다르기 때문에 쉽게 받아들이기 어렵고 이해하기도 힘들다. 그러나 지금까지 해결할 수 없었던 인플레이션과 이자와 수수료를 과도하게 챙겨 왔던 은행 문제를 해결할 수 있는 새로운 시스템이다.

이 기계 문명인 블록체인으로 세상을 관리하게 되면 그 비용 지급이 필요한데 이 비용은 인간들이 써오던 종이돈, 즉 아날로그 화폐로는 지급할 수 없다. 즉 기계들이 쓸 수 있는 돈이 필요한데 이것이 암호화폐, 암호자산이다. 따라서 그 중요성도 인터넷과 컴퓨터 기계 문명이 심화되고 그것이 일반화되는 정도에 따라 증가될 것이다. 그래서 그 용도도 점차 늘어나고 따라서 그 가치는 점진적으로 커질 수밖에 없다.

거래원장과 블록체인, 그리고 코인 암호화폐는 다음 그림과 같이 밀접한 관계를 갖고 있다.

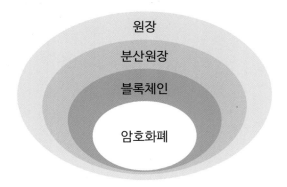

[그림 1-3] 블록체인과 암호화폐의 상관 관계

앞으로 사회 거의 모든 시스템은 블록체인과 인공지능을 포함한 고도의 자동화 연동 기술이 중심이 될 것이다. 화폐는 시대의 언어이기 때문에 연결이 지배하는 세상에서 화폐의 필연적 진화 Inevitable Evolution of Money 는 필수적이다. 스마트 계약이라고 알려진 사회적 약속이 앞으로 일반화되면 기계적 약속 이행에 필요한 암호화폐의 쓰임새도 역시 일반화되는 것이다.

다시 말하면 은행 같은 곳의 거래원장의 신뢰도가 떨어지게 되어 분산원장으로 신뢰를 만드는 시스템으로 가고, 이것을 구현하기 위하여 블록체인 기법을 동원하게 되었다고 할 수 있다. 이 블록체인을 실제 시스템으로 대중이 사용할 수 있도록 하기 위하여 보상을 해주는 채굴이 결국 코인이 된 셈이다. 이것이 암호화폐의 기능을 갖게 되면서 금융의 신뢰기반을 만드는 중요한 문명으로 자리 잡게 된 것이다.

암호화폐 태동의 경제적 배경

프랑스 경제학자 피케티[Piketty]의 저서 『21세기 자본』은 향후 10년 동안 가장 중요한 경제학 베스트셀러로 평가받고 있다. 『뉴욕타임스』의 북 리뷰에서 '피케티 혁명'이라 평가할 만큼 유명한 책이다. 이 책은 매우 비판적인 시각으로 지난 100여 년간의 자본주의 역사에서 부와 소득의 불평등이 어떻게 진행되어 왔는지 상세히 밝혔다.

저자는 [그림 1-4] 그래프에서 미국 상위 10% 부자들이 국민소득에서 차지하는 몫이 1950~1960~1970년대 35%였으나, 2000년대와 2010년대에는 50%로 상승하고, 그 이후에는 60~70%까지 상승할 것이라고 예측하였다.[2] 이것을 근거로 저자는 '세습 자본주의'의 특징인 부와 소득의 '끔찍한 불평등'이 문제라며, 앞으로 소득 불평등이 더욱 가파르게 심화될 것으로 결론지었다.

---

2) piketty.pse.ens.fr/capital21c

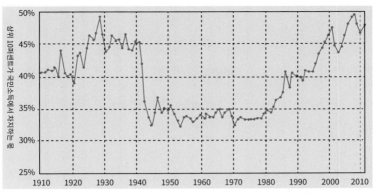

[그림 1-4] 미국 상위 10% 부자들이 국민소득에서 차지하는 몫

그리고 그는 "우리 사회는 정말 민주적인가? 21세기 자본주의가 나아갈 길은 어떠해야 하는가?"라고 질문하면서 "민주주의가 자본주의의 노예가 되지 않도록 다 같이 노력해야 한다."라고 주문하고 있다.[3]

1) 고장난 자본주의의 대안 나눔경제 자본주의

이런 상황에서 우리는 앞으로 인류의 미래 경제는 어떻게 될 것인가를 풀어야 하는 숙제를 떠안게 되었다. 현대 자본주의는 경제가 계속 성장하는 것을 전제로 설계되어 있다.[4] 그런데 이 자본주의 체계를 너무 이기적으로 운전하여 이제는 더 이상 성장할 수 없는 지경에 이르고 말았다. 사실상 '자본주의 열차'는 기관이

---

3) 안동수 외. 2018.01. 『알기쉬운 비트코인 가상화폐』. 65p, Book star
4) 『사피엔스』의 저자 유발 하라리 교수는 동아일보와의 인터뷰. 동아일보, 2016년 7월 18일 / 장영권, 안종배 공저, 『대한민국 미래 성공전략』, 19P, 광문각, 2018.9 재인용

고장나 멈추어 가는 상황이다. 이제는 어떤 엔진으로 경제 체계를 운영해야 할지 대책을 강구해야 한다.

하라리 교수는 "앞으로 얼마 안에 역사상 최초로 인간 자체가 급진적인 혁명을 겪게 될 것"이라고 전망한다. 많은 미래학자들도 "인간 사회와 경제뿐만 아니라 신체와 정신이 유전공학과 나노공학, 인간-컴퓨터 인터페이스 등에 의해 만들어지게 될 것"이라고 예측했다. 그래서 21세기에는 일하지 못하는 사람들이 많이 생길 것이라고 한다. 이들은 경제적으로나 사회적으로 아무런 가치도 없으며 사회 번영에 아무런 기여도 하지 못하는 사람들이 되는 것이다. 사람들이 아무리 애를 써도 일자리를 구할 수 없는 사회가 되기 때문이다.

3차 산업혁명으로 인한 인터넷 세상이 되면서 정보의 비대칭이 커져서 구글이나 페이스북 같은 글로벌 공룡 기업들이 탄생하였다. 이 기업들의 서비스를 이용하는 서민들은 정보만 제공하고 아무런 보상도 받지 못하지만, 기업들은 정보의 중앙 집중화가 그 기업들의 큰 재산이 되면서 많은 돈을 벌게 되었다. 그리고 이러한 경제력의 중앙화로 돈의 소유가 한 곳으로 모이는 속도는 더욱 빨라지게 되었다. 소위 중앙의 중개자가 세상의 주인이 된 것이다.

더 큰 문제는 은행이나 증권사, 보험사, 통신사 같은 각 산업을 통제하고 주관하는 거대한 중개자들은 대출사업으로 돈을 빌려주고 몰염치한 정도의 막대한 이자를 챙겼다. 그래서 과도하고 불합리한 이자 시스템으로 사용자들은 털리고 금융기관은 더욱 비대해졌다. 나아가 미국 정부가 미국 달러 화폐의 발행권을 갖지 못하고 연방준비제도 聯邦準備制度, Federal Reserve System라는 사설 은행에서 달러화를 빌려 쓴다는 것도 오늘날 자본주의 왜곡의 근본적 원인 중에 하나라고 생각된다. 그래서 피켓티 교수는 "부자들과 결탁한 정치인들이 세제 완화와 규제 철폐 등 돈놀이를 성행케 하며 상위 1%의 부자들을 위한 온갖 정책을 펼치고 있다."라고 지적하였다. 물론 이러한 제도들이 우리 사회의 새로운 자본주의와 정보산업이 발전하는 데 적지 않은 기여를 한 것은 사실이지만, 이제는 이러한 거대한 중개자들이 가져오는 사회의 구조적인 문제들을 계속해서 간과할 수 없게 되었다. 결정적인 사건은 2008년 9월 15일에 리먼브러더스 사태다. 이 사건을 계기로 촉발된 글로벌 금융위기 이후 금융기관에 대한 불신이 널리 알려지게 되었다.

그러함에도 불구하고 극소수 엘리트 집단들이 알고리즘을 소유하고 경제적 부를 독점하게 될 수밖에 없다는 제도는 계속되고 있다. 결국, 지금의 사회 불평등은 1%대 99%로 갈 수 밖에 없을 것으로 생각된다. 이런 극한 불평등에서 무엇을 어떻게 할 수 있을까? 무엇인가를 성취하고 싶어도 방법이 없다면 인간의 존재 가치는 어떻게 될 것인가?

이러한 세상의 불균형은 세간에서 이야기하는 '금수저와 흙수저'의 고착화로 이어지고 있는 것이다. 그래서 거대한 중개자들이 더 막대한 부를 축적하는 동안 그 경제의 가장자리에 있는 사람들은 점점 가난에 고착화 되고 있는 것이다. 러프킨이 "지금 세계에서 가장 부자인 80명의 부^{富}는 세계 인구 절반이 가진 부와 같다. 이건 정말 치욕스러운 일"이라고 말한 것처럼 ….

이러한 물과 기름의 사회 구조로는 건강하게 함께 사는 사회를 만들 수 없음은 너무나 당연한 것이다. 돈이 많은 사람은 돈을 주체하지 못하여 정신의 혼돈 속에 흥청망청 몰염치한 폐인이 되는가 하면, 한편에선 돈이 없다고 은행계좌도 만들어 주지 않는 무인격의 사회라면 분명히 병든 사회임이 틀림없다. 세계의 서민들이 '합법화된 절도 금융 시스템'에 실망을 느끼기에 충분했다.

이렇게 병들고 고장 난 중개자 시스템은 폐기하고 새로운 방안을 모색해야 하는 필요성이 제기된 것이다. 이러한 필요성이 중개자를 거치지 않고 소비자 개인과 개인이 서로 정보와 돈을 거래하는 시스템으로 발전하게 만들었다. 그러나 일반인들은 신경제 금융 자본주의의 진짜 얼굴을 모르는 채 자본주의와 민주주의는 동일하다고 생각한다. 이러한 생각은 너무나 안타까운 일이다. 자본주의 100여 년 이래 빈익빈 부익부의 편중 현상이 심화되고 양극화 등 금융 자본주의의 문제점은 지속적으로 쌓여 왔다. 이렇게 쌓여온 돈의 편중 현상인 경제적 뒤틀림은 기존 경제 시스템에 지진을 일으키기에 충분한 경제적 지진 에너지를 축적해 온 것이다. 암호화폐가 생기게 된 배경도 역사의 경제적 뒤틀림으로 인한 문제점이 쌓였다가 그것을 해소하기 위해 나타난 자연스러운 현상이라고 할 수 있다.

나 홀로 행복 추구를 위한 이기적 경제 독점이나 끝을 모르는 지구의 무한 개발은 극단적 경제 양극화로 인한 폭력과 갈등 등의 비싼 대가를 치러야 한다. 인류의 미래 목표는 이제 최소한의 경제적 이익을 다함께 누리며 살아가는 '나눔경제 체계'가 되어야 한다. 이것은 블록체인 정신과 경제 시스템으로 가능하다고 본다.

주식경제에서 증권형 토큰경제로

인류는 어떤 방식으로 협업을 하고 함께 부를 나눌 수 있는 방법을 모색했을까? 주식회사 제도는 400여 년 전에 네덜란드의 동인도 회사가 식민지를 개척하기 위한 경영 기법에서 유래되었다. 1602년 아시아와의 독점 무역을 꿈꾸며 설립된 이 회사는 그 당시 신대륙으로 교역에 필요한 배를 많이 보내야 했는데, 어떤 배가 위험한 항해를 마치고 무사히 네덜란드로 돌아올 수 있을지 아무도 장담할 수 없었다. 그래서 수익을 많이 내면서도 안전성을 보장받기 위해 위험을 분산하는 묘안이 필요했다. 많은 투자자를 모아 무역 이익을 어떻게 분배할지를 장부에 적었는데, 이것이 오늘날의 주식 원장이라 할 수 있다. 이것은 합리적인 경제 게임인데, 투기 자본주의가 이 합리적 운영 원칙을 무시하여 운영해 오다 보니 오늘날 경제 양극화의 부작용도 그만큼 커진 것이다.

이제 새로운 경제적 대안이 등장했는데, 이것이 바로 토큰경제다. 토큰은 두 가지 기능을 동시에 수행할 수 있는데, 첫째는 해당

경제 시스템에서 마치 화폐처럼 지불 결제 용도로 사용하는 것이고, 둘째는 그 플랫폼이 크게 성장해서 토큰의 가격이 상승하면 마치 소유한 주식의 가치가 상승하는 것처럼 토큰을 소유한 참여자들이 이익을 공유할 수 있는 저장 기능이다. 이제 그 주식시장의 축이 토큰경제로 활성화되면서 커지고 자유로워지기 때문에 개인 투자자를 넘어 기관 투자자들까지도 참여하기 시작했다.

블록체인의 태생이 기존 질서의 불합리를 극복하고 합리적 금융대안을 찾는 DNA로 출발했던 자체가 이미 신구 질서와 문화의 충돌을 전제로 하고 있다. 특히 비트코인이 국가와 중앙은행의 핵심권력인 화폐 발행권과 세금 제도에 타격을 주게 되니 구질서의 입장에서 암호화폐의 수용은 가당치 않다는 입장이다. 반면 신질서 입장에서 보면 구질서는 척결의 대상이고 개혁의 목표라고 주장한다. 당연히 신구의 문화적 충돌이 발생하게 된다. 그러면 이 충돌의 복잡한 현실에서 우리의 합리적 대처 방안은 무엇일까?

분명히 주도권을 갖고 선도하는 신문명의 도구에 따라 앞으로 사회 거의 모든 시스템은 블록체인과 고도의 인공지능 중심으로 이동될 것이다. 그러나 역사 발전이 다 그러하듯이 비트코인 출현의 디지털 금융 문명과 이를 수용하고 관리하는 문화의 충돌에서도 문화는 문명을 앞서가지 못하기 때문에 새로운 도구와 관련 문명의 이해는 필수적이다. 나의 삶과 직결되기 때문이다.

세계 코인 대전 시나리오

'비단이 장사 왕서방'으로 묘사되는 중국인들은 돈 버는 귀재로
세계적인 장사꾼의 표상이다. '검은 돈이든 흰 돈이든 돈만 내 지
갑에 들어오면 선하다'는 가치 기준은 쉽게 동의할 수 없는 가치
지만 왕서방의 기본 이념인 듯하다.

또 미국의 세계 기축통화인 금본위 달러 화폐제도는 세계 주요
국들이 미국의 금본위 제도에 경영권을 맡겨 둔 믿음과 신뢰의 소
산이었다.

[그림 1-5] 1달러 지폐의 신뢰 선언 'IN GOD WE TRUST'와
헬기로 달러를 뿌리는 전임 그린스펀 FRB 이사장

그래서 1달러 화폐 한가운데 적어둔 'IN GOD WE TRUST' 문구는 신과의 맹세이고 인류와의 약속이었다. 이런 인류사의 위대한 협력과 신뢰인 브레튼우즈에서 맺은 금본위 화폐제도 국제협약[5])을 헌신짝처럼 벗어던지고 엿장수 맘대로 달러 지폐를 찍어대어 전 세계에 뿌려대는 미국의 패권주의로 여러 나라가 '벙어리 냉가슴'으로 살아가고 있다. 이로 인해 '투자 자본주의'가 '투기 자본주의'로 변종된 결과는 지금도 세계 금융위기의 원인이 되고 있다.

이런 기축 달러 화폐의 막무가내식 경영은 비트코인 같은 신뢰화폐 시스템의 탄생을 충분히 잉태하고도 남았다. 실제로 2008년 가을에 발생한 리먼브러더스 금융위기는 2009년 5월 비트코인 대장정의 출발 신호였던 것이다. 아이러니하게도 미국이 막대한 무역수지 적자를 내면서 서브프라임 모기지 사태로 인한 금융위기도 큰 고통 없이 넘길 수 있었던 것은 기축통화 운영의 책임을 맡은 나라의 재정적 부담을 세계 여러 나라가 분담할 수 있었기 때문이라고 해도 과언이 아니다.

1) 화폐 전쟁 1, 2

여기서 1차 화폐 전쟁은 달러$, 위안화元, 파운드화£, 엔화¥ 등 세계 각국의 종이화폐 간의 기축통화 기능을 차지하기 위한 전쟁을 의미한다. 특히 금본위 제도 포기와 불환지폐 등 종이돈

---

5) 브레튼우즈 체제(Bretton Woods system)는 국제적인 통화 제도 협정에 따라 구축된 국제 통화 체제로 2차 세계대전 종전 직전인 1944년 미국 뉴햄프셔주 브레튼우즈에서 열린 44개국이 참가한 연합국 통화 금융 회의에서 탄생되었다. 이 협정을 브레튼우즈 협정이라 부른다.(위키백과 참고)

화폐 제도의 변질로 충돌이 더 많이 발생했다. 그리고 2차 화폐 전쟁은 종이화폐경제와 토큰경제^{Tokenomics} 간의 영역을 의미이다. 아날로그 화폐에서 디지털 자산으로 이동하는 새로운 코인 전쟁^{Coin War}인 것이다.

비트코인이 생겨나면서 인류는 이 새로운 문명 도구에 어리둥절했다. 이후 비트코인의 단점을 보완한 이더리움을 비롯한 많은 알트코인이 출현했다. 그리고 1세대 비트코인과 2세대 이더리움에 이어 3세대 알트코인 암호화폐가 줄줄이 나왔다.

그러나 미국에게는 이것이 마냥 좋은 것만은 아니었다. 세계 금융시장의 호황으로 흥청망청하던 월가는 비트코인이 출현하는 시대적 환경과 가치를 깨닫기에는 너무 비대했고 나태했다. 거대한 월가라는 항공모함의 높은 권위는 세계의 바탕에 도도히 흐르는 블록체인 화폐의 새로운 흐름을 포착하지 못했다. 설령 포착했다고 해도 기존 아날로그 화폐 제도에 포위된 비트코인의 존재감은 무시되었을 것이다.

그 결과는 참담하다. 세계 상위 암호화폐 거래소는 중국의 바이낸스와 OK Ex 등이 주도하고, 채굴 파워 게임도 비트메인 같은 중국 채굴 기업에 시원하게 밀리고 있다. 긴 역사를 이어온 중국의 경제관은 암호화폐 시대를 맞으며 세계의 큰 흐름을 주도하고 있다. [그림 1-6]은 주요 채굴 풀^{Mining pool} 간의 해시율 분포도이다. 2020년 2월 23일 현재 비트코인의 채굴량은 중국의 메이저 채굴 회사인 비트메인 등 몇 개가 석권하고 있다.

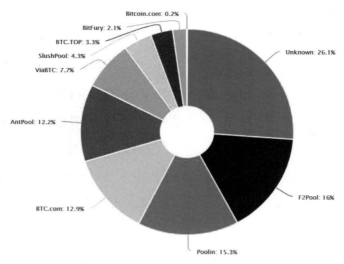

BitFury: 2.1%
BTC.TOP: 3.3%
SlushPool: 4.3%
ViaBTC: 7.7%
Bitcoin.com: 0.2%
Unknown: 26.1%
AntPool: 12.2%
F2Pool: 16%
BTC.com: 12.9%
Poolin: 15.3%

[그림 1-6] 주요 채굴 풀(Mining pool) 간의 해시율 분포 추정(2020.02.23. 기준)

2017~2018년의 냉각기를 거치며 눈을 뜬 미국은 무역 전쟁을 시작으로 반격에 나선 모습이다. 다가오는 암호화폐 시스템의 경영 주도권을 탈환해야 하는 절체절명의 비상사태에 직면하게 된 것이다. 이제 미국은 이미 시작된 달러호의 침몰을 막고 블록체인과 코인경제인 글로벌 금융시장 주도권을 빼앗아야 하는 두 가지 과제를 해결해야 한다. 설상가상으로 세계 1위 국가 부채를 해결해야 한다.

ㄹ) 월가의 최신 동향

국가부채는 잘못 운영하면 경제위기를 유발할 수 있기 때문에 위험하지만 선진국일수록 많은 부채를 안고 있다. 특히 미국은 일본이나 중국보다 더 많은 부채 1등국이다. 국가부채를 해결하는 데는 두 가지 해결방법이 있다. 첫째는 돈을 벌어서 갚는 방법인데, 현재 이것은 경제성장이 받쳐 주지 않기 때문에 어렵다. 둘째는 달러화 돈을 찍어서 해결하는 MMT$^{Modern Monetary Theory}$ 방식이다. 즉 달러화를 찍는 양적완화 정책이다. 그러나 이 MMT는 미국에 두 가지의 부작용을 일으킬 수 있다. 첫째는 인플레이션으로 물가가 상승하는 것이요, 둘째는 외국, 특히 중국의 미국 채권 보유 증가라는 부작용이 있다. 그러므로 현재는 달러화로 문제를 해결하기는 역부족인 상황이다.

그래서 미국의 경제 중심 월가에 새로운 시도가 나타나고 있는 것으로 보인다. 비트코인의 미래 가치를 보고 비트코인 자산화를 위해 부채 위기론을 역이용한다는 것이다. 혹자는 이것을 '월가의 음모'로 비유하기도 하는데 그 내용은 다음과 같다.

디지털 자산시장의 성장은 디지털 자산으로 사업 영역을 확장하고 있는 미국 월가에 의해 주도되고 있는데, 다른 나라들은 이를 눈치껏 살피며 따라가기에 바쁘다. 여기서 체인파트너스 리서치센터의 보고서를 살펴보며 숨 가쁘게 돌아가는 '월가의 음모'를 알아보자.

미국 월가는 디지털 자산으로 사업 영역을 빠르게 확장하고 있다. 예를 들어 투자 은행 골드만삭스는 월가에서 가장 친화적인 디지털 자산 금융기관 중 하나이다. 골드만삭스는 이미 2017년에 "우리는 IT 회사이다."라고 선언하며 핀테크 회사로의 체제 전환을 마쳤다. 골드만삭스는 최근 BitGo^{디지털 자산 지갑}에 투자하며 기관 투자자에게 안정적인 디지털 자산 관련 서비스를 제공하기 위해 분주히 사업 영역을 확대하고 있다.

또 자산운용사인 피델리티^{Fidelity}의 디지털 자산시장 진출 또한 인상적이다. 2018년 10월 피델리티는 디지털 자산 전문기관인 Fidelity Digital Asset Service을 출범시켰다.

글로벌 거래소를 운영하는 ICE^{Inter-Continental Exchange} 역시 디지털 자산시장에 뛰어들었다. ICE는 안전하고 효율적인 디지털 자산 플랫폼을 지향하는 백트^{Bakkt}를 출범시켰다. 백트의 목표는 적법한 규제로 신뢰할 수 있는 인프라를 조성함으로써 기관 자금을 디지털 자산시장에 유인하는 것이다. 백트는 비트코인 선물 관련 서비스 제공을 시작으로 디지털 자산시장의 성숙화에 힘쓸 것으로 보인다.

세계 금융에 있어 태풍의 눈은 역시 미국 금융의 중추적 역할을 하는 기관들의 행보다. 미국이 주도하는 비트코인의 정의는 화폐가 아닌 '미래의 금', 즉 귀중품인 것이다. 미국의 최대 ICE^{인터컨티넨털익스체인지}는 뉴욕증권거래소^{NYSE}의 주인으로 2017년 순이익 2조 6,000억 원을 낸 세계 최대 거래소 그룹이다.

이 ICE의 백트는 앞으로 출범할 세계 최대의 가상화폐 거래소가 될 것이다. 여기에 참여하겠다는 기업이 스타벅스, 마이크로소프트, 보스턴컨설팅그룹 등으로 가상화폐에 거대 자금 유입 및 스타벅스 가상화폐 결제 등 실생활 적용 기회 등이 가능할 것으로 보인다. 백트의 CFO 스콧 힐Scott Hill은 백트와 관련된 투자 금액이 2,000~2,500만 달러에 달한다고 말했다고 한다. 또 BK 캐피털 매니지먼트의 창업자인 브라이언 켈리Brian Kelly는 ICE를 통해 미국 내에서 감독 당국 규제를 받는 거래소가 탄생하면 비트코인 선물을 실물인수도 방식으로 비트코인 ETF 도입이 앞당겨질 것이라고 말했다.

백트는 2019년 초에 출시 예정이었으나 미국 상품선물거래위원회CFTC, Commodity Futures and Trading Commission와의 협의 때문에 연기된 상태라고 한다. 자세한 기관 간의 정책 공조 관계는 알 수 없는 일이지만, 확실한 것은 미국은 지금 월가의 ICE, NASDAQ을 통해 실물인수도 방식의 비트코인 선물 인프라 구축에 투자하고 있다는 것이다. 이외에도 JP Morgan, Blackrock, City, Bank of America 등의 금융기관들이 디지털 자산팀을 신설하고 이를 어떻게 사업화할지 저울질하고 있다.

신뢰감 있는 월가의 금융기관들이 참여해서 디지털 자산시장이 건전화되고 성숙해진다면 점점 더 많은 기관 자금이 유입될 것임은 자명하다. 세계 최고 수준의 금융 선진국 미국에서 디지털 자산시장의 성장은 월가가 주도하고 있다는 것이 지금 세계 시장의 정확한 방향이라고 할 수 있다.[6]

---

6) 「21세기 대체 투자의 핵심 디지털 자산의 부상」, Chain Partners 보고서, 2018. 10.22, https://drive.google.com/file/d/1q94L9ZpBmvVUXk-IunnNq_LIAmE5utoP/view

3) 미국, 암호화폐를 디지털 자산화

　Next Money는 체인파트너스 리서치센터의 보고서를 인용하며 미국이 암호화폐를 디지털 자산으로 껴안은 배경의 기사를 실었다.[7] 미국증권거래위원회^{SEC}는 2013년 가상화폐$^{Virtual\ Currencies}$를 폰지형 사기로 소비자 경고를 내는 데 주력했다.[8] 하지만 SEC는 최근 홈페이지를 통해 ICO 및 디지털 자산에 관한 가이드라인을 과거와 상당 부분 다른 태도로 제시했다. 2018년부터 디지털 자산$^{Digital\ Assets}$으로 표기하고 있다.[9] 미국의 예상과 달리 디지털 자산시장은 붕괴되지 않고 급격한 성장세를 보이는 것에 주목했던 것 같다. 또 경제 라이벌 중국을 비롯해 미국의 달러 패권에 반감을 갖은 몇몇 개도국들을 중심으로 디지털 자산의 확산이 가속화되자 미국의 우려는 커지기 시작했다. 그래서 미국은 경제 패권 전쟁의 연장선상에서 블록체인 생태계를 장악한 중국의 주도권을 빼앗아야 할 필요성이 생겼다. 이에 미국은 디지털 자산의 주도권을 빼앗겨 자존심이 상한 것을 뒤로하고 극적으로 입장을 급격하게 바꾼 것으로 보인다. 그렇게 하기 위해서는 비트코인을 자국의 통제력 하에 놓인 금융 상품으로 만들 필요가 있다. 이를 위해 블록체인 산업에 '금융의 프레임'을 씌우고 있다. 그래서 비트코인을 화폐가 아닌 '디지털 금', 즉 가치 보존형 자산으로 만들어 주도권

---

7) 이남훈 기자, Next Money 기고문, DECEMBER 2018 VOL 07, https://chain.partners/ko/research?categories=98
8) Investor Alert: Ponzi Schemes Using Virtual Currencies, July. 2013.
9) Investor Alert: Watch Out For False Claims About SEC And CFTC Endorsements Used To Promote Digital Asset Investments, Oct. 2018, https://www.investor.gov/additional-resources/specializedresources/spotlight-initial-coin-offerings-digital-assets

을 갖자는 것이다.[10] 다른 나라가 한다면 불가능하지만 그것을 미국이 주도하면 가능하다는 사실을 우리는 간과해서는 안 될 것이다. 이것을 글로벌 시장으로 안착시키기 위해서는 암호화폐 시스템을 주도하는 비트코인의 채굴과 유통 등 다양한 분야가 포함될 것으로 예상된다. 여기서 우리들이 주의를 기울일 것은 미래의 금을 확보하는 사람들이 미래 금융의 주체가 된다는 것이다.

그러나 미국의 토큰경제 활성화는 SEC의 판단기준이 1934년에 만들어진 것이기에 1986년의 고령문화가 2020년의 토큰경제 발전에 큰 장애요인이라고도 할 수 있다. 그만큼 기득권층의 방어벽이 높아 당분간은 기대난망이다.

4) 암호화폐냐 암호자산이냐

비트코인과 알트코인 등 암호화폐 관련 용어는 암호자산, 디지털 자산, 디지털 자산 증권, 가상 자산, 디지털 토큰, 가상화폐, 디지털 화폐, 암호화폐, 가상통화 등 다양하다. 이렇게 다양한 것은 각 나라들이 비트코인 등을 보는 시각이 다르기 때문이다. [표 1-1]과 같이 이 책에서는 큰 방향성을 고려하여 암화화폐, 암호자산 또는 비트코인이라는 명칭을 적절하게 쓰기로 한다.

미국이나 유럽, 일본 등에서는 화폐보다는 귀중한 새 디지털 자산으로 보는 시각이 강하고, 동남아 여러 나라에서는 화폐로 보는 경향이 강하다. 싱가포르와 말레이시아, 그리고 스위스의 쥬크나

---

10) 참고자료: '돈 파는 가게'의 「사상 최대 세계 부채, 경제위기를 이용한 월가의 음모, 비트코인의 미래」 2019.3.19. 유튜브방송, https://www.youtube.com/watch?v=dncdL2kAkVo

몰타 같은 곳에서는 암호화폐를 육성하는 정책을 펴서 세계의 핀 테크 기업을 유치하며 국가의 수익 증대 사업을 하고 있다. 세계의 신 금융 질서를 선점하는 정책을 적극적으로 펴고 있는 것이다. 그래서 거래소와 채굴, 그리고 유통 기능이 많이 발달해 있는 편이다.

국가명	관련 용어	ICO 허용 여부
G20	암호자산(Crypto Asset)	
미국	디지털 자산(Digital Asset)	허용
EU	암호자산(Crypto Asset)	
홍콩	가상자산(Virtual Asset)	허용
싱가포르	디지털 토큰(Digital Token)	허용
일본	가상화폐(암호자산 변경 고려)	허용
중국	디지털 화폐(Digital Currency)	불가
태국	디지털 자산(Digital Asset)	허용
필리핀	가상화폐, 암호화폐	허용
한국	가상통화(Virtual Currency)	불가

[표 1-1] 주요 각국의 암호화폐 관련 용어 비교

체인파트너스 리서치센터[11]는 최근 「비트코인은 디지털 금이 될 수 있나」라는 보고서를 통해 비트코인을 '디지털 금'에 비유하며 가치보존형 자산으로서의 잠재력을 분석했다. 리서치센터는 현재 비트코인은 화폐라기보다 자산에 가깝다며 가치 저장의 기능을 하는 '디지털 금'으로 서서히 진화하고 있는 중이라고 전망했다. 특히, 법정화폐의 가치가 불안정한 일부 국가에 비트코인은 유용한 가치 저장의 수단이 될 수 있다고 덧붙였다.

---

11) http://chain.partners

글로벌 암호화폐 시장 현황과 전망

05

암호화폐 경제를 선도하고 있는 비트코인 가격은 2017년 12월
부터 2019년 1월까지 '죽음의 계곡'에 빠졌다가 2019년 3월 400만
원대에서 4월 하순경에는 600만 원대를 오르더니, 5월에 들어서
800만 원대가 되면서 30% 상승했다. 그 후 6월에는 1,600만 원대
로 급격한 가격 상승세를 보였다. 2020년을 맞으며 1월부터 상승
하기 시작했는데, 이는 2020년 5월의 반감기에 대한 상승효과에
기인하는 것으로 평가되었다. 현재 5월을 지내며 약 1,000만 원대
를 유지하며 반감기에 일반적으로 생기는 급락장세는 아직 나타
나고 있지 않다. 이제 이 계곡에서 탈출하여 어려운 미래를 개척
해 나가는 모습으로 비쳐진다.

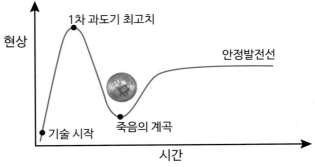

[그림 1-7] 죽음의 계곡 탈출하기

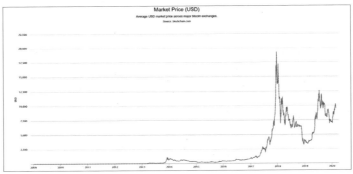

[그림 1-8] BTC 2009년부터 2020년 2월 가격 동향

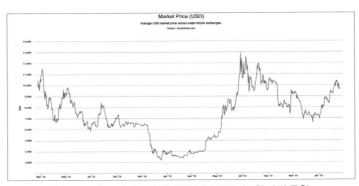

[그림 1-9] BTC 2018년 4월부터 2020년 1월 가격 동향

블록체인과 암호화폐의 관계는 평가자의 입장에 따라 다양하다. 블록체인을 산업의 도구로 보는 입장에서는 굳이 암호화폐를 고려할 필요가 없다고 보기 쉽다. 특히 한국의 경우 암호화폐를 기득권이나 공권력에 도전해 온다고 보는 부정적 입장의 공직자들은 두 개의 관계를 단절하여 블록체인에만 가치를 부여하려고 애쓴다.

그러나 블록체인과 암호화폐를 분리해 암호화폐는 중앙정부에 대적하는 존재이기 때문에 억누르고 블록체인만 육성해 단순한 산업 발전의 도구로만 다루고자 하는 것은 절름발이 정책이다. 블록체인 산업만 선택하여 육성하는 것은 '나무만 심고 꽃은 피우지 않겠다는 것'이나 '구더기 무서워 장 담그지 않는 것'에 비유할 수 있다. 진정한 경제적 효과는 실생활의 문화로 발전하여야 가능하다. 지금은 [그림 1-10]과 같이 블록체인 기술이 태동하고 난 초기 단계로 앞으로 블록체인 사용자는 인터넷 인구를 능가할 것은 자명하다.

그러면 현재 글로벌 차원에서 참여자는 얼마나 될까? 데이터라이트 DataLight의 최신 보고서는 "글로벌 상위 100대 암호화폐 거래소 이용자 중 미국은 2,226만여 명으로 1위, 일본은 614만여 명으로 2위를 차지했고, 한국인이 573만여 명으로 3위를 기록했다"고 보도했다.[12] 또 "현재 전 세계적으로 암호화폐 트레이더는 약 6,800만 명으로 영국 국민보다 많다"고 발표했다. 이와 관련해 중국계 암호화폐거래소 바이낸스 CEO는 2019년 4월 30일 "몇 년 후면, 암호화폐 사용자 수가 인터넷 사용자 수를 넘어설 것"이라고 전망했다.

---

12) 암호화폐 전문 미디어 CCN이 데이터 분석 기관 데이터라이트(DataLight)의 최신 보고서를 인용한 CoinNess, 2019.5.6 보도, https://kr.coinness.com/news/284052

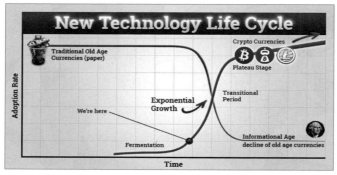

[그림 1-10] 암호화폐의 생애주기 개요도 (구글 이미지 참조)

세계 금융 투자계의 전설적 인물로 평가되는 노보크라츠[Mike Novogratz 13)]는 서울에서 열린 행사[Beyond Blocks Summit Seoul Korea 14)]에서 "코인을 일반인들이 대량 수용[Mass adoption]해 사용하는 시기를 5~6년 후로 예상"한다고 말했다. 일반적으로 비트코인 등 암호화폐가 지급 수단으로 활성화되지는 않았지만 가치 저장 상품 등으로 사용이 확산되기까지 몇 년이 걸릴 것으로 추측했다. 그는 2018년 중반에 암호화폐 지갑 사용자는 전 세계 70억 명 인구 중에 약 2,500만 명으로 추산했는데, 이것은 약 0.35%에 해당한다. 그리고 실제 전통적인 금융 비즈니스의 CEO 또는 CIO를 만났을 때 "업계에 대한 철저한 지식을 가지고 있어 자신을 놀라게 했다고 말하며 대부분은 시장에 들어가기 위한 준비를 하고 있다"고 말했다.

---

13) Mike Novogratz, CEO of the investment fund he created: Galaxy Digital Capital Management
14) Beyond Blocks Summit Seoul Korea 2018 July 17–18, https://beyondblocks.com/history/beyond-blocks-summit-seoul-korea-2018-july-17-18/

한국 암호화폐 산업의 도전 준비

2019년 중반 시점에서 블록체인 기술이 가장 빠르게 적용되고 있는 분야는 바로 금융이다. 특히 블록체인 기술을 기반으로 토큰화된 경제의 디지털 자산이 21세기 새로운 대체 자산으로 성장할 것이라는 기대로 지금 '적지 않은 규모'가 거래소에서 거래되고 있다. 적지 않은 규모라고 한 것은 거래소에 개인이 일정한 검증 과정만 거치면 가입하고 거래도 자유롭게 할 수 있는 여건이 아닌 규제된 상태에서 거래가 이루어진 것이기 때문이다.

나아가 보안 서비스, 의료 서비스, 물류 서비스 등 공공 프로젝트가 암호화폐의 블록체인 활용에 대한 당위성과 합리성을 담보할 수 있는 것으로 보는 시각이 많다. 그리고 건설, 부동산, 게임, 무역 등 다양한 분야에 적용해 많은 비즈니스 모델을 창안하고 있지만, 이런 복합적인 프로젝트는 시스템을 만들고 사용자를 확보하는 등의 선순환 구조를 활성화하기에는 많은 시행착오와 시간이 소요될 것이다.

한국의 주요 소셜 미디어인 카카오는 카카오페이를 통해 지급 서비스로 발생하고 있는 데이터를 분석해 사용자들이 수익을 얻을 수 있는 금융 서비스를 넓혀가고 있다. 카카오는 2020년 5월에 카카오 암호화폐 송금시스템을 서비스할 계획이라고 발표했다. 중국 등 몇몇 국가에서도 스마트폰 앱을 이용해 중개자 없이 디지털 화폐를 주고받는 방식이 퍼지고 있고, 암호화폐 역시 빠르게 결제 수단으로 확산되고 있다.

국내 시장은 빠르게 발전하고 있는데 규제 개선은 완고하고 느려서 산업 발전의 발목을 잡고 있다. 국내 블록체인 기업의 ICO 행사는 전면 금지하고 있지만, 외국 기업의 ICO 행사는 막지 못하고 있다. 이러한 역차별로 인해 전문 인재들과 자본이 외국으로 유출되고 있다. 소위 젊은이들이 말하는 '사막지대 탈출'인 것이다. 우리의 우수한 인재들이 외국계 개발회사나 거래소 등에 나가 두뇌를 팔고 있으니 국가는 비싼 대가를 치르고 있는 것이다.

지금 한국의 가상화폐^{암호화폐} 거래소들이 혹독한 봄을 보내고 있다.[15] 이들의 위상은 암호화폐 거래소가 사행성 집단의 유흥업소 정도로 분류되어 있어 시정잡배 취급을 받는다. 2018년 초 거래량을 기준으로 세계 1~2위를 다퉜던 업비트와 빗썸이 30위권 밖으로 밀려났다. 신입 회원 가입자 은행계좌 개설 불허 같은 정부의 우회적 규제 때문에 가상화폐 산업의 성장 동력이 약해진 것이다.

2019년 5월 5일 가상화폐 통계 사이트 코인 마켓캡에 따르면 빗

---

15) 가상화폐거래소 '혹독한 봄' 작년 1~2위 업체 30위 밖으로, 정부 규제가 시장에 '찬물', 2019.05.05, 한국경제, https://www.hankyung.com/economy/article/2019050543211?fbclid=IwAR0X3kwQ3i11_Di3s_-tBNulesVqs0Qp5zyRgT1bFs_KOvC15z91JBz-yE4

썸의 글로벌 거래량 순위는 35위에 그쳤다. 업비트가 48위, 후오비 코리아가 53위, 코인빗이 67위 등을 기록했다. 지난해 초 업비트가 1위, 빗썸이 2위에 올랐던 것과 비교하면 턱없이 낮은 순위다.

거래소명	세계 순위	하루 거래량(억 원)
빗썸	35위	5328
업비트	48위	1726
후오비코리아	53위	1357
코인비	67위	560
코인원	86위	208

자료: 코인 마켓캡, 2019년 5월 5일 한국 거래소 순위

[표 1-2] 30위권 밖으로 밀린 국내 가상화폐거래소

블록체인 산업이 해체되고 있는 본질적 이유는 블록체인에 효용성을 증명하지 못했거나, 사용자를 확보하지 못했다거나, 투자자들의 수익을 올려주지 못했다거나, 사업 평 가점수가 낮았다거나 하는 이유가 아니다. 애초에 자금 유입이 원천 차단되어 성장하는 것이 불가능하도록 규제되었기 때문이다.

비트코인으로 시작된 암호자산화폐는 금융의 중앙은행 탈피라는 개념 때문에 2016년 이후 세계 여러나라에 엄청난 충격을 주었지만 꼼짝도 하지 않았었다. 그러던 중 다행이 2020년 초들어서 긍정적인 움직임이 시작되었다. 한국정부는 이제 적극적인 산업으로 키울 준비를 시작했다. 지난 2020년 3월 5일에 열린 국회 본회의에서 '특금법'이라고 하는 〈특정 금융거래정보의 보고 및 이용

등에 관한 법률 일부개정법률안)이 통과되었다. 시행시기가 1년 후인 2021년 3월로 이제 블록체인 기반의 가상자산화폐가 본격적으로 제도권에 진입하는 준비단계에 들어섰다. 이제 특금법이 우리사회가 제도권 미래화폐 경제로 가는 초석을 놓게 된 것이다.

1) 국내 암호화폐 기업 동향

이제 호모 포노 사피엔스로 일컬어지는 인류는 스마트폰이라는 신문명을 생활 전반에 확대해 나가고 있다. 이 문화의 핵심은 역시 돈의 흐름이다. 지금까지 어려운 여건에서도 국내 암호화폐 기업들의 행보는 글로벌 기업들 못지않게 빠르게 전개되고 있다. 몇 가지 예를 보면, 우선 결제를 위한 암호화폐의 활용도가 빠르게 진행되고 있다.

2019년 3월 26일 '빗썸, 가맹점 8,000곳 확보 계획… 업비트도 잇따를 듯'이라는 뉴스에 따르면, 이르면 2019년 8월부터 한국에서도 암호화폐로 커피를 사 마시고 케이크를 사는 등 암호화폐 결제시장이 열릴 가능성이 있다고 한다. 즉 '비트코인'으로 직접 결제할 수 있는 가맹점 수가 연내 8,000여 곳에 이르고 다른 거래소도 유사한 서비스를 전개할 전망이라는 것이다.

또 스마트폰 업계에서는 스마트폰에 암호화폐 지갑 기능을 추가하여 폰 자체를 '핀테크 플랫폼'으로 완성하려는 방향으로 가고 있다. 한국처럼 경직된 국내 환경에서도 가죽 지갑에서 암호화폐 지갑으로의 대탈출은 이미 시작되었다. 중국의 화웨이 폰에 암화화폐 지갑이 탑재되어 있고, 카카오는 그라운드X의 코인 전송 기능을 SNS에 탑재할 예정이라고 한다. 인터넷 은행들도 이런 것에 동조할 것으로 예상된다.

'삼성 갤럭시 S10으로 암호화폐 실시간 저장·송금한다'[16]는 기사는 2020년 도쿄올림픽에 앞서 암호화폐를 세계에 확산하려는 일본 정부의 계획에 삼성이 선제적으로 대응하는 것으로 평가했다. 이것이 성공된다면 삼성은 3년여 만에 스마트폰을 통해 생활금융의 중심에 설 수 있다고 생각한다는 것이다. 선진국은 단계별로 기술 발전이 장기간에 걸쳐 진행되지만, 개발도상국은 기술의 보급 속도나 단계를 뛰어넘을 수 있다. 앞으로 스마트폰에 암호화폐를 담아서 개인 간 거래가 가능하게 되면 이들 국가는 당연히 복잡한 거래소 등을 거치지 않고 바로 일반 대중이 사용할 수 있다는 점에서 발전을 가속시킬 수 있다. 또 암호화폐 금지 정책은 각종 페이라는 기형의 금융 비즈니스를 성행하게 하였다. 특히 중국발 페이는 다가올 중국 경제의 경색 국면에서 큰 무리를 가져올 것이란 점에서 대단히 우려되는 시장이다.

2) 블록체인과 암호화폐의 단기, 장기 전망

CP 리서치가 낸 「2019 블록체인 및 디지털 자산 트렌드 보고

---

16) 「이 데일리」가 2019.01.29 보도

서」에서 2019년은 블록체인과 디지털 자산 시장에서 굉장히 중요한 해가 될 것이라고 전망했다.[17] 2017년이 블록체인과 디지털 자산을 대중들에게 알렸고, 2018년은 이들의 한계점과 문제를 직시한 한 해였다. 이 보고서는 디지털 자산시장의 선수들, 즉 기관투자자들의 시장 참여가 시작되고 여러 가지 코인 중 옥석을 가려내는 해가 될 것으로 전망하고 있다.

CP 리서치의 2019년 주요 트렌드 7가지는 ① 전방위적 규제의 확산, ② 블록체인 산업의 옥석 가리기, ③ 기관투자자들의 시장 참여, ④ 증권형 토큰, 냉정과 열정 사이, ⑤ 새로운 대체 자산군으로 매력 부각, ⑥ 빅블러Big Blur와 보안의 중요성 대두, ⑦ 블록체인 정신에 위배된 중앙화된 서비스의 등장 등이다.[18]

지금까지의 암호화폐 시장은 개인투자자들의 점유율이 월등히 높았다. 아시아 최대 규모의 암호화폐 거래소인 바이낸스에서는 하루에 25만 명의 가입자가 발생할 정도로 개인투자자들의 관심이 쏠렸다. 그리고 최근 기관투자자들의 암호화폐에 대한 관심이 늘면서, 시장의 안정화에 기여했다는 조사 결과들이 속속 나오고 있다. 암호화폐 전문 매체 크립토글로브의 보도에 의하면 미국 기관투자자들이 시장에 진입하면서 암호화폐 거래소 간 가격차가 4.5%에서 0.1%로 감소했다. 더불어 디지털커런시그룹의 자회사 그레이스케일 인베스트먼트 보고서에 의하면 기관투자자의 참여로 상반기 시장 자금 순유입도 증가 추세인 것으로 보인다고 한다.

암호화폐 시장이 안정화되고 그 가능성이 점점 더 주목받으며

---

17) CP 리서치가 바라본 2019 블록체인 및 디지털 자산 트렌드 보고서(2019.01.02)
18) https://chain.partners/ko/research/

기관투자자들의 관심이 높아지고, 그 관심으로 인해 시장이 더욱 안정화되고 성숙해지는 선순환 구조가 계속된다면 암호화폐의 앞날은 지금보다 더욱 밝을 것으로 전망된다. 코인경제가 크게 활성화되면 최첨단 기술 사회, 예를 들면 자율주행차가 주유를 한다든지 드론이 배달을 왔을 때 종이돈이나 카드로는 비용 지급이 불가능하다는 것은 자명한 일이다. 4차 혁명이 일반화되는 시대에는 이러한 트렌드를 이용해 너도나도 모두 부자가 되려고 할 것이니 분산된 경제, 즉 민주화된 화폐 기반의 코인경제에서 그 가치가 창출될 것이다.

특히 2020년 초부터 유행하기 시작한 변종 코로나 바이러스 펜데믹은 인간의 삶을 물리적 공간에서 사이버 공간으로 급격히 옮겨 가고 있다. 이러한 비대면 생활화는 앞으로 인터넷 비즈니스 모델과 AI, 그리고 로봇의 활동영역을 급속히 확대할 것이기에 각종 토큰과 암호화폐의 기능화에 따른 사용이 현실화될 것은 자명하다.

디지털 화폐 세계대전, '리브라'와 '디지털 위안화'

한국의 보수 정치계와 금융계가 비트코인 중심의 암호화폐계를 부정적 냉소로 째려보고 있는 동안 '리브라'라는 커다란 망치가 나타나 그들의 뒷머리를 때리는 일이 일어났다. 페이스북이 그들의 암호화폐 '리브라^{Libra}'를 발표한 것이다.

[그림 1-11] 비트코인 트로이 목마(사진출처:http://cointoday.co.kr/all-news/26991/)

이를 계기로 비트코인 가격이 2019년 6월 22일 기준 1만 달러 이상[1,200만 원]으로 상승하기도 했다.

암호화폐 전문 미디어 코인텔레그래프[Cointelegraph]의 2019년 09월 13일 뉴스에 따르면 페이스북의 암호화폐 프로젝트 리브라[Libra] 개발사 리브라 협회의 최고운영책임자[COO] 버트랜드 페레즈[Bertrand Perez]가 "2020년 하반기 리브라 출시를 목표로 최선을 다하고 있다"고 말했다. 리브라가 발표되면서 세계 지도자들의 관심도 집중되었다. 필자가 보기에 그중에 제일 정확한 방향을 말한 지도자는 영국 중앙은행 마크 카니 총재이다. 그는 2019년 8월 '페이스북의 리브라와 같은 디지털 화폐가 전 세계 준비통화인 달러를 대체하며, 금융 시스템을 재편할 수 있다'고 주장했다. 그는 한동안 중앙은행의 역할이 유지되겠지만 장기적으로는 "게임을 바꿔야 할 것"이라며, 결국에는 극적인 조치가 필요하기 때문에 중앙은행이 안일한 태도를 취해서는 안 된다고 경고했다. 그리고 그는 전 세계 준비통화로서 달러가 가진 위상이 끝나야 하나, 한 통화의 패권이 다른 통화로 넘어가서는 안 될 것이기 때문에 "페이스북 리브라와 유사한 형태의 글로벌 디지털 화폐가 더 나은 옵션이 될 수 있다"며 "준비통화의 자리를 중국의 위안화 등, 다른 국가의 통화에 내어주는 것보다는 나을 것"이라고 덧붙였다. 또한, "통화 정책과 국제 금융 시스템을 주류의 관점에서 보는 것은 점차 시대착오적인 것이 되고 있다"며, "국제 통화 및 금융 시스템에 대한 태만과 무시를 끝내고, 새롭게 부상하는 다양화된, 다극화된 글로벌 경제 시스템을 구축하자"고 주장했다.[19]

---

19) https://www.tokenpost.kr/article-16854

최근 기업형 블록체인 프로젝트 헤데라 해시그래프^{Hedera} ^{Hashgraph}의 전 의장인 톰 트로브리지^{Tom Trowbridge}가 이와 관련해 그는 "리브라가 없었다면 시진핑 중국 주석이 블록체인의 중요성 을 언급하는 것을 보지 못했을 것이며, EU가 디지털 통화에 대해 논의하는 것을 보지 못했을 것이다. 그만큼 리브라는 전 세계 모 든 사람에게 블록체인을 알렸다"고 설명했다.[20]

여기에 민감한 중국은 리브라 대항 차원에서 인민은행 주도로 중앙은행 디지털 화폐^{CBDC} 발행을 추진하고 있다는 것은 잘 알려 진 사실이다. 또 이스라엘 텔아비브에서 열린 '이더리얼 포럼'에서 비탈릭 부테린 이더리움 창시자가 "이더리움은 페이스북의 암호 화폐 프로젝트 리브라와 협력해야 한다"며 "이더리움은 보다 탈 중앙화된 시스템에 도움의 손길을 보내 줘야 한다"고 말했다.

이렇게 암호화폐 시장은 페이스북의 리브라에 대한 놀라움과 기대 등으로 더욱 달아오르고 있다. 미국 상원 은행위원회 ^{Committee on on Banking, Housing, and Urban Affairs}에서 2019년 7월 16일 리 브라 관련 공청회를 가졌다. 데일리토큰의 보도 내용을 참고로 미 상원 청문회 내용을 간단하게 정리하면 다음과 같다.[21]

• 상원의원들은 "페이스북 신뢰 못 해", "증권법 적용해야" 한다는 주장 과 "블록체인에는 큰 잠재력이 있다"며 "엄청난 금융 혁신이 될 수 있는 기회를 막아서는 안 된다"라는 찬반 의견을 개진했다.

---

20) https://kr.coinness.com/news/537188
21) 데일리토큰(http://www.dailytoken.kr) 노윤주 기자, 2019.07.17

- 셰로드 브라운 ^{Sherrod Brown} 의원은 "페이스북은 빠르게 움직이면서 민주주의를 훼손하고 있다"며 "이제는 신뢰의 증표로 우리의 월급을 가져가려 한다"고 비판했다.
- 데이비드 마커스 ^{David Marcus} 칼리브라 CEO는 "페이스북이 글로벌 금융 시스템을 바꿀 수 있는 핀테크 사업을 주도해야 할 이유가 무엇인가"라는 질문에 "사람들은 리브라를 이용하기 위해 페이스북을 믿을 필요가 없다"며 "페이스북은 리브라 연합 100개 회원사 중 하나일 뿐"이라고 강조했다. 그리고 미국 안보에 중요하다는 발언을 하기도 했다.
- 개리 겐슬러 ^{Gary Gensler} 전前 미국 상품선물거래위원회^{CFTC} 의장은 "리브라는 증권"이라는 의견을 밝혔다. 겐슬러는 리브라의 구조가 증권과 유사하다고 주장했다. 리브라는 스테이블 코인으로서 법정화폐의 가치를 코인에 저장하고 있으며 리브라 연합 회원 기업들은 '리브라 인베스트먼트 토큰'을 받게 되기 때문이라는 논리다.

박성준 동국대학교 블록체인연구센터장은 「데일리토큰」과의 인터뷰에서 "순탄하지는 않겠지만 페이스북은 리브라를 포기하지 않을 것"이라며 "미국이 저렇게 반응하는 것으로부터 암호화폐^{가상통화}의 영향력이 커졌다는 것을 알 수 있다"고 말했다. 이어 "최근 가상통화 가격이 또 하향 곡선을 그리고 있는데 결국에는 우상향 방향으로 갈 것"이라며 "그 과정에서 폭등, 폭락은 있을 수 있지만 2017년과는 다른 정상적인 방향일 것"이라고 말했다.

미국은 달러 화폐 이후의 패권을 차지해야 하기 때문에 미국이 주도하는 대표 코인이 필요하게 된다. 금융 혁신이 될 수 있는 리브라와 같은 좋은 환경의 암호화폐를 기회로 삼아 발전해 갈 수밖에 없을 것이다. 결국, 상하원 의회청문회 등 사회적 논의는 결국 암호자산이나 암호화폐를 이해하지 못하는 사람들을 위한 전략적인 설득과 교육, 그리고 타협의 기회를 제공하는 것에 불과하다는 것이 필자의 생각이다. 비록 현재 Uplibra 시험판 시스템이 소통과 속도 등의 측면에서 문제가 있지만, 리브라가 글로벌 가상통화를 표방하기 때문에 스위스에 본사를 두는 것과 리브라는 미국 안보에 중요하다고 발언한 칼리브라 CEO의 의지는 이미 미국의 통제 밖에 있기 때문이다.

한편, 중국은 중국 인민은행이 1,000억 위안^{약 17조 원}규모의 디지털 위안화 발행을 추진 중이다. 조선비즈의 뉴스를 중심으로 내용을 정리해 보면 다음과 같다.[22]

- 중국은 비트코인 등 민간 가상화폐 불허 대신 5년간 법정 가상화폐를 준비해 이제 디지털 위안화 발행을 추진하며 달러의 기축통화 위상 흔들기에 가속적으로 나간다는 것이다. 이것은 페이스북의 리브라 추진과 미중 무역 전쟁에 대응하는 중앙은행 가상화폐 발행 전략이라는 것이다.
- 다만 디지털 위안화는 비트코인 같은 가상화폐와는 다르다. 발행 주체가 중앙은행이라는 점 외에도 탈중심화를 대표하는 블록체인 기술이 유일한 기술이 아니라는 점에서 그렇다. 중앙 집중관리를 받는 것으로 설계되는 것도 비트코인과는 다르다.

---

22) 『조선비즈』, 2019년 8월 18일, 오광진 정보과학부장 http://biz.chosun.com/site/data/html_dir/2019/08/18/2019081800019.html

- 은행 등 기관이 발행하고, 은행이 다시 시민들에게 환전하는 2중 구조로 운영하겠다는 게 인민은행 측의 설명이다. 디지털 위안화 초과 발행을 막기 위해 은행은 중앙은행에 100%의 지불준비금을 예치하도록 할 방침이다.

- 인민은행 디지털 법정화폐를 추진하는 이유에 대해 청화淸華인민대 교수는 "리브라가 가져온 도전에 대해 중국에서 중앙은행이 디지털 화폐를 빨리 내놓아야 한다는 목소리가 나오고 있다"고 전했다. 국제결제은행BIS이 2015년 11월 보고서에서 "민간 차원의 디지털 화폐가 확산되면 각국 정부의 통화량 통제가 힘들어지게 된다"며 "통화 당국이 디지털 화폐를 직접 발행하는 방안을 고려해 볼 수 있을 것"이라고 지적했다.

- 경제 확장 효과도 기대된다. 영국 중앙은행인 영란은행BOE의 존 바디어 마이클 컴호프 이코노미스트는 2016년 7월에 펴낸 '중앙은행이 발행한 전자화폐의 거시경제학' 보고서에서 미국을 사례로 들어 "중앙은행이 국채와 교환하는 조건으로 전자화폐를 발행할 경우 경제를 3%만큼 영구적으로 확장할 수 있다"고 예상했다.

- 앤드류 홀데인 BOE 수석 이코노미스트도 "디지털 화폐는 현존하는 통화 정책 도구가 한계에 달했을 때 각국 정부에 새로운 가능성을 제시할 수도 있다"고 말했다.

- "인민은행의 디지털 화폐 발행은 기축통화로서 달러의 영향을 줄일 수 있을 것"홍콩 사우스차이나모닝포스트이라는 분석도 있다. "리브라가 성공적으로 출시된다면 미국 달러 중심의 국제 통화 체계를 흔들 수 있다"왕 국장는 인민은행의 시각과 닿아 있다. 디지털 화폐의 보급 확산이 달러 기축통

화의 영향력을 흔들 수 있다는 점에서 그렇다.
- 하지만 디지털 위안화가 위안화 국제화로 연결되려면 블록체인 기술을 채택하고, 익명성을 보장하는 개인정보 보호가 담보돼야 한다는 지적이 나온다.

중국과 미국의 미래화폐 전쟁은 현 무역전쟁의 뒤편에서 진행되는 더 큰 경제전쟁이 될 것으로 생각된다. 그 세력판도는 국가신뢰도와 사용자 생태계가 결정하게 될 것이다. 페이스북의 약 13억 명 이용자를 위한 암호화폐인 만큼 리브라는 지급 및 신용 금융 생태계에서 일대 혁명을 일으킬 것이라는 전망이 우세하다. 리브라의 탄생은 신용카드의 생태계에서 암호화폐나 디지털 자산으로 금융 지급이 넘어가는 단초를 제공하게 될 것이라는 의미 있는 분석도 이목을 집중시킨다. 특히 리브라는 달러와 연동된 스테이블 코인이 될 가능성이 가장 크며, 테더식 그리고 중앙집중화된 블록체인일 것이 유력하고, 알려진 바로는 100개 이상의 글로벌 기업이 동참할 것으로 보고 있다. 글로벌 신용 카드회사는 물론이고 페이팔과 우버 등이 이에 동참하기로 했다.

세계적인 추세로 볼 때 페이스북의 리브라는 비트코인과 같은 암호화폐의 가치와 가격을 상호 보완해 가며 발전될 것이다. 전문가들의 평가를 보면, 안드레아스 안토노풀로스는 리브라는 탈중앙형 가치를 지닌 것과는 다른 형태로 경쟁 상대는 비트코인이 아닌 중앙은행들이라고 주장했다. 또한, 펀드스트렛의 톰리는 주류 기술 대기업의 암호화폐에 대한 저변을 넓혀 향후 비트코인 가격을 인상시킬 것으로 예상했다. 월가의 베테랑인 케이틀린 롱도 비슷한 의견을 전했으며, 리브라는 현재의 통화 및 결제 시스템의 불공정성과 불안정성을 극복할 것이라고 주장했다. 또 디지털 커런시 CEO 배리 실버트와 맥스 카이저는 '리브라가 암호화폐에 대한 긍정적인 인식과 호소력을 높일 것이며, 초기 인터넷 시대의 넷스케이프가 될 것'이라고 평가했다.

앞으로 리브라의 행보에 투자자와 암호화폐 관계자뿐 아니라 전 세계 사람들의 이목이 더욱 집중될 것이다. 앞으로 국가 금융권력과 기존 금융기관 같은 기득권의 반격이 있을 것으로 예상되어 밀고 당기기는 하겠지만, 그것은 별 의미가 없을 것이다. 왜냐하면, 소비자들은 이미 4차 산업혁명으로 가는 암호화폐에 대해 학습되어 가고 있기 때문이다. 앞으로 출시될 페이스북의 리브라 암호화폐와 중국의 디지털 위안화는 여러 나라 금융에 엄청난 영향을 주게 될 것이다.

제2장

암호화폐 개론

- 김형중 -

화폐로서 비트코인의 혁신성

비트코인의 역사는 2008년에 발표된 사토시 나카모토의 논문에서 시작됐다. 시키지도 않았는데 많은 개발자가 달려들어 논문에 담긴 생각을 구현했고, 일부는 노드로 참여해 거대한 분산시스템을 만들었다. 일부는 채굴에 참여해서 비트코인 생태계를 구축했다. 비트코인이 구현한 탈중앙화, 익명성, 투명성, 합의 방식 등의 가치는 대단하다. 거래할 때 은행 같은 기관을 거치지 않으며^{탈중앙화}, 그 거래 내역을 누구나 볼 수 있지만^{투명성}, 누가 누구와 거래했는지 알기 어렵고^{익명성}, 거래 내역을 변조할 수 없게 만들었다.^{무결성}

게다가 비트코인에는 검열 저항성이라는 장점도 있다. 블록체인에 올라간 글의 삭제나 변조 사실을 기술적으로 알아낼 수 있다. 이것이 앞에서 말한 무결성의 장점이기도 하다. 중국에서 성폭행을 당한 피해자가 해당 사실을 이더리움 블록체인에 올려 그 기록이 영구히 보존되게 한 일도 있다. 그렇지만 이게 항상 장점이 되는 건 아니다. '잊혀질 권리' 측면에서 보면 삭제할 수 없다는 것이 치명적인 약점이다.

기존 화폐로도 익명성을 보장할 수 있다. 어쩌면 암호화폐보다 현금이 익명성 면에서 더 뛰어나다. 다만, 기존 화폐를 누군가에게 은밀히 보내는 것이 쉽지 않다. 온라인 송금을 하거나, 신용카드를 사용하면 전산 기록이 남아서 익명성이 보장되지 않는다. 그래서 현금 다발을 들고 직접 상대에게 가거나, 돈세탁을 해야 하는데 번거롭다. 그런데 비트코인은 익명이든 실명이든 상대적으로 송금하는 게 쉽다. 점차 온라인 거래가 대세로 자리 잡아가고 있고, 현금 없는 사회가 도래하는데 그런 환경에서 가장 진화된 거래 수단이 암호화폐. 암호화폐는 피할 수 없는 미래의 거래 채널이다.

지금까지 은행 같은 제3의 신뢰할 수 있는 기관^{trusted third-party,} ^{TTP}이 송금을 관리하면서 이중지불^{double spending, 二重支拂}을 막았다. 홍길동과 성춘향이 거래를 하는 데 있어 둘 사이의 거래를 보증하는 TTP가 은행이었다. 그런데 암호화폐에서는 대부분 TTP가 존재하지 않는다. 그래서 모든 참여자들이 각자 파수꾼 역할을 해야 한다. 즉 암호화폐에서는 모든 거래 내역을 고객들이 각자 알아서 관리하게 된다. 이중 지불을 막으려면 공개된 장부에 접근해서 거래 내역을 점검하고 승인해야 한다. 그게 암호화폐에서의 합의^{consensus, 合意}다.

그런데 모든 참여자가 스스로 거래내역에 합의해야 한다는 조건을 알면 사용을 포기할 고객이 많다. 모든 참여자를 합의 과정에 합류하게 강요할 필요가 없다. 대개 합의는 선별적으로 노드에서 이루어진다. 비트코인의 노드 수는 수시로 변한다. 그래서 노드 수가 대체 몇 개인지도 모른다. 이런 상황에서 모두의 동의를 받는다는 발상은 애초부터 잘못되었다. 또한, 동의를 다 받는 데 걸리는 시간이 너무 길다. 결론적으로 모든 고객의 동의라는 조건은 지나치게 비현실적이고 가혹하다.

현실적으로도, 대부분의 참여자들은 자신의 거래에만 집중할 뿐 타인의 거래에는 별로 관심이 없다. 따라서 적극적인 소수의 노드들이 합의하면 대다수는 그냥 믿고 따르기를 원한다. 합의를 강제하면 대부분의 참여자들은 합의 없는 암호화폐로 갈아탈 가능성이 높다. 그래서 우량 암호화폐의 경우 그 명성에 기대어 대부분의 참여자는 무임승차를 원한다. 그들은 노드 수가 몇 개인지 관심이 없다. 합의 방식도 모른다.

그래도 노드 수는 상식적으로 알아두면 좋다. 2019년 5월 24일 기준으로 비트코인 노드 수가 총 9,440개이고, 나라별로는 미국에 2,393개로 가장 많다. 그다음이 독일인데 1,863개이며, 12번째로 한국에 135개가 있다. 이더리움 노드 수는 총 8,526개인데, 미국에 3,482개, 중국에 1,305개 순이며, 한국에는 195개가 있다.

노드 수가 지나치게 많으면 합의에 도달하기 어렵고, 반대로 지나치게 적으면 과점 현상이 발생한다. 9,440개의 비트코인 노드들로부터 10분 내에 완벽한 합의를 도출하는 게 쉬운 일이 아니다. 한편, 노드가 아주 소수라면 과반이 담합 또는 공모해서 시스템을 교란시킬 수 있다. 노드는 분산 은행의 감독관 같은 존재다.

예를 들어 홍길동의 계좌에 돈이 전혀 없는데 그가 성춘향에게 10만 원을 송금했다면 그건 사기이고 범죄에 해당한다. 정상적인 은행이라면 그런 엉터리 송금 자체가 허용되지 않는다. 그런데 분산 은행에서 과반의 '악덕' 감독관들이 합법적인 송금이라며 합의해 주면 어떻게 될까? 그렇게 되면 분산 은행의 신뢰는 무너진다.

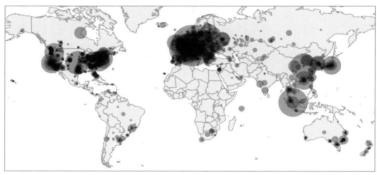

[그림 2-1] 비트코인 노드 분포 지도

출처: https://bitnodes.earn.com/

송금을 받은 성춘향은 10만 원을 찾을 길이 없게 된다. 기록상으로는 10만 원이 통장에 찍혔지만 실제로 성춘향 계좌에 입금된 게 없기 때문이다. 악덕 감독관이 없고 모두 선량한 감독관이라면 홍길동의 가짜 10만 원 송금을 절대로 승인하지 않을 것이다.

잔고가 없는 홍길동에게 100만 원이 있다는 잔고 증명을 해주려고 감독관 과반이 공모하면 이것 역시 불법이다. 그런데 악덕 감독관들이 공모하면 가능하다. 과반이 작심하면 우리가 상상할 수 있는 온갖 불법을 암호화폐 세상에서는 다 저지를 수 있다. 그래서 선의의 합의가 중요하다. 은행의 중앙 서버라면, 그 단독 서버가 정상적으로 운영되고 있다면, 서버가 한 대이므로 합의가 필요 없이 정해진 규정에 따라 승인하거나 거절할 것이다.

이처럼 과반이 불법을 저지르거나 불법을 묵인하는 것을 소위 51% 공격이라고 부른다. 그래서 적절한 수의 노드가 필요하다. 그리고 노드 수가 많아야 공모가 어렵다. 어차피 악덕 노드의 수는 많지 않다. 따라서 전체 노드 수가 많아야 악성 노드의 수가 상대적으로 적어진다.

비트코인은 지금까지 이렇다 할 51% 공격을 당하지 않았다. 그런데 다른 코인이나 토큰들은 51% 공격을 여러 차례 당했다. 예를 들어 버지^{Verge}가 2018년 4월 해커로부터 3시간 동안 이 공격을 당했다. 이로 인해 100만 달러에 상당하는 25만 버지를 날렸다. 51% 공격을 당한 대표적인 사례들의 목록은 [표 2-1]과 같다.

일시	코인/토큰	손실 토큰 수	피해 금액	비고
2018년 4월	버지	250,000 VGX	$1M	Bitcointalk 사용자가 발견
2018년 5월	버지	3,500,000 VGX	$1.8M	
2018년 5월	비트코인 골드	388,000 BTG	$18M	
2019년 1월	이더리움 클래식	219,500 ETH	$1.1M	Coinbase, SlowMist가 발견

[표 2-1] 51% 공격 사례

사실 비트코인이 100% 확정적으로 이중 지불이 불가능한 건 아니다. 언제고 악덕 노드들이 50% 이상 공모한다면 이론적으로 이중 지불이 가능하다. 과반의 불법 공모 가능성이 확률적으로 매우 낮지만 그렇다고 확률이 확실하게 0은 아니다. 그래서 비트코인의 합의는 확정적 합의가 아니라 확률적 합의라는 점을 반드시 기억해야 한다. 비트코인이 보안상 안전하다고 주장하는 것은 확률적 합의 체제 아래서 그렇다는 점을 잊지 말라.

비트코인의 중요한 특징 중 하나가 확률적 이중 지불 방지 기능이라면, 다른 하나는 프로그래밍이 가능한 화폐라는 점이다. 홍길동에게 10비트코인이 있다고 가정해 보자. 비트코인에서는 홍길동이^{from} 성춘향에게^{to} 9비트코인을^{amount} 송금하고, 남은 잔금^{change} 1비트코인을 홍길동이 홍길동에게 보내도록 프로그램을 작성할 수 있다.

참고로 홍길동에게 10달러짜리 지폐가 있다 치자. 홍길동은 10달러짜리 지폐를 성춘향에게 주고 1달러짜리 지폐를 돌려받거나, 10달러를 1달러짜리 10장으로 교환한 후 성춘향에게 9달러만 줄 수 있다. 후자의 경우 9달러짜리 지폐와 1달러짜리 지폐로 쪼갤 수 없다. 왜냐하면, 9달러짜리 지폐가 없기 때문이다. 그런데 비트코인에서는 홍길동이 자기 수중에 있는 10비트코인을 사토시 단위까지 나누어 필요한 만큼만 성춘향에게 송금하고 나머지는 환수하거나 또 다른 이에게 보낼 수 있다.

기존 화폐에서는 프로그래밍이 불가능하다. 지폐에 컴퓨터를 내장한 것도 아니고, 그렇다고 지폐를 컴퓨터에 연결할 수 있는 것도 아니니 지폐에서 프로그래밍이 아예 불가능했다. 그런데 비트코인에서는 가능하다. 이 프로그래밍 기능이 비트코인의 가장 중요한 특성이자 혁신성이라고 할 수 있다.

그렇다고 해서 비트코인이 장점만 있는 것은 아니다. 가장 큰 단점은 아직 사용하기가 불편하다는 점이다. 홍길동이 송금할 때 성춘향의 주소를 알아야 하는데 그 주소 길이가 무려 160비트나 된다. 홍길동의 비밀 키 길이는 256비트나 된다. 물론 외우기 쉽고 짧은 키를 사용하면 해킹을 당할 위험성이 높으므로 외우기 어렵고 긴 것을 사용해야 한다. 사용성을 생각하면 짧은 게 좋고, 보안을 고려하면 긴 게 좋다.

아래 예제를 보자.

- khj-@korea.ac.kr: 필자의 이메일 주소. 실제 아이디는 'khj-'로 네 글자임.
- 16UwLL9Risc3QfPqBUvKofHmBQ7wMtjvM: 비트코인 주소는 1또는 3으로 시작함. 보통 35글자 이내임.
- 5HueCGU8rMjxEXxiPuD5BDku4MkFqeZyd4dZ1jvhTVqvbTLvyTJ: WIF 비트코인 주소는 5로 시작하며, 오류를 쉽게 확인할 수 있게 패리티^{parity}가 부가되어 있음.

키를 분실하면 비트코인의 모든 것을 잃게 된다. 분실한 키를 복구할 수 있는 방법이 전혀 없다. 키를 분실하면 그 비트코인은 흔적도 없이 사라져 버린다. 홍길동이 송금한다며 성춘향의 주소를 잘못 입력하면 송금은 되지만 누구 계좌로 비트코인이 들어갔는지 알 수 없게 된다. 이렇게 되면 잘못 송금된 비트코인을 반환해 달라고 사정해야 할 사람조차 누구인지 모른다. 이래저래 분실

하거나 도난당했다는 비트코인이 전체 물량의 20% 정도 된다는 관측도 있다.[1]

그럼에도 불구하고 비트코인은 계속 진화하고 있다. 예를 들면 원래 비트코인에 다중 서명^{multi-sig, 多重署名} 기능이 없었다. 2011년에 다중 서명이 BIP-11로 제안되어 같은 해에 채택되었다. BIP란 비트코인 개선 제안^{Bitcoin Improvement Proposal}의 줄임말이며, BIP-11은 11번째로 제안되었음을 나타낸다. 제안이 채택되었기 때문에 지금은 비트코인에서 다중 서명이 가능하다.

이처럼 비트코인은 합리적인 제안을 채택해서 성능과 편의성을 계속 개선하고 있다. 따라서 사토시 나카모토가 처음 그렸던 비트코인과 지금의 비트코인은 상당히 다르다. 그렇다고 항상 좋은 쪽으로 진화한 것은 아니다. 원래의 비트코인 원형과 가장 크게 차이가 나는 것에는 비트코인 캐시나 비트코인 골드 등이 있다. 비트코인이 가지를 쳐서 여러 변종이 출현했다. 비트코인 생태계에 합의^{consensus} 제도를 둔 것은 이중 지불을 방지하려는 이유 때문이지만, 가지를 치지 않도록 노력하라는 당부도 포함되어 있다. 그런데 478,559번째 블록에서 비트코인과 비트코인 캐시로 갈려졌다. 이어 491,407번째 블록에서 비트코인과 비트코인 골드로 또 분기했다. 비유로 설명하자면, 중도파 비트코인으로 출발했는데 어느 날 중도파와 우파로 나뉘더니, 또 얼마 지나서 중도파와 좌파로 갈라진 꼴이다. 이처럼 비트코인이 갈라진 것은 그럴듯한 명분을 내세우지만 실제로는 순전히 인간의 탐욕 때문이다.

---

1) https://www.newsbtc.com/2019/01/10/bitcoin-supply-lost-forever/

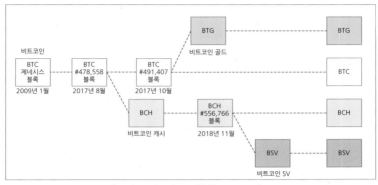

[그림 2-2] 비트코인 하드포크 계보

비트코인이 진화하면서 프로토콜이 변경될 수 있다. 처음부터 완벽한 제품 규격을 만들고 시작한 게 아니기 때문에 운영하다가 부족한 점이 나타나면 BIP를 제출하고, 합의에 도달하면 프로토콜을 개선하곤 했다. 프로토콜을 업그레이드하는 방법에 하드포크 hard fork 와 소프트포크 soft fork 가 있다. 소프트포크는 후방 호환 backward compatible 의 특성을 지닌다. 한 가지 비유를 들면 시기적으로 흑백 TV가 먼저 출현했고 후에 컬러 TV가 출현했다. 컬러 방송을 컬러 TV로 시청할 수 있다. 그런데 흑백 TV로도 컬러 방송을 시청할 수 있게 했다. 컬러 방송을 흑백 TV로도 볼 수 있게 후방 호환적으로 방송 신호를 설계했기 때문이다.

원래 비트코인의 블록 크기는 1MB 이내여야 했다. 지금도 비트코인에서는 블록의 크기가 1MB를 넘으면 수신하지 않고 버린다. 그런데 만일 프로토콜을 업데이트하면서 블록 크기만 1.5MB로 늘리기로 했다고 가정하자. 실제로는 늘리기로 한 바 없다. 단지 설명의 편의성을 위해 예로 제시했을 뿐이다. 이런 경우에는 후방 호환적이므로 소프트포크라고 한다. 이런 경우 모든 노드들은 처리할 수 있는 블록 크기를 1.5MB로 늘리는 방향으로 업데이트를 해야 한다. 모든 노드rk 점진적으로 업데이트를 실시하면 아무 문제가 없다.

그런데 일부 노드들이 규정 변경 사실을 몰라서 1.5MB로 업데이트를 하지 않았을 수 있다. 이때 채굴에 성공한 블록 생성자가 규정대로 1.5MB의 블록을 전파한다. 그런데 이 블록은 업데이트하지 않은 노드에서 거절되는 불편함이 발생한다. 그래서 결국은 소프트포크를 받아들여 모든 노드가 1.5MB의 블록 크기 프로토콜을 수용해야 한다.

소프트포크의 중요한 사례가 2017년에 이루어진 소위 말하는 세그위트 SegWit 업그레이드다. 원래 비트코인의 블록 크기는 1MB로 정해졌다. 그런데 비트코인 송금 사례가 크게 증가하면서 송금 대기 시간이 길어지기 시작했다. 그러자 비트코인은 확장성 scalability이 약하다는 비난에 직면하게 된다. 이 문제를 해결하려면 블록의 크기를 1MB 이상으로 늘려야 한다. 그런데 비트코인 코어 그룹은 1MB 크기를 그대로 유지하면서 구조를 변경하는 방법을 원했다. 블록 크기만 늘리면 후방 호환적이지만 구조를 변경하면 그렇게 되지 않는 문제가 생긴다. 그래서 편법을 써서 후방 호환성을 확보하기 위해 블록을 두 부분으로 분리 segregation 했다.

이전 비트코인에서는 한 블록에 대략 1,500여 개의 송금을 담을 수 있었다. 송금 숫자를 대폭 늘리려는 시도가 세그위트다. 블록은 기본적으로 발신인^{from}, 수신인^{to}, 액수^{amount}를 기록하는 송금 정보 부분과 발신인의 서명^{signature}을 담는 증인^{witness} 부분으로 구별된다. 그런데 송금 정보를 담는 부분보다 증인 정보를 담는 부분의 크기가 일반적으로 훨씬 크다. 그래서 서명이 담긴 부분을 따로 빼서 별도의 공간에 담는다. 예를 들어 [그림 2-3]처럼 1MB 크기에 3개의 송금 내역이 담겨 있다고 하자. 그런데 서명을 빼서 뒤의 별도의 공간에 저장하면 기존 1MB의 공간이 훨씬 넓어지는 것처럼 보인다. 그래서 세그위트 이후의 블록에서는 이렇게 해서 확보되는 넓은 공간에 더 많은 송금 내역을 담을 수 있다.

세그위트 이후 업데이트한 노드들이 [그림 2-3]의 아래 블록을 받으면 6개의 송금 내역을 정확하게 처리할 수 있다. 업데이트하지 않은 노드들은 6개의 송금 내역이 담긴 블록을 받으면 송금 정보가 담긴 앞 블록만 수신하고 증인 정보가 담긴 뒤의 블록은 무시한다. 그러므로 후방 호환성은 확보가 되지만 그 블록을 가지고 할 수 있는 일이 없다. 그래서 블록을 받지 않은 거나 마찬가지다. 또한, 세그위트로 업데이트하지 않은 노드에서 이전의 방식대로 [그림 2-3]의 위와 같은 형식의 블록을 전송하면 업데이트한 노드는 표준에 맞지 않기 때문에 수신을 거부한다. 그래서 모든 노드가 결국 업데이트를 실시해야 한다. 이게 소프트포크의 원리다. 흑백 TV나 컬러 TV는 아날로그 방송 수신기였다. 그런데 디지털 방송이 출현하면서 곤란한 문제가 발생했다. 아날로그 흑백 TV나 아날로그 컬러 TV로는 디지털 방송을 수신할 수 없게 설계되었다.

[그림 2-3] 세그위트 전(위)과 후(아래)의 블록 모양
위에는 송금 거래 정보가 3개, 아래에는 6개가 들어 있다.

그래서 디지털 방송으로 전환할 때는 후방 호환성을 포기했다. 디지털 TV를 사서 디지털 방송을 수신하는 방법 말고는 없다. 아날로그 TV로 아날로그 방송을 계속 수신하고 싶어도 아날로그 TV 방송은 사라졌다. 후방 호환성을 포기한 프로토콜 업데이트를 하드포크라고 부른다.

[그림 2-2]에서 설명한 비트코인과 비트코인 캐시가 갈라진 게 하드포크의 전형적인 예에 속한다. 비트코인은 블록 크기를 확장하는데 세그위트를 적용하려고 했다. 송금 정보만 담아서 1MB 이내 블록의 앞부분을 만들고 중인 부분을 뒤에 덧붙이면 전체 블록의 실제 크기는 1MB보다 훨씬 커지게 된다. 그런데 이런 식으로 블록 구조를 바꾸면 기존 ASIC을 이용한 중국 등의 채굴기가 사실상 무용지물이 되는 상황이 도래한다. 그래서 비트코인 캐시를 지지하는 그룹이 세그위트를 거부하고 그냥 블록의 크기를 1MB 이상으로 늘리는 방안을 제시했다. 두 방식은 전혀 호환성이 없기 때문에 서로 결별했고, 비트코인의 변종인 비트코인 캐시가 출현했다.

주요 용어 해설

비트코인은 장점도 많고 단점도 많지만 그 가운데 중요한 특징 둘만 들자면 필자는 이중 지불 방지와 프로그래밍 기능을 꼽는다. 한 장의 지폐로 위조지폐를 여러 장 만들면 그게 이중 지불이다. 이중 지불이 가능하면 화폐 체계는 무너지고 신뢰를 잃게 된다. 지폐 역사의 대부분은 이중 지불 방지의 역사라고 해도 과언이 아니다. 위조지폐 방지 기술의 대표적인 게 워터마크, 홀로그램이다. 색변환 잉크나 형광 잉크 등도 사용된다. 그런데 조악해서 그렇지 여전히 위조지폐가 만들어진다. 위조지폐 제작을 어렵게 하려고 지폐에 들이는 비용이 날로 증가하고 있다. 지폐는 수명도 있어서 일정한 기간이 지나면 회수해서 파쇄해야 한다. 부피도 있고, 무게도 나가는 데다, 내구연한이 있는 지폐에 비해 비트코인은 체적, 중량, 수명이 없다. 노드들의 자발적 참여로 인해 이론적으로 이중 지불 방지에 드는 비용이 없다. 다만, 현실적으로 악덕한 공격자들이 없지 않기에 작업 증명^{Proof-of-Work, 作業證明}에 비용이 든다.

채굴$^{mining, 採掘}$이란 블록을 생성하기 위해 작업하는 것이고, 채굴에 성공하면 노드들이 작업 성과를 증명해 준다. 물론 블록을 생성하려고 실제로 채굴자들이 곡괭이를 들고 탄광에 들어가지 않는다. 간단한 수학 문제를 풀다 보면 채굴에 성공한다. 함수에 0부터 차근차근 숫자를 하나씩 넣어 보면 난이도 경계선을 넘어서까지 0이 나오는 순간 바로 그때가 채굴에 성공한 시점이다. [그림 2-4]를 보면 함수의 입력으로 0을 넣었을 때 출력은 '0F134D'로 시작한다. 출력의 맨 처음이 0으로 시작한다. 입력으로 2를 넣으면 출력에 0이 13개 포함되어 있다. 그런데 [그림 2-4]에서 난이도 경계선은 0이 14개 이상이다. 입력으로 6을 넣었을 때 비로소 14개의 0이 연속으로 이어져 채굴에 성공한다. 여기서 0은 16진수로 표현되었으므로 실제로는 16진수로 14개의 0은 2진수로 56개의 0에 해당한다. (14 * 4 = 56)

$$h(0) = 0F134D5567B09786FFA \dots \dots \dots 43CD2$$
$$h(1) = 22F2D0034D5567B0978 \dots \dots \dots 234FF$$
$$h(2) = 0000000000000FF756F0 \dots \dots \dots A358$$
$$h(3) = 00000000F134D5567B0 \dots \dots \dots 530D1$$
$$h(4) = 0013D25567B09786FFA \dots \dots \dots 33456$$
$$h(5) = FD1E4D5267B19782AA \dots \dots \dots 44AD0$$
$$h(6) = 000000000000007156F \dots \dots \dots A1358$$
$$h(7) = 000000F44F7566F701 \dots \dots \dots DD358$$
$$h(8) = 0FEF71156F033450AA1 \dots \dots \dots A3B58$$
$$h(9) = AFD1E415267B19782A \dots \dots \dots 54AD0$$
$$h(A) = AA1E4D5357B19782A2 \dots \dots \dots 546D0$$
$$h(B) = 00000D5267B197A2AA \dots \dots \dots 43AE0$$

난이도 경계선

[그림 2-4] 채굴 과정과 난이도
오른편의 선이 난이도 경계, 왼편 선이 작업증명 경계임

홍길동이 채굴에 성공하면 입력 6을 모든 노드에게 알린다. 이 6을 논스nonce라고 부른다. 노드들은 홍길동으로부터 받은 6을 함수에 입력해 본다. 노드들은 난이도 경계선을 넘었다는 것을 즉시 확인할 수 있다. 따라서 홍길동이 채굴에 성공했다는 데 합의한다. 합의가 이루어지면 홍길동은 채굴 보상mining reward을 받는다.

그런데 간혹 둘 이상이 동시에 채굴에 성공하는 일이 발생한다. 난이도가 낮을수록 동시에 채굴되는 일이 더 자주 발생한다. 그렇지만 난이도가 높더라도 채굴은 로또와 같아서 우연히 당첨자가 여럿 나올 수 있다. 문제는 블록체인이 한 줄로 연결되어야 하는데 둘 이상이 채굴되면 가지를 치게 된다는 점이다. 가지를 치는 것을 포크fork라고 부른다. 블록체인에서 원칙적으로 포크가 발생해서는 안 된다.

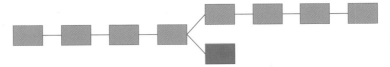

[그림 2-5] 블록체인 포크와 고아 블록 (회색)

[그림 2-5]에 보듯 왼편부터 블록이 한 줄로 이어져 오다가 네 번째 블록에서 가지를 쳤다. 이렇게 가지를 치면 노드들은 어느 가지가 더 긴지 합의가 될 때까지 기다려야 한다. [그림 2-5]에서 보는 바와 같이 위의 것이 더 길다. 비트코인에서 정한 규칙에 따라 긴 체인을 남기고 짧은 체인을 버린다. 위의 체인에는 네 개가, 아래 체인에는 하나만 달려 있기 때문에 아래 체인을 버린다. 버려

지는 블록을 고아^{orphan, 孤兒}블록이라고 부른다. 회색으로 채워진 아래 블록이 고아 블록이다. 고아 블록을 생성한 채굴자에게는 채굴 보상이 주어지지 않는다.

[그림 2-6]을 보면 비트코인 고아 블록의 발생 빈도를 보여 준다. 2015년 7월 7일 7개의 고아 블록이 발생한 게 최고 기록이다. 2017년 6월 14일 이후로는 아직 고아 블록이 발생하지 않았다. 고아 블록이 발생하지 않았다는 것은 비트코인 시스템이 외부의 공격에 매우 강하다는 것을 보여 준다. 고아 블록이 생기면 이중 지불이 발생할 수 있다. 그런데 고아 블록이 생기지 않으면 이중 지불도 발생하지 않는다.

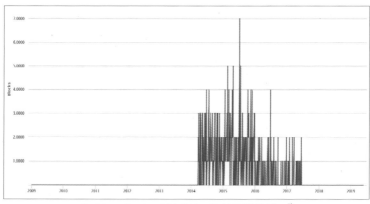

[그림 2-6] 비트코인에서 고아 블록 발생 빈도²⁾

비트코인은 오픈소스 프로젝트라서 누구나 소스코드를 볼 수 있다. 비트코인 소스를 공개해야 하는 이유는 규격서 다운 비트코인 규격서^{specification}가 없기 때문이다.

---

2) https://www.blockchain.com/charts/n-orphaned-blocks?timespan=all

다시 말해, 잘 설계해서 충분히 테스트한 후 비트코인이 만들어진 게 아니다. 사토시 나카모토의 논문에 근거해서 일단 만들고, 이후 하나씩 개선해 나갔다. 애초부터 규격서가 부실하니 누구나 소스 코드를 분석한 후 인터페이스를 맞출 수 있게 하려면 소스 코드를 공개해야 했다. 숙련된 개발자들은 오픈 소스를 분석한 후 비트코인의 부족한 점을 개선하기 시작했다. 전 세계에 흩어져 있는 생면부지의 개발자들이 스스로 배우면서 비트코인을 개선하게 하려면 오픈 소스 정책이 매우 유용했다. 또한, 비트코인이 표방하고 있는 투명성 관점에서도 소스 코드를 공개하는 게 필요했다.

다행인 것은 인터페이스를 맞추며 비트코인 생태계 발전에 기여한 개발자들이 많다. 그런데 한편으로 오픈 소스를 베껴 새로운 암호화폐를 만들기도 했다. 오픈 소스 정책으로 인해 비트코인의 개념을 정확히 이해한 후 새로운 아이디어를 가미해 새 코인들을 만드는 게 쉬워졌다. 예를 들어 라이트코인은 비트코인보다 가볍게 만드는 것을 목표로 삼았다. 한 연구에 따르면, 2018년에 488개의 암호화폐를 선정해서 유사도를 측정해 보니 405개는 코드의 90%가 비슷했고, 심지어 95% 이상 비슷한 것도 324개나 있다고 한다.

비트코인이나 이더리움은 코인으로 출발했다. 그런데 지금은 토큰이라는 용어가 자주 사용된다. 그래서 토큰과 코인을 구별해 보자. 그러자면 먼저 플랫폼 또는 메인넷mainnet이라는 용어를 이해해야 한다. 메인넷은 암호화폐 전송이 실제로 일어나는 네트워크를 말한다. 메인넷에서 송금할 때는 송금 수수료를 내야 한다.

이더리움에서는 송금 수수료라고 부르지 않고 가스^{gas}라고 부른다. 송금하면 이더리움이 실제로 이동한다. 따라서 송금을 실습해본다거나 분산 앱^{dapp}을 개발하고자 할 경우 비용을 지급하지 않고 무료로 연습해볼 수 있는 네트워크가 필요한데, 그것을 테스트넷^{testnet}이라고 부른다. 이때 메인넷에서 사용되는 암호화폐를 코인이라 부른다.

예를 들어 쉽게 설명하자면, 메인넷은 철도망과 같은 인프라, 기차는 철로 위를 달리는 코인이라고 할 수 있다. 그런데 기차를 타려면 표를 사야 하고, 여행 중에는 김밥을 먹고 커피를 마시고 싶고, 수화물을 보내야 할 때가 있으니, 철도 시스템 말고도 부가적으로 제공되는 서비스가 필요하다. 이런 서비스를 이용할 때 편리하게 쓸 수 있는 게 토큰이다. 차표 예약 시스템, 기차 안이나 역 구내에 설치된 승차권 자판기, 수하물 배송 시스템은 토큰을 이용하는 비즈니스 모델이다. 차표나 전표가 일종의 토큰이다. 구내 자판기에서 마일리지 같은 토큰을 사용할 수 있다.

2013년 세계에서 최초로 코인 공개^{initial coin offering, ICO}가 이루어졌다. 윌렛^{J. R. Willet}이 마스터코인 백서로 단숨에 5,000비트코인을 모았다. 그는 백서에서 아주 대담한 제안을 했는데 [그림 2-7]과 같이 계층 구조를 소개했다. 가장 아래 계층이 비트코인 프로토콜인데 이게 플랫폼 역할을 한다. 중간에 마스터코인 계층이 있는데 이것이 미들웨어 역할을 수행한다. 상단에 사용자 화폐 계층이 있는데 이것들이 토큰을 의미한다. 놀라운 것은 윌렛이 2012년부터 이렇게 미래 지향적인 그림을 그렸다는 점이다.

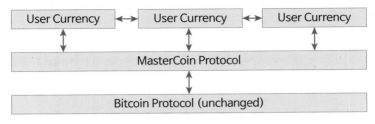

[그림 2-7] 마스터코인 계층 구조[3]

한국에도 '원화'라는 화폐 제도가 있지만 버스를 탈 때는 버스 토큰을 사용했다. 버스라는 공간에서는 버스 토큰이 원화보다 더 편리하기 때문이었다. 승객은 원화로 버스 토큰을 구매해서 버스를 탈 때 지폐나 동전 대신 이것을 냈다. 버스 회사에서는 토큰을 모아 은행에 가서 다시 원화와 바꿨다. 비트코인이나 이더리움 플랫폼 위에서 제공되는 서비스 또는 유틸리티를 이용하기 위해 비트코인이나 이더 대신 사용하는 게 토큰이다. 예를 들어 테더 Tether는 비트코인 위에서 돌아가는 토큰이다.

암호화폐 거래소에서 비트코인을 달러나 원화로 교환할 수 있다. 그런데 이런 법정화폐 대신 테더로 교환할 수 있다. 테더가 달러와 연동되어 있기 때문에 사실상 테더가 달러 역할을 한다. 테더의 거래 내역은 비트코인 블록체인에 기록이 된다. 테더는 토큰이자 스테이블코인stablecoin이기도 하다. 스테이블코인이란 가격이 안정된 코인, 즉 가격 변동이 거의 없는 코인이란 뜻이다.

이더리움 기반 위에서 작동하는 토큰들은 다른 플랫폼에 비해 엄청나게 많다. 이더리움은 다양한 스마트 컨트랙트를 작성할 수

---

3) https://ethereumworldnews.com/80-of-all-altcoins-share-90-of-the-codestudy-finds/
https://github.com/OmniLayer/spec

있게 강력한 프로그래밍 언어를 제공했다. 우리가 생각할 수 있는 모든 코드를 작성할 수 있게 튜링 완전한 언어Turing complete language를 이용해 이더리움 분산 앱을 만들 수 있다. BIP처럼 이더리움에는 EIP가 있다. 인터넷의 발전을 위한 제도로 비평 요청request of comment, RFC, 批評要請이라는 게 있다. 인터넷의 주요한 프로토콜들은 RFC에 기반해서 만들어졌고, RFC로 인해 인터넷의 성능이 엄청나게 향상되었다.

이 개념을 본 떠서 만든 게, 이더리움에서는 이더리움 비평 요청Ethereum request of comment, ERC이라는 제도가 있다. ERC는 이더리움 위에서 작동하는 응용 계층 표준인데 토큰 표준, 이름 등록, 라이브러리와 패키지 포맷 등을 포함한다. ERC가 제출되면 표준 형태로 다듬어져 EIP가 완성된다. EIP와 ERC는 약간의 차이가 있지만 둘을 서로 혼용해서 사용하며 주로 ERC라 칭한다.

ERC의 대표격인 게 토큰 생성 도구인 ERC-20이다. 토큰을 쉽게 만들 수 있는 도구가 있으면 좋겠다며 2015년 6월 ERC-20이 처음 제안됐다. 제안이 올라오면 비평과 토론을 거쳐 수정할 건 수정하고 합의에 이르면 공유한다. ERC-20 토큰은 이후 셀 수 없을 만큼 많은 토큰 출현에 기여했다.

ERC-721도 있다. 대체 불가 토큰non-fungible token, NFT을 만들 수 있는 표준이다. 크립토키티 같은 고양이 토큰은 모양이 다 다르고 가격도 천차만별이다. 그래서 이 고양이와 저 고양이를 서로 동일한 가격으로 교환하려고 하지 않는다. 이처럼 가격 또는 가치가 서로 달라 대체가 불가한 토큰을 NFT라고 부른다. NFT를 만들

때 사용하는 토큰 표준이 ERC-721이다.

참고로 크립토키티의 고양이들은 서로 대체 불가지만 지폐는 언제나 대체가 가능하다. 지폐들끼리는 가치가 동일하여 등가교환이 가능하다. 심지어 지폐의 상당 부분이 타거나 잘려나가도 동일한 가치를 지닌다. 그렇지만 수집가들이 소장하고 있는 지폐는 각기 그 가치가 달라서 대체가 불가하다.

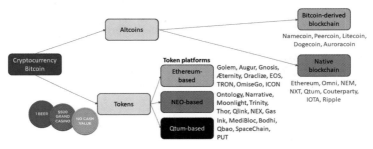

[그림 2-8] 코인과 토큰 생태계

[그림 2-8]을 보면 암호화폐는 코인과 토큰의 두 부류로 구분된다. 코인 가운데 플랫폼 역할을 하는 것도 있고, 순전히 암호화폐 자체로서의 기능만 수행하는 것도 있다. 토큰은 플랫폼 기능을 수행하지 못한다. 플랫폼으로 자리를 잡은 것은 이더리움, NEO, EOS 등이 있다. 원래 EOS도 ICO를 마치고 메인넷이 출시될 때까지 이더리움 위에서 ERC-20 토큰으로 거래되었다. ERC-20은 2015년 11월 파비안 포겔스텔러Fabian Vogelsteller와 비탈릭 부테린Vitalik Buterin이 제안했다. ERC-20 토큰 생성이 쉬워지면서 ICO가 활발해졌고, 이더리움은 플랫폼 시장의 왕자 자리를 차지할 수 있었다.

이후 수없이 많은 ERC-20 토큰들이 만들어졌다. 토큰도 화폐의 기능을 수행하기 때문에 송금이 가능하다. 그런데 간혹 실수로 특정 토큰을 받을 수 없는 주소로 송금할 경우 보낸 금액은 회수할 수 없게 된다. 비유를 들어 설명하자면, 달러와 유로만 수령할 수 있는 스마트 컨트랙트에 위안을 보내면 위안은 수령이 되지만 누구도 그 돈을 꺼낼 수 없게 된다. 그래서 사전에 위안을 받을 수 있는지 확인하는 절차를 거쳐야 한다. 그런데 이를 깜빡해서 확인 절차를 생략한 후 송금 함수를 부르면 대형 사고가 터진다. 이런 종류의 사고가 많이 발생한 것은 아니지만 그래도 적지 않다. 사소한 부주의로 허공에 날린 금액을 달러로 환산하면 수백만 달러나 된다. 블록체인의 특성상 한 번 기록된 내용은 되돌릴 수 없다.

그래서 ERC-223에서는 이런 실수를 예방하기 위해 사전에 다른 토큰을 받을 수 있는지 확인하는 기능을 추가했다. 그래서 실수로 엉뚱한 토큰을 송금해도 수신자측 스마트 컨트랙트가 수령을 거부할 수 있게 했다. 일단 거부하면 억울하게 거액을 날리는 일이 발생하지 않는다. 정식 명칭은 ERC-223인데 보통 줄여서 ERC-23이라고 부르기도 한다. 그런데 ERC-223을 쓴다고 해서 모두 문제가 해결되는 것은 아니다. 수신자의 스마트 컨트랙트에도 엉뚱한 토큰의 수령을 거부할 수 있는 기능을 보유하고 있으면 좋다.

[그림 2-9] ERC의 상호 연계 관계도

ERC-223 컨트랙트보다 더 진화된 게 ERC-777 컨트랙트이다. ERC-777은 ERC-820 컨트랙트와 결합해서 잘못된 주소로 송금하는 것을 막을 수 있다. ERC-820은 스마트 컨트랙트 저장소 기능을 수행하므로 주소 등록에 사용하면서 블랙리스트 같은 것을 관리할 수 있다. 따라서 이론적으로는 금융거래에서 신원 확인 know your customer, KYC 또는 자금 세탁 방지 anti-money laundering, AML 등에 사용할 수 있다.

종류	기능	사례
ERC-20	토큰 생성	OmiseGo, 0x, Maker, Huobi Token
ERC-26	이름 등록	
ERC-64	URI 스킴	
EIP-75	지갑 포맷	
EIP-82	라이브러리/패키지 표준	
ERC-721	대체 불가 토큰	CryptoKitties, Axie, BlockchainCuties
ERC-1400	증권형 토큰	

[표 2-2] 주요 ERC/EIP 리스트

또한, 대리인^{operator} 계정을 이용해서 송금할 수 있는 기능도 가능하게 했다. [그림 2-9]는 유사한 기능을 수행하는 일부 ERC 컨트랙트의 상호관계를 보여 준다. [표 2-2]는 주요 ERC/EIP 리스트를 보여 준다.

03

확장성

비트코인은 평균 10분에 한 개씩 블록이 생성된다. 그리고 한 블록의 크기는 1MB로 제한된다. 이 두 수치 때문에 비트코인이 처리할 수 있는 송금 거래 수에 한계가 존재한다. 보통 비트코인은 1초에 최대로 3.3개에서 7개까지 송금을 처리할 수 있다고 알려져 있다.[4]

그런데 한편에서는 최대 27개라는 주장도 있다.[5] 송금 성능을 나타내는 지표로 초당 송금 수, 즉 tps transactions per second 라는 수치를 이용한다. 실제로 비트코인의 tps가 7을 넘는 일은 흔치 않다. 아직은 비트코인 송금 수가 그리 많지 않다. 그렇지만 장차 언젠가 비트코인의 tps가 100 또는 1,000 이상 요구할 때를 대비해 확장성을 높이는 방법들을 많이 연구하고 있다.

그래서 tps를 높이기 위해 많은 시도들이 이루어졌다. 대표적인 시도가 블록 생성 간격을 줄이는 방법이다. 비트코인이 평균 10분

---

4) K. Croman and I. Eyal (2016). "On Scaling Decentralized Blockchains" (PDF). doi:10.1007/978-3-662-53357-4_8
5) E. Georgiadis (2019). https://eprint.iacr.org/2019/416.pdf

에 한 번씩 블록을 생성하는데 이더리움은 대략 12초 간격마다 하나씩 생성한다. 600초 대신 12초로 줄었으니 50배 정도 성능이 향상될 것으로 예상한다면 큰 오산이다. 실제로 이더리움은 15tps 정도의 성능을 보이고 있다. 50배가 아니라 5배도 되지 않는다. 블록 생성 시간을 줄여도 블록이 모든 노드에 전파되어 합의에 도달하는 데 시간이 걸리므로 무조건 간격을 줄일 수 없다.

블록의 크기를 늘려서 tps를 높이는 방법도 있다. 비트코인과 비트코인 캐시가 갈라선 표면적 명분이 바로 블록 크기의 확장이었다. 그렇지만 블록의 크기를 늘리면 전송에 더 긴 시간이 걸리고 블록의 저장 공간도 확대된다. 비트코인의 블록체인 총 저장 용량이 2019년 1분기에 210GB를 넘었다. 10년 넘게 돌린 결과다. 이더리움은 3년 넘게 돌려서 150GB를 넘었다. 그런데 EOS는 8개월 정도 돌렸는데 4TB를 넘었다. 노드를 운영하는 입장에서 4TB를 모두 저장하는 것은 쉬운 일이 아니다. EOS의 블록 프로듀서 block producer, BP 가운데 4TB의 블록 전체를 저장하고 있는 곳은 5개에 불과하고, 그 가운데 상위 21개 BP 중 2개만이 전체 블록을 보관하고 있다.

비트코인이나 이더리움은 누적 블록체인 용량이 EOS에 비해 상대적으로 훨씬 적어도 블록체인 전체를 저장하는 것에 부담을 느껴 여러 해결책을 모색하고 있다. 첫째는 블록체인 전체를 저장하지 않아도 되는 방법, 둘째는 모든 거래 내역을 블록체인에 올리지 않는 방법, 셋째는 블록체인을 병렬 처리하는 방법 등이 있다. 그러나 이런 방법이 임시 방편은 되어도 근원적인 해결책이 되지 못한다.

비트코인의 블록 크기는 1MB보다 작지만, 블록 헤더는 80바이트에 불과하다. 비트코인 블록이 대략 10분에 하나씩 만들어지므로 1년이면 대략 5만 2,560개가 생성된다. 따라서 1년 분량의 헤더만 저장하는 데 대략 4.2MB의 용량이 필요하다. 비트코인 헤더는 버전[4바이트], 이전 블록의 해시값[32바이트], 머클 루트 해시값[32바이트], 블록 시간[4바이트], 난이도[4바이트], 논스[4바이트] 등 6개의 정보를 저장하는 데 80바이트가 필요하다. 그래서 80바이트 헤더 정보만 보관함으로써 간편 지불 검증[simplified payment verification, SPV]을 수행할 수 있다. 이 방법으로 이전 블록 헤더 정보를 이용해서 이전 블록 해시값을 계산해 봄으로써 현재 블록이나 이전 블록의 헤더가 변조되지 않았는지 확인할 수 있다. 또한, 논스와 난이도가 주어졌기 때문에 이를 이용해 현재 블록은 합당하게 생성되었는지 확인할 수 있다.

자신의 비트코인 송금 내역이 담긴 블록을 가지고 있으면 송금한 게 확실히 블록체인에 담겼는지 확인할 수 있다. 소위 말하는 머클 트리[Merkle tree]를 만들어 해시값을 계산해 보면 머클 루트[Merkle root]값을 얻을 수 있다. 자신이 계산한 머클 루트값과 비트코인 헤더에 담긴 머클 루트 해시값이 일치하면 송금 내역에 변조된 게 없다는 것을 확인할 수 있다. 이렇게 일부 정보만으로 자신에게 필요한 최소한의 검증을 빨리 마치는 것을 SPV라고 한다.

그런데 SPV로 할 수 없는 일이 있다. 성춘향이 홍길동에게 10비트코인을 송금했다면 과연 성춘향에게 10비트코인이 있었는지 확인해야 한다. SPV로는 이것을 확인할 수 없다. 이것을 확인하려면 더 많은 블록들이 필요하다. 성춘향이 보유하고 있는 거래 내역을 찾아서 성춘향의 서명이 정확하게 성춘향의 것인지 확인하는 절차를 따라야 한다. 그래서 블록체인의 일부 정보만 저장하고 있는 게 해결책이 되기 어렵다. 노드들이 일부 정보만 보관하고 검증 작업을 수행하면 이중 지불이 가능할 수 있다. 노드들이 확인되지 않은 거래를 승인해 주면 그게 바로 부정 거래가 되며, 비트코인에 대한 공격이다. 그런 점에서 21개의 EOS BP들 중 2개만이 4TB의 블록체인 전체를 보관하고 있다는 것이 EOS의 심각한 보안 취약점이 될 수 있다.

초기에는 비트코인의 메인 블록체인만 이용해서 송금했다. 그런데 소액 결제의 필요성이 대두되면서 온체인on-chain과 오프체인off-chain의 개념이 대두되었다. 홍길동이 매일 커피 몇 잔씩 마시는데 그때마다 비트코인으로 결제하면 비트코인 가격이 1만 2,000달러인 지금 시점에서 송금 수수료가 커피값보다 비싸다. 그래서 생각해 낸 게 소액 결제micropayment 개념이다. 홍길동이 스타벅스 계정에 1비트코인을 맡기고 커피를 주문할 때마다 커피값을 차감한 후 몇 년 지나서 마지막에 한 번 몽땅 결제하는 방안이 합리적이다. 이때 홍길동이 스타벅스에 송금할 때와 스타벅스가 정산할 때 비트코인 온체인에 기록하고, 홍길동과 스타벅스 사이의 거래는 오프체인에 기록하는 방식이다.

[그림 2-10]이 온체인과 오프체인의 개념을 보여 주고 있다. 온체인 또는 메인 체인은 매 블록마다 검증을 받아 합의에 이른다.

그런데 오프체인은 오프체인 블록을 생성할 때와 정산을 마친 후 블록을 마감할 때 두 번 온체인에 올려서 검증하면 된다. 물론 중간정산 때도 검증할 수 있다. 소액 결제에서 오프체인은 일종의 외상장부 또는 선불카드 같은 개념으로 보면 된다. 소액 결제를 가능하게 하는 기술이 다중 서명과 시간 잠금 장치[nTimeLock] 등이다.

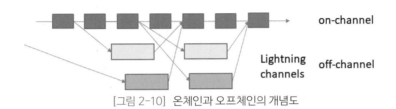

on-channel

Lightning channels   off-channel

[그림 2-10] 온체인과 오프체인의 개념도

　홍길동이 1비트코인을 스타벅스에 맡기고 나서 이 코인을 날릴까 싶어 홍길동이 불안해 할 수 있다. 그래서 홍길동과 스타벅스의 서명이 있을 때 비트코인을 스타벅스가 꺼내 갈 수 있게 다중 서명을 이용한다. 그런데 스타벅스가 커피도 제공하지 않고 환불에도 응하지 않으면서 다중 서명도 거절하면 홍길동이 낭패를 보게 된다. 그래서 스타벅스가 서명하지 않을 경우 일정한 시간이 지나면 잔액을 홍길동이 되돌려받을 수 있게 해주는 것이 시간 잠금 장치다. 그렇다면 홍길동이 커피는 마시고 서명해 주지 않으면 어떻게 될까? 그 해답은 각자의 상상력에 맡긴다.

　[그림 2-10]과 같이 오프체인에서 문제를 해결하려고 하는 시도를 레이어 2[layer 2] 기술이라고 부른다. 온체인이 레이어 1이라면 오프체인이 레이어 2라는 식이다. 비트코인의 레이어 2 기술로 라이트닝 네트워크[lightning network]가 있다. 이더리움에서는 레이어 2

기술로 스테이트 채널^{state channel}, 플라스마^{plasma}, 트루비트^{Truebit}
같은 것들이 있다. 스테이트 채널은 송금과 상태^{state} 업데이트를
오프체인에서 수행하는 기술이다.

[그림 2-11]과 같이 플라스마는 스테이트 채널과 비슷한데 차
일드 채널^{child channel}을 이용한다. 트루비트는 계산량이 많고 복잡
한 계산을 오프체인이 담당하게 하는 기술이다.

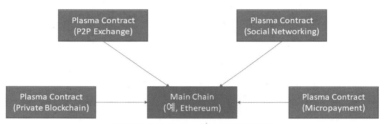

[그림 2-11] 플라스마 체인들의 관계

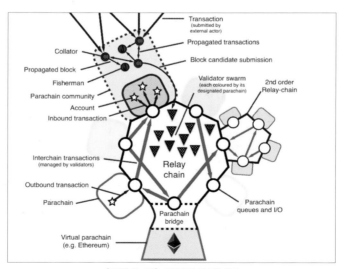

[그림 2-12] 폴카닷의 개념도

자료: http://wiki.hash.kr/images/e/ef

서로 다른 암호화폐 사이에서 레이어 2 기술을 개발한 게 폴카 닷^Polcadot, 코스모스^Cosmos, 인터레저^Linterledger 등이다. 이 폴카닷 네트워크의 개념도는 [그림 2-12]와 같다.

병렬 계산으로 tps를 증가시키는 방법 중 가장 극단적인 게 하드포크를 통해 비트코인 클래식, 비트코인 지네릭, 비트코인 오리지널 등 가상의 체인을 분기시키는 것이다. 그러나 이 방법은 블록체인에는 가지가 없어야 한다는 원칙을 위배하기 때문에 별로 고려하지 않고 있다. 그렇지만 샤딩^sharding 같은 레이어 1 해법이 계속 모색되고 있다. 처리 속도를 높이는 다른 방법으로 위임 지분 증명^delegated proof-of-stake, DPoS 방법이 있다.

합의에 이르기 위해 작업 증명을 이용하다 보니 노드 수가 많아지고, 심지어 그 노드들이 어디 있는지 알 수 없는 경우도 생기고, 어느 노드가 불량 노드인지 알기 어렵다는 문제점이 제기되었다. 그래서 채굴하지 않고 블록을 생성하는 방법으로 지분 증명^proof-of-stake, PoS 방식이 제안되었다. 일정한 지분을 담보로 맡기고 노드의 권한을 획득해서 노드들끼리 서로 돌아가며 블록을 생성하는 방식이다. 그런데 이 방식이 채굴에 드는 전기 낭비 문제를 해결했지만 역시 노드 수가 많고, 그 노드들이 어디 있는지 모르고, 어느 노드가 불량 노드인지 알기 어렵다는 문제를 그대로 물려받았다. 그래서 생각해 낸 게 DPoS 방식이다.

EOS가 DPoS 방식을 사용하는 데 블록을 생성할 수 있는 노드를 21개 선정하고 이 노드들이 돌아가면서 블록을 생성하게 했다.

EOS에서는 노드를 BP^{Block Producer}라고 부른다. 여기서 중요한 점은 노드 수가 21개로 정해져 있으며, 노드의 위치를 사전에 정확하게 알 수 있고, 노드는 투표를 통해 신뢰할 수 있는 것만 고르기 때문에 합의 속도가 무척 빠르게 된다. 정식 BP가 되기 원하며 대기하는 후보 BP들과 이미 선정된 정식 BP들이 매번 다시 투표를 통해 21개의 정식 BP 자리를 놓고 경쟁한다. 이런 식으로 EOS는 tps 확장성 문제를 해결했지만, 21개의 소수 BP에게 권한이 집중되어 있어서 탈중앙화 정신을 위배한다는 비난을 받고 있다. 그런데 DPoS 방식이 확장성을 해결하는 데 유용한 점이 많아서 많은 암호화폐들이 이 방식의 도입을 검토하고 있다. 그렇지만 과도하게 많은 양의 블록체인이 누적되어 소위 EOS의 4TB 문제라는 것이 제기될 정도로 용량 확장성 문제가 새롭게 주목을 받는 계기가 되었다. 다시 말해 tps 확장성과 새로 부상한 용량 확장성 문제도 함께 고려할 필요가 있다.

제3장

코인 이코노미의 2차 성장 전략

- 이서령 -

01

토큰 이코노미의 출현 배경

토큰 이코노미^{Token Economy}는 행동주의^{Behaviorism} 심리학에서 시작되었으며 교육 및 재활 환경에서의 행동 관리 및 동기 부여 도구로 사용되었다. 행동주의 심리학은 비과학성에 대한 대안으로 심리학이 과학으로 자리 잡기 위해 객관적으로 관찰이 가능한 행동을 대상으로 해야 한다고 주장했다. 이에 따라 S-R, 즉 자극 ^{Stimulus}과 반응^{Response}에 따라 행동을 설명했다. 행동주의 심리학은 특정 행동^{Specified target behaviors}의 체계적인 강화^{systematic reinforcement}를 위한 조작적 조건 형성^{operant conditioning}에 기초한다. 조작적 조건 형성에 대한 연구는 19세기 후반 손다이크^{Edward Lee Thorndike}와 스키너^{Burrhus F. Skinner}에 의해 정리되어 인간 행동을 설명하는 중요한 접근 중 하나로 받아들여졌다. 조작적 조건 형성은 기존 고전적 조건 형성의 수동적인 반응 행동^{response behavior}에 대비해 환경의 자극에 능동적으로 반응하여 나타나는 행동에 중점을 둔다. 효과의 법칙^{law of effect}로 정리된 이 이론의 핵심은 '특정

01. 토큰 이코노미의 출현 배경 **95**

01

토큰 이코노미의 출현 배경

토큰 이코노미[Token Economy]는 행동주의[Behaviorism] 심리학에서 시작되었으며 교육 및 재활 환경에서의 행동 관리 및 동기 부여 도구로 사용되었다. 행동주의 심리학은 비과학성에 대한 대안으로 심리학이 과학으로 자리 잡기 위해 객관적으로 관찰이 가능한 행동을 대상으로 해야 한다고 주장했다. 이에 따라 S-R, 즉 자극[Stimulus]과 반응[Response]에 따라 행동을 설명했다. 행동주의 심리학은 특정 행동[Specified target behaviors]의 체계적인 강화[systematic reinforcement]를 위한 조작적 조건 형성[operant conditioning]에 기초한다. 조작적 조건 형성에 대한 연구는 19세기 후반 손다이크[Edward Lee Thorndike]와 스키너[Burrhus F. Skinner]에 의해 정리되어 인간 행동을 설명하는 중요한 접근 중 하나로 받아들여졌다. 조작적 조건 형성은 기존 고전적 조건 형성의 수동적인 반응 행동[response behavior]에 대비해 환경의 자극에 능동적으로 반응하여 나타나는 행동에 중점을 둔다. 효과의 법칙[law of effect]로 정리된 이 이론의 핵심은 '특정

행동'을 이끌어내는 강도가 '행동의 결과'에 영향을 받으며 강화 Reinforcement를 통해 이를 조작할 수 있다는 것이다. 행동주의는 이후 S-O Organism-R의 형태로 유기체의 내면을 좀 더 살피는 쪽으로 확장되어 갔으며, 이 과정에서 톨먼Tolman 등의 인지심리학이 등장한다.

특히 다양한 토큰 기반 시스템을 쉽게 구현해 볼 수 있기에 교사와 관리자들은 일반 교육, 특수 교육 및 공동체 환경에서의 교육 및 재활 환경에서 행동 관리 및 동기 부여 도구로 활용하였다. 토큰 시스템 구현의 핵심은 보상 체계의 마련에 있다. 바람직한 행동과 습관을 구체적으로 미리 정해 놓고 해당 행동을 했을 때 토큰을 보상으로 제공함으로써 체계적으로 강화해 가는 것이다. 이러한 토큰경제에는 다음과 같은 4가지 구성 요소가 제시된다.

① 목표 행동Specified target behavior : 토큰경제에서 증가나 감소를 목표로 하는 행동, 참여자들에게 명확하게 설명하는 것이 중요

② 토큰Tokens : 대체 강화재와 교환할 수 있는 객체 또는 상징, 복제하기 어렵거나 불가능하게 구성하는 것이 중요

③ 대체 보상/강화재Back-up reward/reinforcers : 토큰은 본질적인 가치가 없지만 대체 강화재와 교환 가능. 대체 강화재는 물질이나 서비스 등 토큰 경제가 설정된 기능에 따라 선택하게 됨

④ 교환The exchange : 토큰경제에서 가장 중요한 부분으로 관리자나 참여자의 필요나 선호가 반영되는 교환 체계 마련. 궁극적으로 토큰의 가치는 대체 강화재에 따라 결정되며 토큰을

교환할 수 있는 아이템이나 보상이 많을수록 토큰이 더 강력하게 작용. 또한, 금전적 보상과 같은 일반 조건 강화재 Generalized Conditioned Reinforcers 는 다양한 대체 보상으로 교환할 수 있기 때문에 단일 조건 강화재 Simple Conditioned Reinforcers 보다 더 선호하게 됨

거래자 간에 일정 수준의 보상과 수수료를 제공하면서 전체 네트워크를 유지해 나가고 있는 것을 보면 쉽게 이해할 수 있다. 비트코인은 전체 발행량 및 난이도 조절, 트랜잭션 수수료 등 보다 구체적인 내용이 많다. 비트코인에서 네트워크를 지속하기 위해 일정 시간마다 채굴 mining 을 통해 거래를 진행하고 기록하는 것을 위에서 언급한 '목표 행동'이라고 볼 수 있다. 이러한 채굴 행동의 강화를 위해 비트코인은 채굴에 대한 보상 12.5BTC 을 '토큰' 비트코인 으로 제공한다. 비트코인 자체는 본질적인 가치를 가지지 않지만 '교환'을 통해 대체 강화재를 가질 수 있게 되는 것이다. 특히 비트코인은 거래소를 통해 '일반 조건 강화재'로 교환할 수 있다는 장점도 있다.

토큰 이코노미의 정의

현재 주식시장의 문제는 주주의 이해와 경영진의 이해가 다른 대리인 문제Agency Problem와 회사의 성장에 따른 수익의 주주 독식 문제, 노동력을 제공하는 직원들에 대한 불평등한 보상 등이 있다. 주식회사의 주인은 주주이다. 주주가 투자한 것은 자본Capital 항목에 기재되며, 임직원의 피땀으로 이룬 성과이익도 자본 항목 내 이익잉여금으로 적립되어 주주에게만 배당으로 돌아간다. 결국 토큰 이코노미는 기존 경제 구조와 달리, 블록체인 기반 생태계에 모든 참여자가 기여하는 만큼 정당한 보상을 받을 수 있도록 설계된 시스템이라고 할 수 있다. 즉 토큰과 그것이 쓰여질 실물경제시스템 사이에 규칙을 설계하는 것이며, 토큰이라는 보상으로 다양한 참여자들이 가치를 주고받고 기여하는 경제인 것이다.

블록체인 네트워크는 중앙의 역할이 없다. 생태계는 오로지 참여자들에 의해 유지, 발전하거나 퇴보한다. 그래서 참여자들의 적극적인 기여를 유도하고 보상하는 일련의 규칙과 구조가 정교하게 짜여 있어야 네트워크의 지속적인 발전이 가능한 것이다. 다음의 블록체인과 암호화폐, 그리고 ICO는 토큰 이코노미가 탄생하게 된 주요 요소들이다.

첫째, 블록체인 기술을 활용하여 탈중앙화된 네트워크를 형성할 수 있게 되고 둘째, ICO를 통해서 초기 참여자들을 유도하여 블록체인 네트워크를 구축하며 셋째, 네트워크를 유지, 검증하는 참여자노드들에게는 암호화폐로 보상을 하여 안정적인 생태계를 형성시켜 주면 결국 이 블록체인 프로젝트의 성공은 토큰 이코노미의 몫이 된다.

블록체인 네트워크를 프로그래밍하는 것에 그치지 않고 ICO에서부터 토큰 이코노미 구축까지 참여자를 유도하고 유지, 발전할 수 있는 체계적인 방법을 구상하기 위해서는 다음과 같은 전제조건들을 준비해야 한다.

- 보상토큰은 어떤 기준으로 어떤 참여자에게 줄 것인가?
- 어떻게 토큰이 가치를 갖게 할 것인가?
- 사람들이 토큰을 보유해야 할 유인은 무엇인가?
- 토큰의 발행량은 얼마로 하고 어떻게 분배할 것인가?
- 네트워크의 성장과 토큰의 가치 상승을 어떻게 연동할 것인가?
- 토큰의 가격 변동성은 어떻게 해결할 것인가?

토큰 이코노미의 현황과 사례

　토큰 이코노미란 앞에서도 언급하였듯이 원래 심리학에서 보상을 통해 행동을 강화시키는 방법을 뜻하는 말인데, 블록체인 업계에서는 좀 더 광범위하게 블록체인 네트워크 위의 경제 구조 전체를 일컫는 말로 많이 쓰인다. 비트코인이 주목받기 이전에도 '탈중앙화된 디지털 화폐'라는 아이디어를 시도한 사례는 몇 가지 있다. 디지캐시 Digicash, 1992, 사이버캐시 Cybercash, 1994, 이골드 e-Gold, 1996 등이 있었고, 이들은 비트코인이 사용한 기술 일부를 만들어 내기도 했다. 비트코인의 목적이 탈중앙화된 화폐를 발행하는 것이었다면, 이더리움의 목적은 탈중앙화된 인프라와 서비스를 더욱 크게 구현하는 것이다.

　이더리움은 비트코인과 달리 단순한 화폐 발행에 그치지 않고, 자체적으로 프로그래밍 가능한 언어와 API Application Programming Interface를 지원함으로써 블록체인 위에 사실상 상상 가능한 모든 것을 프로그래밍할 수 있는 플랫폼을 지향한다. 즉 누구라도 이더리움 블록체인을 활용해 그 위에 자신들만의 프로젝트나 탈중앙화된 서비스인 DApps Decentralized Applications를 손쉽게 만들 수 있도록 한 것이다. 따라서 블록체인 기반 서비스를 구현할 때 그에 필요한 기술을 처음부터 만들 필요는 없다. 기술로 신뢰 시스템을 만들어 사람들 사이에 자발적인 협력을 이끌어내고, 공동으로 서비스나 커뮤니티를 만들어 나간다는 의미에서 새로운 공유경제로 각광받고 있기도 하다.

블록체인 기반으로 한 SNS 서비스인 스팀잇 Steemit.com은 참여자에 대한 보상 부분이 좀 더 복잡하게 반영되어 있다. 일단 사용하는 토큰을 스팀 Steem, 스팀파워 Steem Power, SP 및 스팀달러 Steem Dollar, SBD 3가지로 구분하였다. 스팀잇에서 토큰을 구분한 가장 중요한 목적은 해당 플랫폼에 머무르는 시간을 늘려 서비스를 보다 활성화하는 데 있다. 이를 위해 단기 유동성 Steem과 장기 유동성 Steem Power을 가지는 토큰을 구분하고 달러화폐에 연동된 안정적인 토큰을 추가적으로 구성하여 대체 강화재의 유형을 다양화했다. 이를 위해 스팀과 스팀달러는 거래소 등을 통해 현금으로 즉시 교환이 가능하나 스팀파워는 약 13주 정도의 기간을 거쳐 점차 스팀으로 교환이 되도록 설계하였다. 스팀잇은 참여자 간 보상체계 부분을 눈여겨보아야 한다. 일단 전체 보상체계에서 75:25의 비율을 적용하고 있다. 창작자와 큐레이터 추천 및 댓글 작성인 콘텐츠 제공자 집단에게 75%의 보상을 주고 스팀파워 보유자와 채굴자로 구성된 플랫폼 운영진에게 나머지 25%를 제공하고 있다. 콘텐츠 제공자에게 부여된 75%의 보상은 다시 창작자 75%와 큐레이터

25%로 나뉘어 지급된다. 스팀잇은 보상 체계의 구현에 그치지 않고 그 자체가 플랫폼으로서 실제 서비스의 구현을 제시하였다는 점에서 의의를 가진다. 행동주의 심리학이 신행동주의 Neobehaviorism를 거쳐 인지심리학과 행동경제학으로 확장된 것처럼 이제 블록체인 기반의 토큰경제 모형도 보상과 강화로만 설명하기에는 어려움이 있다고 볼 수 있는 것이다.

토큰 이코노미는 과거에는 풀기 어려웠던 사회적 문제를 풀 수 있는 기회를 제공해 주기도 한다. 한국 기업이 추진하고 있는 사례로 카본블록 CarbonBloc을 들 수 있다. 카본블록은 마이크로 기후 행동, 즉 시민들의 환경 개선 운동을 장려하고 보상하는 토큰이다. 온실가스를 배출하는 기여도를 살펴보니 전체에서 약 40%를 차지하는 산업 분야는 규제를 통해 절감을 유도할 수 있지만, 약 30%를 차지하고 있는 개인 분야는 해결하기가 쉽지 않았다. 카본블록은 이 개인 분야에 토큰 이코노미를 적용하여 시민들의 에너지 절감을 유도하고 이를 통해 환경 문제 개선에 기여하고자 하는 프로젝트이다. 시민들은 카본블록 토큰으로 전용 쇼핑몰에서 친환경 제품을 구매할 수 있고, 카본블록은 개인 분야에서 절감한 온실가스를 상쇄배출권으로 전환하여 기업 간 거래로 확장하게 된다.

리투아니아 출신 창업자가 만든 림포 Lympo 토큰은 개인의 운동량에 따라 보상받을 수 있는 토큰이다. 스포츠 의류 기업들은 림포 앱 Lympo app에 특정 지역 달리기 등의 미션을 개설하여 광고 효과를 얻고 참여자들에게 림포 토큰으로 보상할 수 있다. 미국 NBA 프로농구의 달라스팀은 림포 토큰으로 달라스팀 공식 경기

티켓과 교환할 수 있는 프로그램을 발표하였다. 영국의 옥스퍼드 대학은 울프^{Woolf} 토큰을 발행하여 대학 교육에 적용하겠다고 발표하며 2018년 7월 27일부터 토큰 판매를 시작하였다.

금융 분야에도 토큰 이코노미가 활발하게 적용되고 있다. 하이페리온 펀드^{Hyperion Fund}는 토큰 이코노미가 적용된 대표적인 크립토 펀드이다. 하이페리온 펀드는 암호화폐 프로젝트에만 투자하는 펀드인데, 이 펀드를 IHF라고 이름 붙인 토큰으로 토큰화하여 암호화폐 거래소에 상장하였다. IHF 토큰이 상장된 후에는 펀드의 투자 성과 실적에 따라 펀드 자산 중에서 일정 예산으로 IHF 토큰을 거래소에서 매입하고 소각하여^{Buy-and-burn} IHF 토큰의 가격을 상승시키게 된다.

최근 런던 증권거래소와 영국 금융감독원은 주식을 토큰화하는 실험을 발표하였다. 런던 증권거래소는 "주식을 토큰으로 발행하는 과정을 혁신해 런던 증권거래소의 사업 규제 기준에 어긋나지 않는 토큰화 주식 발행 규범이 정착되면 이는 중소기업들에 큰 도움이 될 것이다."라고 밝혔다. 미국의 대표적인 벤처캐피털 앤드리슨 호로위츠^{Andreessen Horowitz}는 3억 달러 규모의 암호화폐 투자 펀드를 조성하였다.

사용자와 운전자를 중개하는 차량 공유 서비스인 D우버^{Decentralized Uber}를 보자. 현재는 중개자로서 데이터를 독점적으로 관리하며, 서비스와 마케팅을 제공하는 대가로 20%의 수수료를 취득하고, 우버라는 회사가 성장하면 지분을 가지고 있는 주주들이 금전적 이익을 보게 되는 구조이다. 이 생태계에 기여하는 운

전자나 사용자는 금전적 이익을 얻을 수 없는 상황이다. 그러나 블록체인에 기반을 둔 D우버가 있다고 가정할 경우, 블록체인은 누구나 볼 수 있고 공동으로 업데이트되는 장부이기 때문에 이곳에서는 서비스를 독점하는 중개자가 존재할 수 없으므로, 20%나 되는 수수료를 가져갈 수 없는 구조이다. 대신 이곳에 참여하는 모든 사람이 토큰을 통해 거래함으로써 참여에 따른 이익을 얻는다. 운전자는 토큰으로 받은 수입을 바로 현금화할 수도 있고, D우버의 성장 가치를 믿고 가지고 있다가 토큰 가치가 상승할 때 환전해 더 많은 보상을 받을 수도 있으며, 사용자도 토큰을 보유함으로써 서비스를 이용하거나 환전해 이익을 얻을 수 있는 것이다. 즉 토큰은 이 D우버라는 생태계에서 지급 수단으로써 사용 가치를 지닐 뿐만 아니라 일종의 지분으로서 투자 가치도 지니므로, 결국 D우버 토큰의 성장 가치를 믿고 보유하는 사람이 늘수록 보이지 않는 손의 수요와 공급 원리에 따라 토큰의 가치가 올라갈 것이다. 여기에서 사용이 되는 이더라는 가상화폐는 D우버에서 생태계에 참여함으로써 얻는 보상이 아니라, 이더리움 블록체인이라는 플랫폼을 유지하기 위한 보상이다. 다시 말하면 해당 DApps가 구축하고자 하는 생태계에서 참여자들에 의해 가치가 만들어지고 참여자 모두가 지분을 얻어가도록 하는 역할을 하는 것은 어렵다는 것을 뜻하므로, 생태계 참여를 보상해 주는 다양한 다른 토큰들이 등장하는 것이다.

블록체인 기반 비즈니스 모델

블록체인 기반의 비즈니스 모델을 살펴보기 위해서는 블록체인 기술이 제시하는 가치$^{Value\ Proposition}$에 주목해 볼 필요가 있다.

첫 번째는 탈중개성에 있다. 비트코인의 사례에서 볼 수 있듯 블록체인은 기존 거래를 중개하던 기관 없이도 거래를 진행할 수 있는 기술이다. 이는 역설적으로 블록체인 시스템이 결국 중개 역할을 담당하게 된다는 것을 알 수 있다. 이 때문에 공급자와 수요자 같은 참여자들을 연결하는 양면시장형 플랫폼 비즈니스가 한 축을 이루게 된다.

두 번째 가치는 신뢰성에 있다. 블록체인에 기록되는 데이터는 투명성, 무결성의 특징을 가진다. 데이터의 비가역적인 성격과 무결성은 결국 해당 데이터에 대한 검증 비용에 영향을 미칠 수 있다. 또한, 네트워크에 참여하는 구성원들이 필요 시에 상호 확인 및 검증할 수 있다. 이러한 점은 결국 참여자 간 신뢰도에 영향을 줄 수 있어 조직 내 및 조직 간 혁신으로도 확장될 수 있을 것이다. 기업의 측면에서도 이는 검증 비용 등 기존에 소요되던 거래 비용의 단축을 가져올 수 있다. 결국 '일하는 방식'을 바꾸어서 협업을 확대하고, 비용 절감 및 프로세스 혁신으로 이어질 수 있다. 여기서는 이러한 탈중개성과 신뢰성의 두 가지 측면을 중점으로 양면형 시장과 프로세스 관리^{Business Process Management}라는 모델을 살펴보기로 한다.

1) 양면형 시장(two-sided market)

비트코인이 중개기관 혹은 제3의 신뢰 기관^{trusted 3rd party} 없이 참여자 간 거래를 가능하게 해주는 것을 중요한 가치라고 볼 때 블록체인 기반 비즈니스 모델의 핵심 중 하나는 기존 중개 기관 역할의 대체에 있다. 그러므로 플랫폼 비즈니스의 형태가 주요한 비즈니스 모델으로 토큰경제 설계 시에 충분한 설명이 필요하다. 이는 앞서 살펴본 스팀잇의 사례에서도 잠시 언급된 바 있다. 스팀잇은 콘텐츠 제공자에 대한 명확한 보상^{75%}을 통해 공급자이면서 수요자이기도 한 SNS 유저들에게 수익의 대부분을 제공하며 사용자를 늘리고 있다. 그리고 이와 함께 네트워크를 유지해 나가고 서비스를 안정적으로 운영해 나갈 수 있는 운영자들과 스팀파워 보유자에게도 일정 비율^{25%}의 보상을 제공하며 플랫폼 중심의 토큰경제 모형을 선보였다.

이러한 양면 플랫폼 시장^{two-sided platform market}은 인터넷 경제에

서 이미 주목받은 바 있다. 카카오는 무료 메신저 서비스를 통해 수요자를 먼저 확보하고 이를 기반으로 공급자 집단을 확대하였다. 이와 함께 거래 비용^{transaction cost}과 검색 비용^{searching cost}을 낮추어 고객에게 효용을 제공해 왔다. 기존 인터넷 기반 비즈니스 모델들은 기존의 오프라인 거래 대비 효과적인 측면^{비용, 로열티 등}을 검증받으며 사업 모델을 확보했고, 이때 발생하는 일정 수수료를 기반으로 성장했다. 현재 구글이나 아마존과 같은 주요 ICT 기업의 수익도 이러한 플랫폼 비즈니스에 기반하고 있다. 또한, 플랫폼 비즈니스의 특징은 크고 빠르게 획득하는 GBF^{Get Big Fast} 전략을 통해 경쟁자보다 시장을 선점하여 네트워크 효과를 구축할 수 있다는 점에 있다. 당연히 후발주자는 진입 장벽으로 인해 수익 확보에 어려움을 겪게 될 것이다.

블록체인 기반의 플랫폼 사업과 유사한 인터넷 비즈니스 모델이 있다면 필연적으로 실현 가능성 여부를 검증해 보아야 한다. 아티스트의 수익성 확보를 목표로 한 우조뮤직[1]의 경우 2015년부터 선보이고 있지만 아직 베타 서비스에 머무르고 있다. 꾸준히 앨범이 등록^{2018.10월 기준 200여 개}되고 있지만 아직 기존 스트리밍 사업자에 견주기에는 아쉬움이 크다. 기술 검증^{Proof of Concept}을 베타 서비스를 통해 검증하였다면 플랫폼 전략 측면에서 증명하는 것이 필요한 단계가 되었다고 할 수 있다.

블록체인 기반 VR 플랫폼인 디센트럴랜드[2]의 경우는 공급자 확대에 치중하고 있다고 볼 수 있다. 디센트럴랜드는 ICO를 통해 35

---

1) https://ujomusic.com
2) https:// decentraland.org

초 만에 1만여 명의 투자자로부터 목표 금액인 2,600만 달러^{한화 약} ^{278억 원}을 모았다. 이후 제네시스 콘텐츠 프로젝트라는 형태로 가상 공간을 채울 콘텐츠 확보를 위해 파트너십과 엑셀러레이팅을 확대 해 나가고 있다. 제작자들은 부지를 구매해 자신의 소유지에 다양 한 프로그램과 콘텐츠를 마련하고, 이를 통해 발생한 수익을 수수 료 없이 100% 가져간다. 개발자를 위해 소프트웨어 개발 키트와 응용 프로그램 인터페이스^{SDK/API}를 공개하고 튜토리얼 등을 통해 미니게임을 만드는 등 일정 미션을 수행하면 토큰^{마나코인}을 제공하 는 보상 프로그램도 진행하는 등 초기 공급자 확보를 위한 지원 제 도를 선보였다. 아직 정식 서비스 출시 전이라 선점 효과를 통해 강 력한 플랫폼을 구축할 수 있을지에 대해서는 검토가 필요하나 토 큰을 활용한 양면시장 적용의 사례로써 주목해볼 필요가 있다.

2) 프로세스 관리(Business Process Management)

블록체인은 정보의 저장과 관리 측면^{무결성 및 투명성 유지}에서도 개 선된 효과를 가져 올 수 있다. 이러한 점에 기반하여 프로세스 개 선에 블록체인을 도입하려는 노력도 이어진다. 하이퍼레저와 같은 프라이빗 블록체인의 주된 관심이 이 부분에 있다고 볼 수 있다. 비즈니스 프로세스 관리^{BPM}의 핵심은 비용, 품질, 서비스, 속도 등 의 기업 핵심 요소를 극적으로 향상시키기 위해 업무 프로세스를 근본적으로 다시 생각하여 완전히 새롭게 재설계하는 것^{BPR,}

Business Process Reengineering에 기인한다. 연계는 필연적이다. 두 기술 모두 프로세스 상태를 유지 관리할 수 있기 때문에 개념적 수준에는 공통점이 있다. BPM은 작업 흐름 관리 등과 같은 비즈니스 프로세스 설계 및 구현 도구를 제공하기 위해 수년 간 발전해 왔다. 모든 BPM의 구현은 본질적으로 특정 가치 사슬에 중점을 둔다.

블록체인은 기업 전체에 걸쳐 비즈니스 네트워크를 만들고 데이터 관리의 무결성, 투명성에 도움을 준다. 이를 통해 효율성, 내부 통제 및 조직 간 네트워킹과 관련된 측면에서도 개선을 기대한다. 프로세스의 재설계 과정에서 통합이나 자동화 여부에 대한 검토가 이루어지는데, 특히 대상 조직이 다양할 경우 블록체인을 통한 프로세스 관리가 효과적일 수 있다. 기존 프로세스 관리가 현실적인 적용 가능성을 고려하여 조직 내의 가치사슬 최적화에 중점을 두었다면 블록체인은 조직 간 가치사슬의 관리 쪽으로도 확대될 수 있다.

덴마크의 국제 컨테이너 운송 회사 머스크Maersk와 IBM은 블록체인 기술을 사용하여 보다 효율적이고 안전한 방법으로 글로벌 거래를 수행할 수 있는 새로운 블록체인 플랫폼을 구축하고 있다. 공급망 프로세스를 디지털화하여 전 세계 수천만 개의 선적 컨테이너에 대한 문서를 관리하고 실시간 가시성을 높이는데 도움이 될 것으로 기대한다. 기존 글로벌 거래 과정을 블록체인으로 통합 관리함에 따라 업무 흐름에 대해 보다 투명하게 확인할 수 있어 중복되거나 병목 현상이 발생되던 부분 등의 관리 비용도 절감할 수 있다고 발표하였다.

토큰 이코노미 디자인 패턴(Token Economy Design Pattern)

전 세계에서 수많은 사람이 블록체인을 활용한 새로운 서비스를 고안해 내고 있다. 이 모든 서비스는 비트코인과 마찬가지로 내부에 각자의 서비스와 참여자에게 맞는 경제 체제를 탑재해야 한다. 애플리케이션 하나를 만들 때에도 그 위에서 돌아가는 경제 시스템을 설계해야 한다는 뜻이다.

블록체인 네트워크에는 행동을 강제할 수 있는 중앙 주체가 존재하지 않기 때문에 정교하게 짜인 규칙과 보상 구조가 있어야만 참여자들의 협력을 끌어낼 수 있다. 어느 정도 기술이 보급된 이후에는, 어떻게 블록체인 위에서 지속 가능한 경제 구조와 보상 체계를 만들어 내는가가 중요한 경쟁력이 될 것이다. 결국 블록체인을 돌아가게 하는 것은 참여자 간의 협력이기 때문이다. 많은 블록체인 프로젝트가 토큰의 수량만 제한되어 있으면 토큰의 가치가 오른다고 쉽게 얘기하나 토큰의 가치를 네트워크의 성장과 연동하는 것은 결코 쉬운 일이 아니다. 네트워크의 수요가 증가하더라도, 토큰의 수요는 그만큼 증가하지 않는 상황도 충분히 일어날 수 있기 때문이다.

토큰경제를 구성하는 디자인 패턴들은 서로 완벽하게 분리되거나 배타적인 개념이 아니라 동시에 적용될 수도 있으며, 서로의 특징을 섞어서 적용할 수도 있다. 토큰의 종류를 엄밀하게 분류했다기보다는 토큰 설계 시에 참고할 수 있는 다양한 패턴들을 도출했다고 이해하면 된다. 이것이 바로 토큰 디자인 패턴Token Design Pattern이라고 할 수 있다. 토큰 디자인의 대상은 재화나 서비스를 제공하기 위한 토큰Utility token, 화폐의 성격을 띠는 가치 저장 토큰Store of Value token, 증권의 성격을 띠는 시큐리티 토큰Security token 등으로 대별할 수 있다.

매력적인 토큰 이코노미를 설계하려면 금융과 기술, 인문학을 넘나드는 창의적인 생각과 도전이 필요하다. 블록체인 기술은 프로그래밍할 수 있는 화폐의 시대를 열었고 이를 통해 결국 사람의 행동과 이에 따라붙는 인센티브에도 영향을 끼치게 되었다.

첫 번째는 참여자의 인센티브를 설계하는 것이다. 이 장 앞부분에서 이미 설명했듯이 토큰 이코노미는 1960년대 교육학과 심리학의 한 분야에서 시작되었다. 어린이 교육과 특수 치료 분야 등에서 우수한 연구 성과가 나타나기도 하였다. 이렇게 인센티브 설계를 통해 참여자의 행동을 디자인하는 것을 두고 '토큰 이코노미는 목표하는 행동의 체계적인 강화를 바탕으로 한 우연성 관리 시스템'이라고도 해석한다. 이러한 시스템을 통해 단계적 강화 전략, 사회적 조성 전략 등을 만들어 가는 것이다.

두 번째는 화폐 발권 메커니즘을 설계하는 것이다. 토큰의 유통 속도, 보유 기간, 발행량 등을 설계하고 장기 보유 촉진 정책이나 토큰의 소각 정책 등을 설계한다. 기본적으로 화폐수량설 Quantity theory of money 을 기초로 하지만, 실전에서 프로젝트를 진행해 보면 고급 통계, 시뮬레이션, 시스템 다이나믹스, 네트워크 과학, 딥러닝까지 다양한 이론과 기법들이 사용된다.

세 번째는 토큰의 유통 속도 velocity of tokens 와 관련된 이론이다. 가장 전통적인 이론은 피셔 Irving Fisher 의 교환방정식 equation of exchange 이론이다. 즉 MV=PT, 여기서 각 변수는 다음을 의미한다.

M = 화폐 공급량

V = 화폐 유통 속도

P = 상품의 가격

T = 상품의 수량

이후 두 명의 유명한 사람 – 크리스 버니스케 Chris Burniske 와 비탈릭 부테린 Vitalik Buterin – 이 피셔의 교환방정식을 응용하여 보다 진화된 이론을 제시하였다.

버니스케의 정의: MV=PQ, 각 변수는 다음을 의미한다.

M = 총 자산의 크기

V = 자산 유통 속도 일일 코인의 소유주가 바뀌는 평균 횟수

P = 제공되는 디지털 자산의 가격

Q = 제공되는 디지털 자산의 총량

버니스케의 정의를 사용하면, 가치는 다음과 같이 M에 대해 수식을 재정리해서 얻을 수 있다.

M=PQ/V

토큰의 가격을 계산하려면 fiatπ기준의 시가 총액^{PQ}을 계산한 후 유통 속도^{V}로 나눈 뒤, 그 값^{M}을 코인의 총 발행량^{Q}으로 나누면 된다.

부테린의 정의:

MC=TH, 여기서 각 변수는 다음을 의미한다.

M = 코인의 총발행량

C = 통화의 가격

T = 거래량 시간당 거래량의 경제적 가치

H = 1/V 사용자가 거래를 하기 전까지 코인을 보유하고 있는 시간

부테린의 정의를 사용하여 토큰의 가격을 계산하려면 다음과 같이 C를 구하면 된다.

C=TH/M

버니스케와 부테린의 정의 모두에서 볼 수 있듯이, 토큰의 가치는 토큰의 유통 속도에 반비례한다. 즉 사람들이 토큰을 오래 보유할수록 토큰의 가치는 높아진다. 예를 들어 특정 시스템에서 거래되는 금액이 연간 100조 원이고 1년간 코인이 10번 주인이 바뀐다면, 코인의 종합적인 가치는 10조 원이다. 만약 주인이 100번 바뀐

다면 코인의 종합 가치는 1조 원이다. 그렇기 때문에 토큰 경제에서 유통 속도를 이해하는 것은 매우 중요하다. 너무 높아도 문제가 될 수 있고, 너무 낮으면 더 큰 문제가 발생하기 때문이다. 따라서 유통 속도를 조절하는 장치들이 준비되어 있어야 한다. 토큰경제에서 유통 속도를 조절하기 위해 사용할 수 있는 방법은 여러 가지가 있다. 이 방법들은 전부 토큰 사용자들이 토큰을 더 오래 보유하고 있도록 유도하는 것과 연관되어 있다. 토큰 보유자들이 긴 시간 동안 토큰을 홀딩할 경우 상대적인 손실이 발생할 수 있다. 다른 토큰을 보유했을 경우에 비해 상대적으로 수익이 덜 날 수 있는 것이다. 유통 속도를 조절하는 방법을 결정할 때에는 반드시 이 손실 역시 고려되어야 한다. 토큰을 보유하고 있는 동안 발생하는 이익이 이 손실보다 크지 않다면 보유자가 늘어나기는 쉽지 않을 것이다.

유통 속도를 조절하는 방법엔 다음과 같은 것들이 있다.

첫째, 이익 공유 메커니즘이다. 사용자들이 네트워크에서 특정한 작업을 할 경우 이익을 지급하는 것을 뜻한다. 이때 토큰을 보유한 사람만이 해당 작업에 참여할 수 있으므로 사용자들이 토큰을 구매하고 보유하도록 유도하여 유통 속도가 내려가게 된다. 이익 공유 메커니즘으로 인해 얻게 되는 이익이 커지게 되면, 이익을 찾아다니는 투자자들이 토큰을 구매하고 보유하게 되므로 가격은 올라가고 유통 속도는 떨어지게 되는 것이다.

둘째, 프로토콜에 돈을 거는 기능이다. 돈을 걸게^{staking} 되면, 투자자들의 토큰이 일정 기간 묶여 있게 되므로 토큰의 유통 속도가 내려가게 된다. 돈을 걸어 두는 기간이 길어지면 그동안 걸린 자산은 유동성이 사라지게 되므로 유통 속도가 매우 낮아지게 된다. 대부분의 돈 걸기 메커니즘은 사용자들의 명성이나 평판을 돈과 함께 걸도록 요구하고, 만약 사용자들이 해당 작업을 실패하거나 잘못 수행한 경우 건 돈을 잃는 식으로 운영된다.

셋째, '네트워크 효용 확대' 메커니즘이 작동된다. 일정 개수의 토큰이 있으면 네트워크의 일정 비율에 접근이 가능한 방식이다. 네트워크의 총 크기가 커지게 되면, 토큰 한 개가 네트워크에서 얻을 수 있는 이익 역시 커지게 된다. 예를 들어 파일 저장 용량을 공유하는 경제 시스템에서 토큰 한 개당 네트워크의 일정 퍼센트까지 접근할 수 있다고 치면, 네트워크가 점점 커지게 되면 한 개의 토큰이 사용할 수 있는 저장 용량도 점점 커지게 된다. 즉 사용자들이 미래에 토큰의 가치가 더 커질 거라고 예상하게 되면 토큰을 오래 보유하게 되고, 그 결과 유통 속도가 낮아지게 되는 것이다.

넷째, 암호화폐가 완성되어야 한다. 사람들에게 다른 자산과 비교했을 때 토큰의 가치가 충분히 안정적이라는 믿음을 줘야 한다. 토큰을 구매해 뒀다가 나중에 물건이나 서비스를 구매할 수 있게 된다면 믿음을 줄 수 있을 것이다. 이렇게 되면 토큰을 홀딩하는 기간이 생기게 되면서 유통 속도 역시 감소하게 된다. 저장소 토큰은 사용자가 서비스 제공자이면서 동시에 사용자이므로 토큰을 당분간 홀딩하고, 앞으로 네트워크가 점점 커지면서 사용할 수 있는 용량이 더 늘어날 것이라는 기대를 받고 있으므로, 이 두 가지 효과에 의해 유통 속도가 줄고 보다 건강한 경제 시스템이 되게 된다.

06
블록체인 인적 자원의 활용 전략

오늘날 기업은 고객, 주주, 사회, 구성원이라는 다양한 이해관계자에 둘러싸여 있으며 이들과의 신뢰 관계는 경영의 화두가 되고 있다. 고객은 기업에 수익을 만들어 주고, 주주는 기업에 투자하며, 사회는 기업의 활동을 지지해 준다. 구성원은 전문 경영인 시대로 변화하는 기업 환경에서 경영 활동의 주체이며, 기업 그 자체이다. 이러한 다양한 이해관계자 속에서 기업은 투명하게 정보를 공유하고 신뢰를 확보해야만 지속 생존할 수 있게 되었다. 기업 내부에서는 이미 오래전부터 각 기능 간의 정보 공유를 통해 업무 효율성을 높이고자 전사적 자원관리 Enterprise Resource Planning 를 도입하여 활용하고 있다. 기업의 전략적 목표를 효과적으로 달성하기 위해 기업을 구성하는 조직, 기능, 프로세스 등 다양한 요소들을 포괄적으로 정의하고 구성 요소 간의 관계와 상호 운용성 Interoperability 을 기술한 정보 시스템 체계를 엔터프라이즈 아키텍처 Enterprise Architecture 라 한다. 이러한 엔터프라이즈 아키텍처를 IT

시스템 차원에서 구현한 대표적 사례가 전사적 자원관리이다. 전사적 자원관리는 인사, 재무, 마케팅 등 경영에 관련된 모든 정보뿐만 아니라 주문, 생산, 유통, 판매 등의 원자재에서 고객에 이르는 전 과정인 공급망 관리Supply Chain Management를 지원한다.

하지만 전사적 자원관리는 솔루션 구축 비용에 많은 부담이 되고, 아직 정보 처리의 신뢰성과 업무 효율성에 한계를 지니고 있다. 이러한 의미에서 신뢰를 담는 기술인 블록체인은 기업 경영에서 그 활용성과 효과가 매우 크다. 블록체인은 기본적으로 신뢰성, 투명성, 익명성, 효율성의 특징을 지닌 기술이다. 모두가 검증하고 합의한 정보를 블록에 저장하고 한번 블록에 저장된 정보는 변경이 불가함으로써 신뢰할 수 있다. 블록에 저장된 정보는 모두에게 투명하게 공유되고 기밀 정보 및 개인 정보는 암호화해 익명성을 유지할 수 있다. 블록체인상에서 공유되는 정보는 신뢰할 수 있고 중개자Middle Man 없이 실시간 활용이 가능하여 시간과 비용을 최소화한다.

방대한 기업 경영 중에서 정보의 신뢰성과 관리의 효율성이 무엇보다 필요한 인적 자원관리HRD:Human Resource Management가 블록체인을 통해 어떻게 효과적으로 변화될 수 있는지를 조명해 보고자 한다. 흔히들 '인사人事가 만사萬事다'라고도 하지만 현실에서 답이 없는 것이 인사의 문제이기도 하다. 기업의 핵심 경쟁력이 사람과 조직 문화라는 것은 누구도 부인하기 어렵다. 하지만 베이비붐 세대, 밀레니엄 세대, Z세대의 이질적인 세대 문화가 공존하는 과도기의 조직에서 소통과 협력을 통해 성과를 만들어 내기는 쉽지 않아 보인다. 사람과 조직 문화 혁신의 딜레마에 빠진 기업의 해답을 바로 블록체인 매니지먼트에서 찾을 수 있다. 일반적으로 인적 자원관리는 입사 후 퇴직까지 채용관리, 육성관리, 성과관리, 퇴직관리의 전 라이프 사이클에 관여한다.

심지어 최근에는 인공지능^{AI}을 통해 그 회사에 적합한 인재를 선발해 준다는 솔루션이 등장하고 있다. 문제는 한번 채용하게 되면 기업에 맞는 인재가 아니어도 여간해서 되돌리기 쉽지 않다는 것이다. 이러한 채용관리에 블록체인 기술의 신뢰성, 투명성, 익명성, 효율성을 적용한다면 채용관리 효과를 극대화할 수 있다. 블록체인은 그 사람의 학력, 자격, 경력뿐만 아니라 그 사람의 태도와 평판까지 살아온 행적을 신뢰성 있게 담을 수 있다. 인사 정보의 익명성을 보장하되 소유자가 필요로 할 때 특정 대상에게만 투명하게 제공 가능하다면 채용에 대한 패러다임은 변화하게 될 것이다. 구직자와 구인자는 스마트 계약을 통해 번거로운 절차와 비용을 들이지 않고 정보를 공유하는 즉시 채용이 이루어지는 효율적인 시스템이 만들어지는 것이다.

채용 이후에는 기업의 성과를 창출하기 위해 인적 자원 개발인 육성관리가 진행된다. 대부분 기업은 교육부서 또는 분야를 두고 조직 문화의 혁신과 구성원 역량의 개발을 추진하고 있다. 현재 구성원 육성을 위한 교육과정의 성과를 평가하는 선도적인 방법론은 두 가지가 있다. 커크패트릭$^{Donald\ Kirkpatrick}$이 제안한 교육 만족도, 학습 성취도, 업무 적용도, 성과 기여도의 4단계 모형과 여기에 ROI$^{Return\ on\ Investment,\ 투자효율}$ 단계를 추가한 필립스$^{Jack\ Phillips}$

의 5단계 모형이 그것이다. 하지만 실무 교육 담당자에게는 업무 적용도 3단계까지만 평가하는 것도 상당히 도전적인 과제이다. 다시 말해서 교육의 사업 기여도와 ROI 분석은 HRD 현업에서 거의 활용되기 어렵다. 하지만 사업의 재무적 성과에 기여하는 바를 정량적으로 표현하기 어려움에도 불구하고 육성관리는 기업의 경쟁력 확보에 매우 중요하다. 블록체인 기술을 가장 쉽게 적용할 수 있는 부분이 육성관리 분야이다. 기본적으로 교육과 평가 정보는 시간의 발생 순서에 따라 블록체인에 저장되고 누적되어 학습 이력관리가 가능하다. 이 학습 이력관리는 기업의 역량 모델 기반 아래서 구성원 경력개발관리를 위해 필요로 하는 교육과정을 이수하도록 하고 이를 블록체인상에서 역량평가에 자동으로 반영되도록 할 수 있다. 또한, 이를 업적평가 점수와 연계하고 시계열로 관리한다면 교육의 사업 성과에 대한 기여도 및 ROI 예측이 자연스럽게 가능할 것이다.

공정하지 못하고 신뢰받지 못하는 조직 문화는 구성원들이 회사 일에서 자신의 자산 원천을 거두어들이고, 협력의 단절로 조직의 성과를 감소시킨다. 블록체인을 성과관리에 적용하는 순간 투명하고 공정하며 신뢰성 있는 성과관리가 가능해진다. 블록체인에서 업적 평가는 역량 평가와 달리 사람을 평가하는 것이 아니라 익명의 업적만을 평가하게 된다. 이는 사적인 감정의 개입 없이 익명성이 보장되는 업적의 양과 질만을 다수가 동시에 평가할 수 있다. 개별적인 임무 위에 여러 사람이 의견을 단 객관적인 평가는 가로채기와 학연 지연에 따른 부조리를 방지하게 된다. 또한,

업적이 없는 무임승차는 업적 평가의 누적 점수가 낮아지게 되고 동료가 블록체인에 남기는 평판을 통해서도 자연스럽게 근절될 수밖에 없다. 채용 당시의 근로계약서를 바탕으로 한 스마트 계약을 블록체인에 담는다면 구성원이 핵심 성과지표 Key Performance Indicator 의 달성도에 따라 자동으로 연봉계약이 이루어지고 성과급이 지급되는 방식도 고려될 수 있을 것이다.

궁극적으로 블록체인 기반의 인적 자원관리는 채용에서 퇴직까지 사회에서 한 개인의 라이프 사이클 정보를 관리하는 것이다. 더 나아가 공교육을 시작한 이후로 이 사회에서 은퇴하기 전까지 성적, 성향, 태도, 학력, 자격, 교육, 경력, 업적, 역량, 평판 등의 다양한 개인의 인사 정보를 끊임없이 생산하고 안전하게 관리하는 방법론을 제공할 수 있다. 유출과 위변조 위험에 노출된 개인의 인사 정보는 블록체인에 안전하게 암호화하여 저장되고, 수요자와 공급자가 필요시에만 열람 및 공유를 할 수 있기 때문이다. 특히 주목할 만한 블록체인 기반 인사관리의 차별성은 역량 모델인 KSA Knowledge, Skill, Attitude 중에서 후천적으로 학습 및 변화 관리가 어려운 Attitude와 조직 문화를 정보통신 기술로 변화시킬 수 있다는 점이다. 모두가 투명하게 나의 업적을 평가하고 있다고 생각한다면 누구도 감히 조직에서 무임승차를 취하려고 하지 않을 것이다. 이미 그 기업의 문화와 맞지 않는 태도를 지닌 사람은 채용 단계에서 완벽하게 걸러질 것이다.

융합 혁명을 통한 블록체인 2차 성장 전략

1) AI

블록체인과 인공지능[AI]은 지금의 디지털 생태계를 뒤흔드는 대표적인 기술 키워드로 꼽힌다. AI와 블록체인은 따로따로 봐도 대형 변수지만 합쳐서 보면 더욱 강력한 잠재력을 갖는다. 블록체인이 현재 AI 기술의 빈 구멍을 메워주는 확실한 보완재 역할을 할수 있다는 이유에서다. 이를 기반으로 현재 중앙 집중식 서비스모델로 IT 생태계를 들었다 놨다 하는 구글이나 페이스북 같은거대 인터넷 기업들을 견제하는 시나리오가 현실화될 것이란 기대도 나오고 있다. 블록체인 네트워크에 올라오는 데이터들은 모두 사실에 기반한 것들이다. 여러 사람에 의해 검증됐고 삭제도, 변경도 할 수 없다. AI가 이런 데이터를 활용하면 보다 정확한 미래 분석이 가능해진다.

현재 AI 기술은 여러 한계가 있다. 검증되지 않은 정보들이 많아지면 오류도 커질 수밖에 없다. 편향된 결정을 내리는 경우도 많다. 이런 상황이 벌어져도 해당 AI 시스템을 만든 회사는 왜 그렇게 됐는지를 설명하지 않을 가능성이 높다. 대규모 데이터를 보유한 거대 서비스 회사들은 시스템이 어떻게 돌아가는지 외부에 공개할 필요성을 느끼지 못한다. 안 해도 그만이다. 블록체인은 이 같은 판을 흔들 수 있는 변수로 주목받고 있다.

블록체인으로 인해 페이스북, 아마존, 넷플릭스, 구글, 바이두, 알리바바, 텐센트 등 거대 인터넷 회사들의 빅데이터 경쟁력은 약화될 수 있다.

AI 기반 모바일 보안업체 지그라 Zigra 의 디팩 더트 Dack Durt CEO 는 "데이터가 범용화되면 AI 알고리즘이 생태계에서 가장 중요한 요소"라며 "앞으로 대규모 데이터를 소유한 사람들에서 유용한 알고리즘을 만드는 이들로 권력이 넘어갈 것이다."라고 말했다. 카카오브레인의 인치원 CSO도 AI와 블록체인의 결합의 중요성을 거론했다. AI와 블록체인의 융합은 다양한 분야에 적용될 수 있다. 금융을 예로 들면 블록체인에 있는 데이터를 사용해 AI는 특정 소비자층이 이용하는 대출 상품 유형을 분석할 수 있다. 이들 대출 패턴에 기반해, 금융기관들은 소비자들에게 제공할 금융 상품 유형을 예측할 수 있다.

유통 분야에서도 매력적이다. 블록체인 데이터 마이닝 Mining 을 통해 AI는 기존 방식에선 놓쳤을 수도 있는 상관관계를 발견하는 것이 가능해진다.

AI와의 융합을 겨냥한 블록체인 프로젝트들도 속속 등장하고 있다. 개인들이 탈중앙화된 마켓플레이스를 통해 자신들의 데이터를 공개하고 대신 암호화폐를 보상으로 주는 성격의 프로젝트들도 공개됐다. 오션 프로토콜Ocean Protocol이 대표적이다. 오션은 AI 모델용으로 쓸 개인 데이터를 공개하도록 유도하는 탈중앙화된 데이터 교환 프로토콜과 네트워크를 만드는 것이 목표다. 사용자가 오션 네트워크에 올린 데이터는 다른 누군가가 AI 모델을 훈련시키는 데 사용된다. 데이터를 올린 사람은 대신 암호화폐를 보상으로 받는다. 이 같은 방식이 힘을 받을 경우 구글을 위협할 수도 있다. 예를 들어 구글 산하인 네스트가 제공하는 자동 온도 조절기가 수집하는 데이터는 구글로 업로드된다. 구글은 네스트 자동 온도 조절기 사용자들의 데이터를 기반으로 AI 서비스를 개발한다. 구글이 확보한 사용자 데이터는 상당한 가치를 지닌다. 그런데도 구글은 이를 무료로 가져다 쓰고 있다는 지적을 많이 받는다. 이를 감안하면 오션 네트워크는 기업가 정신이 강한 사람이 구글보다 좋은 AI 모델을 만들 수 있는 가능성을 제시한다. 오션을 통해 사용자 데이터를 쓰고, 암호화폐로 보상할 수 있게 한다면 그 가능성이 실현될 것이다.

싱귤래리티넷SingularityNet도 주목된다. 싱귤래리티넷은 AIaaSAI-as-a-service 블록체인 마켓플레이스를 비전으로 내걸고 있다. 블록체인 기반 AI 오픈마켓으로 보면 된다. 싱귤래리티넷은 여러 AI 연구를 연동시킬 수 있도록 상호 운용성을 확보하기 위한 표준 프로토콜을 만들고, API를 통해 외부 인터넷 서비스에 보다 쉽게 AI 기술을 적용할 수 있도록 하고 있다. 개발자들이 자신의 연구 결과를 자산으로 만들어 수익을 낼 수 있도록 지원한다. AI 알고리즘을 개발한 기업이라면 싱귤래리티넷을 통해 자사 기술을 기업들이 자신들의 데이터에 적용해 볼 수 있도록 할 수 있다. AI 알고리즘의 소유권은 개발자에게 있다. 지적재산권은 보호된다. AI 알고리즘이 사용될 때마다 개발사는 싱귤래리티넷을 통해 AGI 화폐를 보상으로 받는다. 싱귤래리티넷은 'AGI 토큰'을 이용해 AI 에이전트를 사고파는 것을 목표로 한다. 블록체인을 통해 누구나 AI 관련 기술이나 연구에 필요한 데이터 세트 등을 주고받을 수 있는 플랫폼을 만들어 AI 연구와 활용의 대중화를 이끌겠다는 취지다.

시드^{SEED}는 인터페이스와 관련된 프로젝트다. 아마존 알렉사 등 일상에서 접하는 각종 봇^{Bot}들을 사용자들이 신뢰하면서 쓰도록 하는 데 초점이 맞춰져 있다. 대화형 인터페이스 개발자와 데이터를 소유한 사람이 네트워크에 가치를 제공하고 거기에 대한 보상을 받을 수 있는 프레임워크라고 할 수 있다. SEED에 따르면 봇 마켓은 현재 30억 달러에서 2021년까지 200억 달러 규모로 확대될 예정이다. 알렉사 등 대화형 인터페이스와 상호작용하는 사용자가 늘면서 그에 따른 위험 또한 커질 수밖에 없다. 아마존을 신뢰한다고 해도 알렉사가 하이재킹당할 가능성을 배제할 수 없다. SEED는 이 같은 문제를 해결하는 탈중앙화된 블록체인 네트워크다.

블록체인 기반 AI 프로젝트들은 여전히 초기 개발 단계다. 그러나 블록체인이 확산될수록 탈중앙화된 마켓플레이스를 통해 공유되는 데이터들도 늘어날 가능성이 높다. 블록체인에 공유되는 데이터가 늘수록 이를 활용한 AI 파워는 커지게 마련이다. 물론 구글 같은 거대 IT 기업들이 쳐놓은 진입 장벽을 단기간에 뛰어넘는 것은 쉽지 않은 일이다. 그러나 사용자들이 자신의 정보가 가진 가치, 특히 개인 정보로 돈을 벌 수 있는 기회가 있다는 것을 알게 된다면, 오션이나 싱귤래리티넷 같은 AI 블록체인 프로젝트에 대한 관심도 커질 것이다.

2) IoT

모든 사물이 인터넷으로 연결되는 '초연결 사회hyper- connected society'가 도래하고 있다. 이러한 변화의 중심에 '사물인터넷IoT'이 있다. IoT는 말 그대로 사물에 인터넷을 부여해 정보 공유할 수 있게 한다는 뜻이다. 정보를 수집해 다른 기기와 인터넷 통신을 하는 센서 기술로 생각하면 된다. 초연결 사회 도래는 IoT에 연결되는 사물 기기를 폭발적으로 증가시킬 전망이다. 시장조사 기관인 스태티스타Statista에 따르면, 2020년 IoT 연결 기기 수는 300억 개를 초과할 전망이다. 그럼 IoT가 형성하는 네트워크는 어떤 모습일까? IoT의 네트워크는 기본적으로 중앙 집중형의 모습을 띠고 있다. 거의 모든 IoT 기기가 중앙의 클라우드에 연동된 형태를 하고 있는 것이다.

IoT 기기에서 전달한 데이터는 클라우드의 스토리지저장소에 보관된다. 그리고 인공지능AI 혹은 빅데이터가 이를 분석해 의미 있는 정보를 생산, 사용자에게 지능형 서비스를 제공한다. 클라우드를 중심으로 한 IoT의 네트워크 구조는 두 가지 이점이 있다.

첫째 운영 효율성이 뛰어나다. 중앙에서 한번에 관리하기 때문에 운영이 용이하고 비용도 절감할 수 있다.

두 번째 이점은 AI 확산을 촉진한다는 것이다. AI 구현을 위해서는 고사양 하드웨어 장비가 필요하다. 그런데 클라우드 방식은 이를 갖출 필요가 없다. 클라우드가 고사양 하드웨어 장비 역할을 원격에서 대신해줄 수 있기 때문이다.

음성인식 AI를 예로 들어보자. 음성인식 AI는 고사양 하드웨어를 갖추지 않고 있음에도 음성인식이 뛰어나다. 음성인식 AI 스피커가 아닌 클라우드에 구축된 고성능 서버가 음성인식 역할을 맡고 있기 때문이다. 이러한 이유로, 고성능 음성인식 AI를 수십만 원대의 비교적 저렴한 가격에 살 수 있는 것이다. 그런데 중앙 집중형 구조가 무조건 좋은 것은 아니다. 빅 브라더 문제가 있기 때문이다. 클라우드에서 거의 모든 것을 담당하게 되면 중앙의 힘은 상대적으로 강력해질 수밖에 없다. 이는 새로운 독점 형태의 문제를 불러온다.

이런 문제를 해결할 수 있는 기술로 '블록체인'이 주목받고 있다. 블록체인은 중앙이 아닌 모든 참여자와 정보를 공유하는 분산형 시스템이기 때문이다. 블록체인이 개인 간[P2P] 공유 형태의 네트워크 특성을 가진다는 것은 이미 여러 차례 강조하였다. 블록체인 방식의 IoT 네트워크 구조는 클라우드 구조에서 가지는 빅 브라더 문제를 확실히 해결할 수 있다. 블록체인의 장점은 이뿐만

이 아니다. 블록체인 분산형 네트워크 구조만의 특별한 가치가 있다. 블록체인은 분산 형태로 정보를 공유하기 때문에 투명하다는 특징이 있다. 그리고 다수결 기반으로 정보 왜곡을 방지하는 증명 알고리즘을 기반으로 하고 있어, 위변조 문제로부터 매우 안전하다. 정리하면, 블록체인의 구조는 정보에 '투명성'과 '무결성'을 제공한다는 것이다. 이는 정보에 신뢰성을 부여하게 한다. 아울러 신뢰 제공에 드는 비용을 블록체인이 대신할 수 있어 서비스 제공 효율성도 높일 수 있다.

그럼 블록체인 방식의 IoT 네트워크 구조가 어떤 효용성이 있는지를 구체적으로 살펴보자. 최근 미국표준기술연구소[NIST]에서는 IoT 기기에서 오는 정보가 왜곡될 수 있다며 신뢰성 문제를 제기하고 있다. 그런데 블록체인을 활용해 이를 해결할 수 있다. IoT에서 생산하는 정보에 투명성과 무결성을 제공할 수 있기 때문이다. 실제로 블록체인의 이러한 특성을 IoT 산업에 적용한 사례가 럭스태그[LuxTag]다. 럭스태그는 명품의 진위를 인증할 수 있는 태그를 제공하고 있다. 태그에 저장된 정보는 블록체인 방식으로 기록되기 때문에 왜곡될 염려가 전혀 없다.

또 다른 사례로 보쉬[BOSCH]가 개발한 주행거리 조작 방지 기술이 있다. 보쉬의 해당 기술은 자동차에 GPS 센서를 달아 주행거리를 실시간으로 파악한 다음 블록체인 플랫폼 '이더리움'으로 기록하는 형태이다. 이 과정에서의 정보 조작은 거의 불가능에 가깝기 때문에 사용자는 해당 정보에 높은 신뢰성을 가질 수밖에 없다.

서비스 효율성 또한 개선할 수 있다. 신뢰성을 담당하는 중간자를 블록체인으로 대신할 수 있기 때문이다. 포르쉐가 개발한 '차량 출입문 인증 시스템'을 사례로 들어보자. 포르쉐의 차량 출입문 인증 시스템은 소유주를 인증해 차량 출입문을 열고 닫을 수 있게 하는 시스템이다. 또 포르쉐는 블록체인을 활용, 인증 속도를 6배가량 향상해 1.6초 만에 차량 출입문을 여닫을 수 있게 했다. 이렇게 속도 차이가 큰 이유는 무엇일까? 기존 방식의 경우, 소유주 인증을 위해서는 멀리 떨어진 중앙 서버를 거쳐야 했다. 다시 말해 차량 내의 시스템이 자체적으로 소유주를 인증하는 것이 아니라, IoT 센서에서 받은 정보를 중앙 서버에 보내고 피드백을 받는 방식인 것이다. 문지기를 떠올리면 이해가 쉽다. 블록체인 방식은 중앙 서버를 거치지 않고 차량 내에 자체적으로 소유주를 인증할 수 있는 시스템을 구축한 것이다. 물론 차량 소유주의 정보는 안전하다.

최근에 주목받고 있는 개념 중 하나가 새로운 스마트시티 개념이다. 이는 클라우드를 중심으로 IoT, AI가 결합된 지능형 도시를 말한다. 블록체인을 더하여 스마트시티의 패러다임이 변하고 있다. 클라우드 중심이었던 스마트시티의 네트워크 플랫폼에 블록체인이 속속 적용되고 있기 때문이다. 이를 통해 스마트시티는 기존 '지능형 도시'에서 신뢰성이 결합된 '신뢰성을 갖춘 지능형 도시'로 업그레이드될 전망이다. 싱가포르, 호주의 프리맨틀, 두바이 등이 블록체인을 활용한 스마트시티의 대표 사례로 꼽힌다.

3) Big Data

블록체인은 트랜잭션을 기록하는 분산 원장으로, 모든 네트워크 참여자가 트랜잭션의 유효성을 검사해, 저장된 데이터의 변경 및 위조를 불가능하게 한다. 암호화폐와 블록체인 기술을 이용한 다른 응용 프로그램들이 점점 주류로 올라서면서, 다양한 원장에 저장된 트랜잭션 데이터 또한 규모가 엄청나게 커지고 있다. 이런 방대한 데이터를 아마존웹서비스^{AWS}나 애주어^{Azure} 같은 기존의 클라우드 저장 서비스 제공 업체에 저장한다는 것은 상당한 비용을 초래할 수 있다. 하지만 Storj에서 출시한 파일럿 프로젝트나 기타 분산형 데이터 스토리지 제공 업체를 통하면 AWS에 비해 90%의 비용 절감 효과가 있음이 나타났다.

일본의 경우, 약 50개 은행의 컨소시엄이 시가총액 3위인 오픈 소스 블록체인 네트워크 리플과 제휴하고 있다. 블록체인 기술을 사용해 저비용으로 무위험 트랜잭션을 빠르게 수행할 수 있게 된 것이다. 기존의 금융 거래에는 많은 위험이 수반되기 때문에 그에 따른 비용도 많이 들었다. 하지만 리플을 통해 이중 지출을 비롯한 여러 위험 요소를 전부 차단함으로써 트랜잭션 처리 시간을 크게 줄이고, 관련 비용도 거의 0까지 줄일 수 있었다.

블록체인을 사용하면 빅데이터 분석 프로세스에 또 다른 데이터 계층이 추가된다. 가장 중요한 점은 이 데이터 계층이 빅데이터 분석에 필요한 두 가지 주요 요구사항에 부응한다는 것이다. 첫째는 블록체인으로 생성된 빅데이터는 안전하다는 것이다. 네트워크 아키텍처로 인해 위조될 수 없기 때문이다. 두 번째는 블록체인 기반 빅데이터는 가치가 있다는 것이다. 구조화되고 풍부하며 완벽하기 때문이며, 추가 분석을 위한 완벽한 자원이 되기 때문이다.

원장에 저장될 데이터는 에너지 거래, 부동산 및 기타 다양한 부문과 관련될 수 있다. 그렇게 되면 다양한 빅데이터 분석 기능이 개선될 것이다. 예를 들어 금융기관이 블록체인 기술을 받아들여 모든 트랜잭션을 실시간으로 확인하게 되면, 사기와 같은 범죄가 사전에 방지될 것이다. 따라서 금융기관은 기존처럼 이미 발생한 사기 기록을 분석하는 대신, 위험하거나 사기성이 있는 트랜잭션을 즉시 파악하고 사기를 원천적으로 방지할 수 있다.

빅데이터는 엄청난 수익을 창출하는 사업으로, 2020년 2,030억 달러의 매출이 예상되고 있다. 게다가 2030년, 블록체인 원장에 저장된 데이터가 세계 빅데이터 시장에서 차지하는 비중이 20%만 되어도 연간 1,000억 달러의 수익을 창출하게 될 것이다. 블록체인과 빅데이터는 천생연분이다. 여기서 중요한 것은 분산되고 투명하며, 변경할 수 없는 블록체인 위에 가장 적합하고 가장 제대로 된 AI/기계학습 플랫폼을 누가 먼저 내놓게 될 것인가이다. 그렇게 되면 엄청난 투자 자금이 밀려들어올 것이고, 거대한 수익을 창출하게 될 것이다. 세계 상위 50곳의 마이닝 플랫폼 업체의 가치는 총 약 7,000억 달러에 이를 것이라 한다. 따라서 이를 기준으로 할 때, 블록체인으로 움직이는 빅데이터 마이닝 플랫폼의 시가총액은 의심의 여지 없이 수조 달러에 달할 것이다.

4) 드론(Drone), 자율주행 자동차 등 이동체 분야

"우리나라 드론 산업은 아직까지 기계 관련 전공자들이 주도하고 있는 하드웨어 단계다. 이젠 통신, 전자 소프트웨어 등과 융합 기술이 필요하다." 드론 전문가인 항공대 박종서 교수의 말이다. 박 교수에 따르면, 평창 동계올림픽에서 선보였던 드론의 군집비행은 일종의 P2P 방식 협동 작업. 이 방식에서는 대장 편대기 서버에 문제가 생기면 다른 드론들에도 한꺼번에 문제가 발생하게 된다. 하지만 드론이 블록체인을 만나면 상황은 달라진다. 분산된 여러 노드가 참여함으로써 훨씬 강한 네트워크를 구성한다. 편대기에 문제가 생겨도 분산 노드에서 드론은 제각각 살아남는다. 그는 "세계는 이미 4차 산업혁명의 IoT나 AI, 블록체인과 드론을 결합해 엄청난 기술 혁신을 이뤄내고 있다. 더 이상 뒤처지면 안 된다."라고 강조한다.

현재 우리나라에서 드론을 운용하기 위해서는 일일이 전화를 걸어 국방부 등에서 허가를 받아야 한다. 하지만 앞으로는 드론에 위치 추적 LTE 모뎀을 달아야 한다. 드론의 불법 운영을 막기 위해 모뎀을 통해 위치를 알려주고 허가도 받는 시스템이 마련돼야 할 것이다. 이 경우 국토교통부 서버를 지나 IoT로 드론들끼리 서로 위치를 알려주어 충돌도 피할 수 있다. IoT와 AI를 장착한 드론이 블록체인을 만나면 그 용도는 더욱 커진다. 예를 들어 드론이 농지를 찍으면 AI가 이미지를 분석해 병충해를 파악할 수 있다. 그리고 이런 데이터들을 서로 교환하거나 공유하면서 그 대가로 AI가 딥러닝으로 계산한 이미지 가치만큼 암호화폐를 지급하게 된다. AI의 딥러닝 기능은 알파고에서도 충분히 확인된 바 있다. 이것이 바로 MTM^{Machine to Machine} 이코노미다. 즉 GPS 값으로 미션을 주면 드론이 자동 조정으로 미션 수행, 즉 데이터를 수집하고, 그만큼의 가치가 창출됐으니 대가로 암호화폐를 주고받는 것이다. 이때 암호화폐 지갑은 드론 소유자 개인이 관리하면 되는 기계 간의 시장 구조다. 그리고 이는 곧 그동안 구글과 페이스북이 독점해 오던 데이터들이 분산되고 공유되는 것을 뜻한다. 자율주행차에도 마찬가지의 원리가 적용되면 유인 이동체로서의 안전성이 담보될 것이다.

5) 3D 프린팅

제품의 생산부터 유통에 이르는 과정을 모두 아우르는 공급망 관리^{Supply Chain Management}는 기업형 블록체인 기술의 성패를 가를 핵심 분야이자 이른바 킬러 앱으로 떠올랐다. 이미 여러 차례 개념 증명, 시험 운영, 조기 출시 등을 거치며 기대치가 높아졌다.

이미 전 세계적으로 블록체인을 활용한 스마트 계약, 데이터 공유 프로토콜, 암호 기술을 사용한 추적 프로젝트 덕분에 무역 금융은 날개를 달았고, 위험관리는 개선되었다. 통관 절차는 간단해지고 투명해졌지만, 세계 무역에서 가장 중대한 변화는 아직 오지 않았다. 그 변화란 바로 사물인터넷과 3D 프린팅, 그리고 기타 자동화 기술이 마침내 지리적인 제약 조건으로부터 제조업을 해방시키는 것이다. 그때가 되면 블록체인 기술은 진가를 발휘하여 완전히 새로운 탈중앙화된 실시간 주문 제조 방식으로 생산on-demand production할 수 있을 것이고, 이는 전 세계 경제 지형을 다시 짜게 하는 대사건이 될 것이다.

새로운 패러다임에 도달하려면 관련 기술이 두루 발전해야 한다. 또한, 제조업자들이 열린 자세로 경쟁하는 동시에 협력하고, 협력하면서 경쟁하는 균형 잡힌 태도를 잃지 말아야 한다. 아울러 제조업자들은 그 과정에서 블록체인이 할 수 있는 역할에 관해서도 마음을 열어야 한다. 현재는 대형 제조업체, 배송 및 무역, 유통업체들이 공급망을 개별 기업의 관점에서 보고 있다. 이들이 이야기하는 공급망이란 공급자가 미리 인증을 받아 구매자의 신뢰를 확립한 뒤에야 비로소 들어갈 수 있게 되는 일종의 클럽 같은 것이다. 그러다 보니 이들은 자연히 주요 소매업체나 제조업체와 같이 중앙화된 단일 주체, 혹은 집단적으로 인정받은 기존 공급업체들의 컨소시엄이 관리하는 분산원장을 바탕으로 한 프라이빗 블록체인 시스템을 선호한다. 승인을 받아야만 참여할 수 있는 프라이빗 블록체인은 기존 공급망 관리의 '클럽' 성격을 강화하게 된다. 하지만 머지않아 소위 적층 제조additive manufacturing 기술이 보급되면 세계 어느 곳에서도 신속하게 다양한 주문에 맞춤형 제조를 할 수 있게 될 것이다. 이럴 때 일일이 승인이 필요한 프라이빗 블록체인은 오히려 걸림돌이 될 수도 있다. 당장 이 업체를 블록체인에 들일지 말지 승인하는 주체가 낯선 외부 세력에 대해 본

능적으로 거부감을 갖고 진입장벽을 세워 자신의 이익을 추구할 수도 있다. 아무리 새로운 블루오션이라고 해도 매출을 올릴 기회가 무한하지는 않기 때문이다.

반대로 다른 사업체와 제휴를 맺는 데 더 열린 자세로 접근하는 기업들은 승인이 필요 없는 퍼블릭 블록체인을 활용하는 것이 공급망 관리의 경쟁력을 높이는 방안이라고 판단할 수 있다. 만일 아주 간단한 암호 기술을 활용해 3D 프린팅 기계만 식별해낼 수 있고, 거래, 데이터 송신과 전반적인 성과 등 공급망을 구성하는 요소들을 별도의 승인이 필요 없이 누구나 참여할 수 있는 퍼블릭 블록체인에서 공중하는 장부에 저장할 수 있다면, 이런 시스템하에서는 사용자들이 매우 손쉽게 생산 과정에 참여할 수 있게 되고, 고객의 요구에 응대하기도 훨씬 쉬워진다. 모든 것은 별도의 허가 없이도 이용할 수 있는 퍼블릭 블록체인이 확장성 문제를 얼마나 잘 풀어내느냐에 달렸다고 해도 과언이 아니다. 확장성 문제란 거래량이 늘어나도 이를 어느 수준 이상 빠르게 처리할 수 있는 용량을 갖추는 문제를 뜻하고, 이는 결제 체계와 라이트닝 네트워크를 비롯한 상호 운용 프로토콜 등 이른바 '두 번째 층위 layer two'에 해당하는 기술이 발전해야만 해결할 수 있는 문제다. 또한, 서로 연결된 프린터, 센서 및 기타 장비들로 구성된 하이테크 제조 네트워크가 신뢰성 높은 데이터를 제공하고 탈중앙화된 신뢰 시스템이 이를 안심하고 이용할 수 있도록 내장된 칩을 인증하는 표준도 제정해야 한다.

정밀 부품 제조업체 무그 Moog Inc.의 혁신팀이 살펴본 도전 과제 하나는 3D 프린팅으로 제조한 부품 솔루션인 베리파트 Veripart를 구상했을 때 대두됐다. 무그는 해커의 공격이나 사람의 오류로 인해 3D 프린터로 만들어 낸 제품에 결함이 있는지 확인할 때 서로 다른 3D 프린터 간에 공유하는 소프트웨어 파일들이 잘못되지 않았는지 보증할 필요가 있다는 사실을 깨달았다. 무그는 또한, 소프트웨어 개발 코드가 한 엔지니어에서 다음 엔지니어로 넘어가는 과정을 추적할 수 있는 블록체인과 비슷한 분산 신용 시스템이 필요하다는 결론에 이르렀다.

이런 변화가 일어난다면 제조업 전체의 소유 구조가 근본적으로 바뀔 것이다. 노동 집약적인 공장과 조립 라인들은 과거의 유물이 될 것이고, 원료 생산에서부터 최종 제품을 만들어 내는 생산 과정의 단계 자체가 훨씬 줄어들게 될 것이다. 고도로 개인화가 가능한 제품의 다양한 디자인에 따라다니는 지적재산권 문제가 훨씬 더 중요해질 것이다.

오늘날의 생산 과정을 살펴보면 제품은 한 방향으로만 흘러가고, 그 반대 방향으로 돈이 흘러오는 대단히 순차적이고 반복적인 생산 과정이 천편일률적으로 적용돼 있음을 알 수 있다. 3D 프린팅과 제조업의 혁신이 블록체인 기술과 만나면 공급망 관리 자체가 기존의 방식에서 벗어나 팀워크로 굴러가는 모델로 바뀔 것이다. 제조업은 서로 다른 지적재산권들을 가진 다양한 사람들의 협력을 통한 결과가 될 것이고 이들은 스마트 계약을 통해 최종 판매로부터 들어온 금액을 각각 미리 합의한 비율로 나누어 가질 것이다. 그야말로 제조업의 블록체인 혁명을 일으키는 것이다.

6) 에너지

청정에너지 산업은 온실가스 및 CO_2 배출을 막기 위해 재생 가능 에너지를 생산하고 소비하는 환경 친화적 관행에 관여하도록 기관과 개인에게 장려하는 방법을 고민한다. 기후 변화에 대한 현재의 해결책은 비효율적이며 인센티브 모델은 효과적으로 추적하고 보상하기 어렵다. 다행스럽게도 LO3 Energy라는 회사는 피어 투 피어peer-to-peer 'Exergy' 마켓 플레이스가 재생 가능 에너지의 생성 및 분배를 가능하게 하는 블록체인 기반 플랫폼을 개발하고 있다. 이 회사는 블록체인 기술을 IoT와 결합하여 스마트 장치에서 에너지 사용을 효과적으로 추적하고 분산된 공공 장부에 기록할 수 있도록 한다. 사용자는 생산되는 재생 가능 에너지 및 지속 가능 에너지에 대한 데이터를 수집하는 IoT 장치를 등록하여 생태계에 참여한다. 그리고 장치는 분산된 태양광 지붕 시스템, 풍력 발전 단지, 마이크로 그리드 등에 연결할 수 있다. 스마트 장치는 생산되는 에너지양에 대한 정확한 판독을 제공하는 IoT 기술이다. 이 데이터는 모든 당사자가 검증할 수 있도록 블록체인에 저장된다. IoT 장치의 데이터가 유입됨에 따라 에너지 생산업체는 스마트 계약을 통해 전송되는 XRG 토큰으로 자동 및 공정한 보상을 받는 것이다.

08

전문인력 육성

---

1) 회계 분야

　회계는 블록체인 기술로 인해 가장 많은 혜택을 받는 분야 중
하나이다. 복잡한 세금 코드, 원거리에서의 사업 운영관리, 정확성
요구 등 블록체인은 회계가 직면하고 있는 어려움을 보다 효율적
으로 관리할 수 있을 것이다. 최근 〈Journal of Accountancy〉에
서 "블록체인은 승인을 받은 모든 사용자의 거래를 감시할 수 있
어 투명성을 높이며, 이를 통해 회계 감사의 업무가 줄어들 수 있
다."라고 말한 켄 타이지악^{Ken Tysiac}의 언급을 새길 필요가 있다.

　전반적으로 회계사는 블록체인 기술을 사용하는 경우 사이버
보안 또는 지속 가능 영역에서 보증 서비스를 확장할 수 있을 것
으로 보인다.

2) 광고 및 마케팅 분야

주니퍼 리서치 Junifer Research에 따르면 광고주들은 연간 약 190억 달러의 '클릭 사기' 등으로 인한 비용을 감당하게 될 것으로 예상하고 있다. 이는 하루 약 5,100만 달러에 해당하는 수치이다. 그러나 비트코인 및 기타 암호 해독 기술을 사용하는 경우 '클릭 사기'를 획기적으로 줄여, 비용을 줄일 수 있게 한다. 액센츄어 Accenture Interactive의 디지털 마케팅 전문가인 아미르 잔 말릭 Amir Jan Malik이 "블록체인 시스템을 사용하여 예산 지출을 모니터링하고 관리함으로써 광고주는 과다 청구 및 실적 저조의 위험을 줄일 수 있다."라고 지적은 의미심장하다.

3) 인적자원 분야

인적자원 관리학회 Society for Human Resource Management에 따르면 블록체인 기술을 통해 채용을 현대화할 수 있고 HR 전문가는 취업 후보자 및 기존 직원의 자격을 신속하게 확인할 수 있다고 한다. 후보자 또는 기존 직원에 대한 부정확한 과거 데이터를 줄일 수 있으며, 여러 당사자로부터 검증받은 데이터를 사용할 수 있기 때문이다. 또한, 블록체인 기술은 다국적 기업 또는 외국인 근로자를 고용하는 사업체가 보다 효율적으로 급여를 지급할 수 있도록 도와주는 역할을 한다. 급여 지급이 단순화되고, 통화가 표준화되기 때문이다. 결국 블록체인 기술은 회사가 직원에게 보상하는 방식을 바꿀 뿐 아니라, 직원들의 은퇴 대비 저축 방식을 변화시키고, 기존 금융 상품에 대한 높은 의존도를 낮추며 투자 포트폴리오를 다양화하고, 개인 자산에 대한 통제력을 강화할 수 있게 도와줄 것이다.

4) 정보 기술 및 사이버 보안 분야

오늘날 모든 기업은 네트워크, 컴퓨터, 프로그램 및 데이터 공격 및 무단 액세스 등으로부터 스스로를 보호하기 위해 노력하고 있다. 딜로이트Deloitte 미국 지사의 데이비드 샤츠키David Schatsky 전무는 블록체인 기술이 전 세계 122억 달러 규모의 사이버 보안 시장에 혁신을 일으킬 수 있는 잠재력이 있다고 주장한다. 그에 따르면 블록체인 기술은 트랜잭션, 디지털 상호작용 보안, 투명성, 효율적 감사 및 기록 등을 가능하게 하기 때문이다. 실제 이러한 기능은 효과적인 사이버 보안 시스템의 기반이 되고 있으며, 록히드마틴Lockeheed Martin 및 미 국방부로부터 지대한 관심을 끌고 있기도 하다.

5) 관리 및 운영 분야

기존 회사들은 최근 새로운 블록체인 벤처로 스스로를 재탄생시키기 위해 힘쓰고 있다. 129년 전 설립된 이스트맨 코닥^{Eastman Kodak}의 경우 디지털 시대의 경쟁에서 뒤처지지 않으려는 노력을 지속하고 있다. KODAKOne 매니지먼트 플랫폼은 저작권을 획득하였으며 암호화된 디지털 원장을 만들었다. 사진 작가는 여기에서 새로운 작업 및 원래의 작업을 모두 등록하고 라이선스를 부여할 수 있게 되었다. 블록체인 기술은 초인플레이션, 정치적 불안정 및 부패가 만연하던 시장에도 기업들이 진출할 수 있는 기회를 창출하고 있으며 운영 효율성을 개선하는 데 기여하고 있다. 대표적으로 나이지리테크^{NagriTech}의 경우 개발도상국에서 작물 수확량을 늘리는 것을 목표로 하는 글로벌 유기농업 회사이다. 이 회사는 높은 인플레이션 지수와 환율 절하 등으로 인해 농부 및 생산자가 신용을 확보하기 어려울 것을 고려하여 해당 국가에서 크립토커런시 토큰 등을 출시했다. 이 기업의 주요 시장은 브라질, 인도, 멕시코 및 페루 등이며 이들은 모두 인플레이션의 영향을 크게 받고 있는 국가들임을 감안하면 증명이 된다고 할 수 있다.

제4장

블록체인의 분야별 적용 방안

- 양해진 -

블록체인 기술의 적용 확장성

블록체인 기술은 초연결$^{hyper-connectivity}$과 초지능$^{super-intelligence}$으로 제4차 산업혁명 시대에 제2의 인터넷 혁명이라 할 만큼 파괴적 혁신 기술로 주목받고 있다.[1] 현재는 금융권을 중심으로 블록체인 기술에 기반한 비즈니스 패러다임이 등장하고 있으며 향후 제조, 문화, 공공 분야 등 사회 전 분야에 걸쳐 근본적인 변화를 가져올 것이다.

블록체인은 기존의 수직적 중앙집권화에서 수평적 탈중앙화 및 정보 공개의 투명성, 거래 당사자 사이의 신뢰성, 보안성 등의 효과를 가져 오고 있다. 공공 분야에서의 블록체인은 데이터를 중심으로 이루어진 권력의 중앙 집중 현상에서 권한의 분산과 위임, 공유로 변화시켜 수평적 네트워크 거버넌스를 구축하고 있다.

공공 분야의 블록체인의 적용은 빈번한 상호 데이터 전달과 검증, 강력한 보안과 자동화된 업무 처리가 필요한 영역에 우선적으로 고려될 수 있으며, 국내 공공 서비스 분야 중에서는 지역화폐,

---

1) 세계경제포럼(World Economic Forum, WEF)에서는, 2025년까지 전 세계 GDP의 10%가 블록체인 기반 기술에서 발생할 것으로 전망

주민투표, 부동산 및 토지 거래, 전자문서 등에 조기 적용이 가능할 것으로 보인다.

1) 국내

블록체인 기술 도입이 초기 적용 분야에 해당하는 가상화폐 중심의 금융거래나 인증, 계약 방식 변경 등에 주로 도입되었고 보험, 카드금융, 화재 등 수요 중심의 도입 전략에 따른 콘텐츠 개발과 상용화에 주력 중인 반면 공공 부문은 아직은 저조한 상황이다.

2) 해외

토지 거래, 범죄 증거, 행정 문서, 건강 데이터 등 정부 업무 전반에 걸친 전환을 추진 중이다. 특히 영국, 두바이, 에스토니아 등은 4차 산업혁명 시대를 대비하기 위해 블록체인 전략을 별도로 수립하고 구체적인 기술 적용과 모델 구상 단계별 미션을 제시하여 추진 중이다.

시기별 적용 분야

1) 도입기(블록체인 초기 금융 적용 분야)

1세대 가상통화 시대로 2009년부터 2014년까지로 구분된다. 블록체인 기술이 가장 활발하게 도입된 금융 분야에 블록체인 플랫폼이 활용되면 금융 거래의 절차가 간소화되고, 거래의 인증이나 검증 과정에서 중개기관의 역할이 축소됨에 따라 정산 및 결제에 걸리는 시간을 획기적으로 줄일 수 있다. 또한, 모든 거래 과정이 기록되고 공유되기 때문에 거래 상대방에 대한 정보가 부족한 상황에서 발생할 수 있는 부정 거래의 위험을 줄일 수 있고, 실시간으로 거래 과정을 감시할 수 있어 규제 및 감독의 효율성을 높일 수 있다.

즉 기존 금융 시스템의 처리 소요 시간, 절차 및 보안 개선 등을 위해 블록체인 기술 도입으로 기관 간 송금, 결제 등 거래 시 중개 기관이 신뢰를 담보하던 기존 시스템의 번거로움을 제거하고, 상호 신뢰하에 빠르고 간소화된 금융 서비스가 가능하다. 또 계약체결, 고객정보 공동 관리, 송금·결제, 채권 발행 및 주식 거래 등 금융 서비스 대부분에 적용하고 있다. 즉 은행 간 송금망에 블록체인 기술을 적용하여 중개 은행 없이도 상호 신뢰하에 직접 거래하여 절차를 간소화하고 관련 수수료와 비용을 절감할 수 있다. 고객관리에 블록체인 기반 단일 인증서를 적용하면 실시간 공유하여, 고객이 금융사마다 인증서를 확보해야 하는 번거로움을 제거할 수 있게 된다.

최근 은행 단독 혹은 일부 기관 간 협업에 의한 R&D 증가, 기업금융사 등과 스타트업의 지속적 연구와 컨소시엄을 통한 협력 연구 등을 통해 블록체인 기반 금융 서비스는 지속적으로 확장되고 있다. 어떤 기업은 컨소시엄을 이탈하며 기관 단독 혹은 기관 간 합종연횡을 통한 독자 플랫폼을 개발하는 경우도 있다.

해외 기업은 국제·국내 은행 간 거래 전체를 대상으로 활발한 활동을 전개 중인데 반해, 국내는 국제 은행 간 거래에 보다 국내에 초점을 맞춰 해외 대비 국내 기업 및 스타트업의 활동은 미흡한 상황이다. 국내 은행과 증권 기관 등은 새로운 핀테크 기술 도입을 장려하고, 스타트업 지원, R&D 투자 확대 등 보다 적극적인 기술 도입을 위한 환경 조성이 필요하다.

ㄹ) 발전기(블록체인 실물경제 진행 분야)

이와 같은 2세대 스마트 계약, 분산앱 시대로 2015년부터 2019년 현재까지를 말한다. 산업 생태계에 참여하는 이해관계자들은 정보의 생성–갱신–저장 이력을 활용하여 새로운 비즈니스 가치를 생성하는 데 초점을 두고 있다. 자동차, 유통, 헬스케어, 에너지, 미디어, 자선 등 다양한 산업 분야의 참여자들이 비즈니스 대상에 대한 정보 이력을 블록체인으로 연결하는 일을 추진하고 있다.

블록체인 정보 이용은 관련 비즈니스 생태계의 참여를 전제로 하기 때문에 다양한 산업이 결합하는 산업 매쉬업mash-up이 발생하게 된다. 다음은 블록체인이 파괴할 19개의 산업분야이다.

① 은행과 지불Banking and Payments

② 사이버 보안 Cyber security

③ 공급망 관리Supply Chain Management

④ 예측Forecasting

⑤ 네트워킹과 사물인터넷Networking, IoT

⑥ 보험Insurance

⑦ 개인 교통 및 차량공유Private transport and Ride sharing

⑧ 클라우드 저장소Online data storage

⑨ 자선Charity

⑩ 투표Voting

⑪ 정부Government

⑫ 공공 혜택Public benefits

⑬ 건강관리^{Health care}

⑭ 에너지 관리^{Energy Management}

⑮ 온라인 음악^{Online music}

⑯ 소매^{Retail}

⑰ 부동산^{Real estate}

⑱ 크라우드 펀딩^{Crowd funding}

⑲ 그외 모든 산업

(자료 : https://www.ubitquity.lo/web/Index.html)

대표적인 예로 자동차 산업의 경우, 차량 제작사, 정비업체, 보험사, 중고차 거래상 등 다양한 산업 관계자들이 참여하는 산업 매쉬업 사업 구조가 형성되고 있다. 분산 저장, 스마트 계약 기반으로 다양한 유형의 비즈니스 모델도 등장한다. '산업 매쉬업형' 비즈니스 모델로는 자동차^{제조사, 정비사, 보험, 중고차 매매}, 헬스케어^{의료기관, 보험, 제약사}, 유통^{농수축산, 물류, 유통} 등 연관 산업체 간 협업을 기반으로 하는 비즈니스 모델을 들 수 있다.

기존에 중개인을 통한 거래가 이루어졌던 미디어, 부동산, 에너지·광물 산업 등이 스마트 계약을 통해 계약의 이행과 동시에 결제 및 정산의 자동화가 이루어지는 탈중개형 비즈니스 모델이 만들어지고 있다. 블록체인 기술은 정보 비대칭 및 불확실성에 의한 시장의 비효율을 해소할 수 있기 때문에 이를 기반으로 기술 적용 산업의 재활성화에 기여하고 있다. 공급자와 수요자 간에 제품·서비스 정보 흐름의 불확실성을 해소함으로써 정보 탐색 및 거래 비용의 최소화가 가능하다. 이를 통해 산업의 효율성을 높이고, 연결 신뢰성 확보로 산업 생태계 참여자들을 확대시킬 수 있어 시장 활성화 및 혁신적 비즈니스 창출에 기여할 것으로 기대된다.

03

블록체인과 정치

　제4차 산업혁명을 기반으로 사회 전 분야에서 변화의 속도는 그 어느 때보다 빠르다. 블록체인 기술을 바탕으로 의사결정 구조가 과거의 수직적인 구조에서 수평적 구조로 변화되면서 기존의 틀이 붕괴되고 투명성 확보와 탈중앙화로 진화하고 있다. 정보통신 기술 ICT:Internet and Communication Technology 은 우리 생활을 구성하고 변화시키는 중요한 핵심 동인으로 무엇보다 시간과 공간을 초월해 의사소통을 할 수 있게 한 커뮤니케이션 툴Communication Tool 의 변화는 큰 의미를 갖는다. 즉 디지털 거버넌스는 ICT를 활용해 정부, 기업 등 사회 공동체의 새로운 관계를 형성하고 공동체의 운명을 결정하고 관리하는 운영 매커니즘이라고 할 수 있다. 정치 분야에도 블록체인 거버넌스 시스템을 통한 기존의 형식적인 툴을 과감히 벗어나 실질적 효율성과 민주성 및 정당성이 확보되기를 기대해 본다. 특히 선거에 있어서 투표에 활용하면 유권자의 투표 여부 및 집계의 투명성을 확보할 수 있으나 어떻게 익명성을 유지할 것인가가 과제로 남는다.

블록체인과 부동산

부동산의 경우 거래 및 등기부 작성·관리 등 복잡한 시스템으로 인해 이중 거래 및 사기 등의 문제점이 많다. 또한, 부동산 거래 결과는 일반적으로 정부기관과 같은 신뢰할 수 있는 제3자가 담당하고 있는데, 이러한 시스템에서는 등기부 보존을 담당하는 제3자의 신뢰도가 가장 중요한 요소로 작용한다. 예를 들면, 유비트쿼티Ubitquity라는 회사는 블록체인 기반 부동산 회사로 부동산 거래 및 토지 소유권, 재산 증서, 유치권 등을 기록하고 추적하는 데 블록체인 기술을 활용하고 있다. 공개된 원장을 모든 참여자가 조회할 수 있고, 참여자들의 합의에 따라 원장 기록이 관리 및 보존될 수 있다. 사실상 기록의 변조가 불가능하고, 부동산 소유권 추적을 위한 시스템 유비트쿼티는 블록체인 기반의 부동산 계약 보관 플랫폼으로 기존 종이 문서 시스템의 대체재로 부상하고 있다. 이 시스템으로 부동산 거래 전후 투명성, 많은 양의 서류 작업, 사기 우려 등 부동산 시장의 고질적 문제를 해결할 수 있다.

또한, 유비트쿼티는 블록체인 기술을 통하여 부동산 거래 결과를 정리하기 때문에 현재 시점의 소유권에 대한 조회 및 확인이 가능하다. 즉 문서 및 소유권 이전 절차의 투명성이 확보된 것이다. 부동산 분야의 블록체인 기술은 투명성이 강화된 전자거래원장으로 디지털 장부, 스마트 계약 등을 통하여 거래 프로세스를 혁신할 수 있게 된 것이다. 블록체인 기반 디지털 장부는 분산 원장으로 서버의 유지비를 절감할 수 있을 뿐 아니라 관련 정보는 항상 검증 및 갱신되어 최신 정보 이용이 가능하다. 스마트 계약은 자동으로 계약을 체결하고, 유지 및 관리되므로 부동산 중개자 없는 프로세스를 통해 수수료 절감이 가능하며, 계약 여부·과정 등이 확인 및 공유가 가능하다.

블록체인과 공공 조직

블록체인의 기술은 중개자의 개입 없이 계약과 전달이 가능한 구조이므로 데이터 중심의 권력 집중 현상을 정보 민주화와 권한의 분산과 위임이라는 구조로 변화시킨다. 전통적 관료주의인 수직적 네트워크를 수평적 네트워크 거버넌스로 전환하는 역할을 하게 된다. 즉 전통적인 중앙집중형 시스템은 전통적 관료주의 조직과 마찬가지로 중앙에서 혹은 공인된 제3자가 정보를 독점하여 운영하기 때문에 책임과 권한이 집중되지만, 블록체인 플랫폼에서는 정보의 분산, 공유, 합의에 의해 인증되기 때문에 수평적이고 협력적인 거버넌스 실현이 가능하게 된다.

이는 통치에서 협치로 거버넌스 구조가 이동해야 하는 것을 의미한다. 4차 산업혁명으로 대표되는 기술의 발전은 적은 거래 비용의 분산된 신뢰 기반의 거버넌스를 가능하게 도와줄 수 있다. 블록체인은 분산된 신뢰를 기술적으로 뒷받침하며 공공 영역에서의 그 필요성이 점차 커지고 있다. 공공 영역에서 사용 가능한 블록체인은 공공 분야가 가지고 있는 신뢰성이라는 특징과 블록체인의 참여자들이 함께 거래를 승인하며 변조하기 어렵다는 점을 통해 여러 서비스에 적용되고 있다.

블록체인 도입이 다양한 분야에서 검토되고 있지만 공통적으로 공공 분야에 적용이 성공적일 것이라고 전망하는 이유는 블록체인이 가지고 있는 불변성, 최종성, 출처 증명, 합의 형성의 특징과 이를 통해 기대되는 보안성, 신뢰성, 투명성, 신속성, 확장성의 장점 때문이다. 이러한 장점들은 기술적으로 신뢰를 담보하면서 다양한 이해관계자 간에 신속하고 효율적인 거래를 가능하게 한다. 블록체인의 적용은 빈번한 상호 데이터 전달과 검증, 강력한 보안과 자동화된 업무 처리가 필요한 영역에 우선적으로 고려될 수 있다. 국내 공공 서비스 분야 중에서는 지역화폐, 주민투표, 부동산 및 토지 거래, 전자문서 등에 조기 적용이 가능할 것이다.

따라서 이런 신문명 이용자인 현대인들에게도 시대 흐름에 따라 코페르니쿠적인 대인식의 전환을 요구하고 있다. 특히 공공 분야에도 블록체인 기반의 투명성과 민주성, 유용성 등의 확보로 기존의 형식적인 툴을 과감히 벗어나 실질적 효율성과 수평적 민주성 등의 객관적 타당성이 확보되기를 기대해 본다.

정부는 블록체인 신경제 촉진을 서둘러야

1) 블록체인 1.0~블록체인 3.0

블록체인의 발전 과정을 단계별로 나누면 일반적으로 블록체인 1.0~블록체인 3.0으로 나눈다. 암호화폐 1.0은 비트코인이 탄생한 2009년 정도의 시기를 뜻한다. 이 시기에는 암호화폐crypto currency를 통해 화폐를 전송하는 외환 송금과 전자 지급 기능을 가능하게 했다.

블록체인 2.0은 스마트 계약을 통해 스마트 자산의 거래를 할 수 있도록 하는 시스템의 발전 단계를 말한다. 이 단계에서 발전하여 사회의 다양한 분야에서 활용할 수 있고 점차 일반화되어 가는 단계를 블록체인 3.0으로 정의하고 있다.

블록체인 2.0에서는 세부적으로 스마트 계약smart contract을 통해 스마트 자산smart property, 예를 들면 증권stock이나 채권bonds, 대출loans 등을 거래할 수 있는 부동산 소유권 탈중앙화 자율조직

^{DAO}이 가능할 것으로 전망된다. 블록체인 2.0의 발전을 위해 박성준 교수는 "우리나라가 경험했던 세계 최고의 초고속 정보통신망의 경험을 살려 관련 핵심 금융산업을 발전시키기 위하여 인터넷 인프라 이후의 블록체인 인터넷 인프라를 구축하여야 하기 때문에 국가 블록체인 인터넷의 육성 의지가 필요하다"고 강조했다.[2] 그리고 그는 국가의 신성장 동력으로 블록체인 진흥 정책을 추진하기 위하여 한국인터넷진흥원과 같은 맥락의 한국블록체인진흥원^{가칭}의 설립이 필요하다고 말했다.

지금은 국가가 이에 대한 필요성을 인식하고 적극적으로 추진해야 할 절호의 타이밍이라고 생각한다. 나아가 블록체인 관련 산업 생태계 구축을 위한 기반 조성을 위하여 블록체인 패러다임에 맞는 새로운 법/제도의 신설과 정비가 필요하다. 예를 들면 전자계약법, 개인정보보호법, 블록체인정부법, 블록체인금융거래법, 블록체인사물인터넷진흥법, 스마트계약법, 블록체인개인정보보호법 등이다.

또 정부의 암호화폐와 블록체인 관련 정책을 담당하는 과학기술정보통신부, 금감위, 금융위, 법무부, 중소벤처기업부 등 부서의 업무혼선을 조속히 정리해야 한다. 부서별로 업무 분장을 좀 더 세분하고 그 수행함에 있어서의 업무 규정도 협력적으로 잘 이루어질 수 있도록 해야 할 것이다. 그래야 블록체인 기술의 중요성에 맞춰 블록체인 강국을 실현할 수 있는 전략을 수립할 수 있을 것이다.

지금 정부는 블록체인과 암호화폐를 분리하여 발전시킨다는 정책은 암호화폐의 관리가 어렵다는 점과 그것이 가져오는 파괴

---

2) 동국대학교 국제정보보호대학원 블록체인 연구센터 박성준 센터장, 블록체인 기술과 디지털 경제의 전망 강의, 2018.04.20

력을 두려워함을 이해하지 못하는 것은 아니지만, 그렇다고 해서 글로벌 블록체인 산업이 한국 정부의 희망대로 발전해 가지 않는 것만은 확실하다.

블록체인 경제 생태계에 적합한 지급 수단이 없다면 프라이빗 블록체인의 경우라 해도 암호화폐가 필요한 생태계가 존재하고, 퍼블릭 블록체인의 경우 암호화폐가 없다면 관련 산업은 발전할 수 없다. 즉 암호화폐 없이 블록체인 활성화는 불가하여서 분리는 불가능하다. 앞으로 블록체인은 제2의 인터넷이며 제4차 산업혁명의 핵심 인프라로 다가오기 때문에 블록체인과 암호화폐의 활성화는 모두 필수적이라 할 수밖에 없다.

2) 무적의 카르타고가 로마에게 망한 이유

요즘 나라를 걱정하는 많은 이가 인터넷에 올린 글 중에 카르타고의 한심한 귀족 이야기가 인상적이라 여기 옮겨 본다.

기원전 246년부터 146년까지 약 100년간 지중해의 북쪽에 있는 로마와 남쪽에 있는 카르타고는 각자 국력을 쏟아가며 상대를 궤멸시키려고 싸웠다. 그것이 저 유명한 1차, 2차, 3차 포에니Punic 전쟁이다. 카르타고의 영웅 한니발과 로마의 명장 스키피오가 카르타고 근처 자마 평원에서 대회전을 벌인 것이 2차 포에니 전쟁이다. 서로 이기고 지기를 반복했지만, 로마는 카르타고를 섬멸할 수 없었고, 카르타고는 로마를 궤멸시킬 수 없었다.

그러나 제3차 포에니 전쟁에서 로마는 간단하게 카르타고를 잿더미로 만들었다. 그것은 카르타고 원로원의 위원이었고 카르타고에서 모든 것을 누리고 출세했던 귀족 아스틸락스가 카르타고의 성벽과 지하 수로들의 도면들을 훔쳐 로마로 도망가서 로마 원로원에 팔아넘겼기 때문이었다.

이 국가 의식이 없는 파렴치한 귀족은 자기 보신과 돈벌이에 눈이 팔렸던 것이다. 절대 망할 수 없던 카르타고가 망한 것은 카르타고 지도층의 배신 때문이었다.

『동양고전의 힘』이라는 책[3]에 여러 가지 명언이 있는데, 서경편, 반경 상에 '弗濟 臭厥載불제 취궐재', 제때에 맞춰 강을 건너가지 않으면 배에 실은 물건은 부패하고 말 것이라는 내용이 있다. 모든 일에는 다 때가 있는 법이다. 그 시기를 놓치면 반드시 후회하게 되는 이치다. 음식의 유효기간이 지나면 반드시 썩게 마련인 것처럼 세상일에도 때를 맞춰야 한다. 한국의 암호자산호號는 제때 강을 건너야 한다.

그런데 지금 한국은 어떤가? 블록체인과 암호자산을 실은 배가 정책의 강을 건너지 못해 관련 산업은 지체되어 몰락 순서로 가고 있는데 누가 그 책임자인가? 지금 대한민국의 블록체인 금융으로 가는 미래 부국의 길을 막고 있는 보신주의 원로 행정가들은 누구인지 책임을 져야 할 것이다.

---

3) 김부건, 『동양고전의 힘』, 부광, 2017. 3

3) 역사의 실패를 재현 말라

국가 통치지도부가 갖는 판단의 중요성에 대해 김태유 교수는 "4차 산업혁명 시대, 부국의 길"이란 강연[4]에서 다음과 같이 강조하였다. 1910년 일본은 한국 등 아시아 국가들을 식민지화하기 시작했는데 이는 일본이 이미 독점 자본주의 체제가 되면서 과잉 생산된 제품을 판매할 시장이 필요했고, 값싼 원료를 공급받을 새로운 땅이 필요했던 것이 한 이유가 될 수 있었다. 이미 1860년대부터 이양선이 나타나 조선에게 문호를 개방하고 교역할 것을 강요했다. 서구의 물결이 동양으로 밀려오면서 1853년 미국의 페리 제독이 일본에 통상을 요청했다. 처음에 일본도 개항을 거부했다. 조선에는 13년 후에 프랑스 함대가 와서 통상을 요구하자 이를 거부하는 병인양요가 발생했다. 일본이나 조선이나 서양의 화력에는 대적할 수 없는 상황이었다.

일본의 요시다 쇼인은 '서양 오랑캐를 제압하는 올바른 방법은 서양 오랑캐의 기술을 배우는 것이다'라는 화혼양재和魂洋才 정책 하에 송하촌숙이라는 학당에서 1년 반 동안 90여 명의 제자를 양성하였다. 이들이 나중에 일본의 메이지 유신 혁명을 완성한 것이다. 그러나 대원군은 위정척사衛正斥邪의 기치 아래 '서양과 싸워 지켜야 하고 양이와 화친하는 것은 나라를 팔아먹는 것이다'라며 척화비를 세우고 통상 수교 거부 정책으로 나라의 문을 닫아걸었다. 화혼양재 정책에는 산업혁명으로 가는 미래가 있었지만, 위정척사 정책은 스스로 고립을 자초했다. 이때 국력이 50보 100보였

---

4) 서울대 산업공학과 김태유 석좌교수가 2018년 2월 27일 프레스센터 기자회견장에서 한 "4차 산업혁명 시대, 부국의 길"이란 주제의 강연회

던 한국과 일본이 1차 산업혁명인 기계 산업에 대한 접근 방식이 달랐다. 일본은 개항을 해서 서양의 앞선 기술을 배웠지만, 조선은 개항을 거부하고 문을 닫는 통상 수교 거부 정책을 펼쳤다. 이러한 선택이 결국 식민지의 지배자와 피지배자로 갈라놓았다. 이 역사적 결정의 책임은 당연히 당시의 통치권자들이 져야 한다.

하기야 제대로 충언하는 참모가 대원군을 설득시키는 것이 어렵다는 점을 생각하면 통치권자의 현명함이 우선적이긴 하겠다. 이제는 한국이 근대사에서 했던 통상 수교 거부 정책의 치욕적 실패를 반면교사로 삼아 재발시키지 않도록 해야 한다. 그러기 위해서는 현행의 정책으로는 어림도 없다. 기상천외한 변신을 해야 한다. 우리가 암호화폐가 가져온 금융 질서의 혼탁한 무질서에서 헤매고 있는 동안 미국과 일본, 중국, 유럽 등은 '미래의 금'이라는 귀중품으로 확보 전략에 열중하고 있다. 다시 말하면 이들은 화폐의 기능이 가져올 수 있는 화폐 기능의 충돌을 피하며 암호자산 산업 육성에 박차를 가하고 있는 것이다.

[그림 4-1] 지식 한국, 열악한 환경은 지식의 힘으로 극복하자.
자료: http://www.goodgag.net/27124

한국은 2050년경에 G2 국가로 가는 것을 목표로 해야 자본주의 경제 100여 년 만의 기회를 우리 것으로 만들 수 있다. 경제 대국의 꿈을 실현할 수 있는 단군 이래 없었던 절호의 기회가 될 수 있다. 이를 달성하기 위해서는 블록체인 금융의 실용국으로 세계 이용자들을 묶어내야 한다. 그리고 이제는 다양한 암호자산을 확보하고, 금융과 국제 외교력을 총동원하여 세계 사용자를 확보하는 글로벌 소비자 사업 체계를 만들어야 할 것이다.

제5장

금융기관의 블록체인 기반 경영 변화 전략

- 채경채 -

중앙집권적 사회시스템과 금융서비스

조지 오웰^{George Orwell, 1903~1950}은 1949년 출간한 소설 『1984』에 빅브라더^{big brother}를 등장시켜 1984년 당원의 모든 것을 감시하는 전체주의 국가의 모습을 그려냈다. 당시 소비에트연방의 독재자 스탈린을 풍자했다는 해석이 지배적이었다.

이 소설에서 전체주의 국가 오세아니아는 허구적 인물인 빅브라더를 내세워 체제를 유지하고 통제하려 한다. 국가는 텔레스크린을 통해 개인의 사생활을 감시하여 어느 곳에서도 개인의 자유는 허락되지 않으며, 개인들의 과거까지 날조하면서 개인들의 사상을 통제한다는 중앙집권적 사회 시스템의 모순에 대해서 날카롭게 비판한 이야기다.

인간은 수백만 년 이전부터 도구를 사용하여 왔었고 항상 끊임없이 도구, 즉 '기술'을 개발해 왔다. 사실 인류의 역사는 기술과 함께한 역사이다. 한번 사회에 수용된 기술은 인간에게 거스를 수 없는 환경이 되어 끊임없이 진화했다. 미국의 진화경제학자 리처드 넬슨^{Richard Nelson}은 인류 역사 발전의 근간은 기술이며, 여기에는 물리적 기술$^{Physical\ Technology}$과 사회적 기술$^{Social\ Technology}$이 있다고 하였다.[1]

통상적인 의미의 물리적 기술은 '공학적 지식과 과학적 지식을 동원하여 사물을 변화시키거나 변경시키는 방법'이라고 한다면, 사회적 기술은 사회의 대인관계에서 적절한 개인의 행동 기술이나 사회 문제를 해결하는 사회과학적 지식 방법론을 넘어서는 사회 구조, 시스템, 사회관계, 개인들의 상호작용에 영향을 주는 기술이다.[2] 즉 사회적 기술은 '법, 제도, 화폐, 도덕 규범 등 사회를 유지하는 체계'이며 이는 사회를 구성하는 사람들의 사회적 합의를 바탕으로 작동된다. 이에 대한 사례는 시장, 화폐, 정부, 언어, 정치와 같이, 사회를 유지하고 관리하고 운영하기 위해 사용되는 기법이나 방법론, 제도, 시스템 등이다.

우리는 수천 년간 중앙집중 방식의 피라미드형 같은 수직적인 조직 구조에 익숙해져 왔다. 국가 공동체의 존립을 위해서 사회의 정보를 유통시키고 처리하여 순환시키기 위한 사회적 기술로 규칙과 규제에 의해 작동되는 전문화되고 분업화된 위계적 서열 구조의 '관료적 시스템'를 활용하였으며, 개인 간 계약이나 거래를 할 때도 거래를 보증하고 통제하는 '중개자'를 활용하였다. 금융 시스템에서는 대표적인 중개업의 사례가 예금과 대출을 연계하는 은행, 결제망으로 결제를 담당하는 신용카드회사, 보험을 중개해 주는 보험회사, 금융결제원, 부동산 중개업, 법무사, 증권거래소 그리고 공증과 같은 제도들이 거래를 보증하는 중개자들이다. 그러나 이러한 제도는 자체 속성상 사회 구성원 개인을 고려하지 못하고 수직적인 의

---

1) Richard R. Nelson, Katherine Nelson, 『Technology, institutions, and innovation systems』 Research Policy 31, 2002, pp.265-272
2) 돈 댑스콧, 『블록체인 거버넌트』, 전명산 옮김, 알마, 2017 P.86

사결정 조직 구조와 생성된 정보가 외부로 즉각적이고 광범위하게 공유되기 어려운 폐쇄적 구조이므로 사회 내 정보의 비대칭성을 초래하여 권위적인 시스템으로 변질되어 갔다. 이처럼 우리는 수세기 전부터 만들어져 온 사회 시스템, 즉 사회적 기술을 19세기에 다듬어서 21세기를 지금 살아가는 데 사용하고 있는 것이다.

그러나 인터넷이 도입된 이후 실시간 커뮤니케이션 시대가 도래하여 시민사회의 정보 처리 속도가 더 빠르고 투명하고 효율적으로 변화됨에 따라 모든 개인들이 신뢰 형성 과정에 참여하는 분산 원장 개념의 블록체인 시스템이 개발이 되었다. 이에 따라 기존의 정보의 저장과 처리를 담당하는 국가의 관료적 시스템을 중심으로 하는 사회 신뢰 시스템을 블록체인 기반의 기술 시스템으로 대체시키는 새로운 시대를 맞이하고 있다. 즉 새로운 디지털 시대에 맞는 새로운 사회적 기술이 구현되고 있는 것이다. 이를 블록체인 혁명이라고 하는데, 이는 사회를 구성하는 개개인들의 공적 관계를 맺는 방식을 근본적으로 바꾸어 버린다는 측면에서 혁명적이다.

이러한 블록체인 혁명은 우리가 수천 년간 익숙해져 있던 중앙 집권적 방식의 수직적인 조직 구조에서 벗어나 중앙 권력을 분산시키는 것이고, 권력이 분산된 상태에서도 사회 시스템이 잘 돌아가도록 만드는 것이다. 이렇게 분산된 자율 네트워크 조직들이 중앙집중 권력보다 정보 공유와 의사결정 속도가 우월하게 된 것은 향상된 네트워크 속도 시대의 도래와 블록체인 기술이 최적의 해법을 제공함으로써 가능하게 되었다. 이는 결국 국가의 역할이 무엇이고 국가가 왜 필요한가 하는 근본적인 의문을 제기하고 있다.

02

금융 서비스의 변화

글로벌 금융 시스템에서는 매일 수백조 달러가 오가고, 수십억 명의 사람들에게 서비스를 제공하며, 글로벌 경제를 뒷받침한다. 이는 세상에서 가장 강력한 산업으로 글로벌 자본주의의 밑바탕이며 효율적인 것으로 인식된다. 그러나 자세히 살펴보면, 인터넷 뱅킹을 제공하지만, 여전히 종이 수표를 발행하고, 수십 년 전에 개발된 메인 컴퓨터를 주된 시스템으로 운영하며, 한 건의 신용카드 결제에 수많은 중개 수단을 거쳐야 하는 불합리한 모순, 부조화, 높은 진입장벽 등이 결합되어 매우 복잡하게 얽혀 있는 저효율 시스템이다.

다국적 기업이 서로 다른 나라에 소재한 두 개의 자회사 사이에 자금을 이동시키거나 한 사람이 해외에 있는 가족에게 송금하려고 할 때, 송금 절차는 불필요하게 복잡하고 최종 정산까지는 며칠 또는 몇 주가 소요되는데, 그 사이에 개입한 중개자들은 송금수수료, 환차손, 기타 비용을 제하고 송금 중인 자금에 붙는 이

자수입까지 가져간다. 또한, 주식시장에서 트레이더들은 주식을 초단위로 사고파는데 최종 정산까지는 며칠이 소요된다. 이렇게 금융거래가 복잡하게 설계되고, 감독 절차가 일원화되어 있지 못한 탓에 2008년 금융위기에 드러난 과도한 레버리지, 투명성 결여 등의 문제점을 화폐 정책과 금융감독 당국도 알아내지 못했다.

금융이란 독점적인 비즈니스이기 때문에 높은 진입장벽을 이용해 엄청난 규모를 갖추고 전 세계적으로 수익을 챙겼다. 전통적인 은행뿐 아니라 카드회사, 투자은행, 증권거래소, 청산소, 보험사, 자산운용사, 회계 법인, 컨설팅 기업 등 자본을 독점하고 독점적 지위를 누리는 중앙집중화된 수많은 거대 중개자들은 금융 시스템을 구성함으로써 금융 시스템의 속도가 느려지고 비용이 증가하였다. 이러한 전통적인 금융 시스템은 앞으로 혁신가들이 블록체인 플랫폼 위에 가치를 창출할 새로운 방법을 모색하고 있기 때문에 향후 지속할 날도 얼마 남지 않았다.

2009년 사토시 나카모토가 비트코인의 거래원장으로 개발한 블록체인 기술은 '데이터 공유에 대한 패러다임을 전환'하고 '데이터 신뢰를 스스로 확보'한다는 점에서 AI에 못지않게 중요한 4차 산업혁명의 핵심 기술이다. 블록체인은 제4차 산업혁명 시대의 사회 전 분야에 걸쳐 근본적인 재정립을 가져올 파괴적 혁신 Disruptive Innovation 기술로 주목받고 있다. 특히 블록체인 기술은 기존의 비즈니스 모델과 서비스 제공 방식을 바꾸는 단순한 요소 기술이 아닌 새로운 경제 시스템 구축의 기반 기술로 확장해 나갈 잠재력을 보유하고 있는 것이다.

　블록체인 기술 혁신으로 촉발된 4차 산업혁명이 금융 산업에도 확산되어 기존 금융 인프라를 거치지 않고도 금융 서비스를 제공할 수 있는 새로운 길이 열리고 있다. 또한 디지털 기술로 무장한 핀테크 기업이 금융 산업에 신규로 진입함에 따라 기존 은행들의 독점적인 지위가 약화되는 등 이전에는 볼 수 없었던 새로운 상황이 전개되고 있는데, 이는 그동안 금융 산업의 효율성 향상에 기여해왔던 ICT 기술이 파괴적 혁신의 역할을 수행하는 단계를 넘어선 것으로 볼 수 있다. 디지털 변혁은 다른 산업 분야보다 근본적으로 정보 산업의 성격을 띠고 있는 금융 산업에 더 큰 파급 효과를 미칠 것으로 예상된다. 실제로 결제시장 등 기존 금융시장 일부가 빠른 속도로 붕괴되거나 변화가 진행되는 등 사업 환경이 급변하고 있어 기존 금융기관들은 새로운 전략을 모색할 필요성이 커졌다.

03

금융 트렌드

현재 주요한 변화의 방향은 디지털 기술 혁신에 따른 금융 산업의 탈집중화와 탈중개화[3]가 진행되고 있는데, 국가별로 금융 환경의 차이에 따른 디지털 혁신이 상이한 상황으로 다음과 같이 개인정보 관련 금융 규제와 활용 간 이해가 충돌하고 있다.

첫째, 디지털 기술의 발전과 모바일 기기 확산으로 기존 금융 서비스 영역의 진입장벽이 낮아짐에 따라 디지털 기술로 무장한 핀테크 업체들이 진입하게 되면서, 기존 금융 서비스 방식이 붕괴 또는 변화 중이다. 또한, 기존의 금융기관들이 다양한 금융 서비스를 종합적으로 공급하고 있는 반면, 핀테크 업체들은 경쟁력 있는 개별 금융 서비스에 집중하는 탈집중화 전략을 취하고 있다. 현재 디지털 혁신의 영향을 가장 크게 받고 있는 분야는 지급 결제와 투자 분야 등으로, 특히 지급 결제 분야의 경우 기존 방식의 시장은 무너지고 결제 기능의 탈중개화가 크게 진전된 상태이다.

---

3) 재화 및 서비스의 유통 과정에서 기존에 이용하던 경로를 탈피함으로써 공급사슬상의 중개자가 제거되는 현상으로, 결제시장의 경우 기존 금융기관들을 거치지 않고 디지털 기술을 기반으로 금융 소비자와 공급자 간 직접 결제 업무가 진행되어 기존 금융기관에 대한 서비스 수요를 감소시키고 있음.

현재 알리페이^{Alipay}, 애플^{Apple}, 구글^{Google}, 페이팔^{Paypal} 등의 거대 핀테크 업체들은 온라인 시장, 채팅 및 검색엔진 서비스에 결제 기능을 부가하여 결제시장을 지배하고 있다.

둘째, 금융의 디지털 혁신은 미국 등 선진국보다 중국 등 신흥 시장에서 더 빠르게 확산되고 있는데, 이는 성숙되지 않은 기존 은행 산업 구조, 낮은 규제 환경, 인구 구조, 기술 도입 활용 수준 등 핀테크가 성장하는데 유리한 조건에 기인한 것이다. 일례로 중국에서는 대학생의 92%가 모바일 기기를 활용한 결제 시스템을 이용하고 있다. 반면 선진국의 기존 은행 시스템은 개발 시기별, 상품별로 각기 다른 코어 뱅킹 시스템을 보유하고 있어 시스템 안정성은 높은 반면에 시스템 복잡성이 높고 유연성이 떨어지는 특성이 있다. 따라서 코어 뱅킹 시스템의 전면 개편은 막대한 투자액, 시간, 자원 등이 요구되고 운영 리스크도 동반되어 디지털 혁신을 추진하는데 장애물로 작용하고 있어, 선진국 금융기관은 시스템의 효율성을 개선하기 위한 투자를 주로 진행하고 있다. 또한, 선진국의 기존 금융기관들은 금융 산업에 대한 장악력이 크다. 유럽지역의 경우 스칸디나비아, 네덜란드 등 일부를 제외하고는 인터넷 전문 은행 설립 시 대부분 기존 은행들의 투자 참여로 진행되고 있어 새로운 핀테크 업체들의 시장 진입이 상대적으로 쉽지 않은 상황이다.

셋째, 금융 분야는 데이터의 경제적 활용 가치가 매우 높은 영역임에도 불구하고, 국내의 경우 개인정보 유출 사태 등의 여파로 개인정보 보호 규제가 계속 강화되어 풍부한 금융정보 및 분석 기법을 보유하고 있는 금융권의 데이터 활용이 저조한 상황이다. 적극적인 정부 지원 및 문화 제도적 배경 등으로 데이터 활용에 우호적인 미국, 중국, 유럽 등에 비해 국내는 자유롭게 데이터가 거래될 수 있는 데이터 유통시장도 제대로 형성되어 있지 않은 상황이다. 따라서 정보 주체의 권리가 침해되지 않도록 제도적 장치를 강구함과 동시에 데이터를 효과적으로 활용할 수 있는 방안이 필요하다.

금융권 블록체인의 특징

현재 금융권의 유통되는 통화의 대부분을 차지하는 결제성 예금은 중앙은행과 개별 은행이 고객별로 잔고를 관리하면서 입출금을 승인하고 기록하며 은행 간 자금 이체를 처리하는 방식이다. 즉 장부를 중앙집중형으로 관리하는 기존 시스템은 신뢰할 수 있는 제3의 신뢰할 수 있는 기관^{Trusted Third Party}을 설립하고 해당 기관에 대한 신뢰를 확보하는 방식으로 발전해 왔다. 이에 중앙집중 기관에서 실수 또는 고의적으로 문제가 발생한 경우, 시스템에 대한 신뢰가 훼손되는 것을 예방하기 위한 높은 관리 비용과 더불어 해킹의 위험이 상존한다는 문제점을 갖게 되었다. 하지만 블록체인을 통해 거래 정보를 기록한 원장을 특정 기관의 중앙 서버가 아닌 P2P 네트워크에 분산하여 참가자가 공동으로 기록하고 관리하게 되면, 이러한 구조상 중집중적 조직이나 공인된 제3자가 필요 없게 됨으로 인하여 현재의 중앙 집중형시스템의 운영 및 유지 보수, 보안, 금융거래 등에 필요한 비용을 절감할 수 있다. 이와 같은 블록체인은 P2P 기반 분산 처리 방식으로 인한 분산성, 누구나 참여할 수 있는 확장성, 그리고 모든 내용에 접근 가능한 투명성 등의 특성을 갖고 있어 기존 금융거래보다 투명하고 추적이 용이하다는 장점을 가지고 있다.

요소	퍼블릭	컨소시엄	프라이빗
관리 주체	모든 거래 참여자(탈중앙화)	컨소시엄에 소속된 참여자	한 중앙기관이 모든 권한 보유
거버넌스	한번 정해진 법칙을 바꾸기 매우 어려움	컨소시엄 참여자들의 합의에 따라 상대적으로 용이하게 법칙을 바꿀 수 있음	중앙기관의 의사결정에 따라 용이하게 법칙을 바꿀 수 있음
거래 속도	네트워크 확장이 어렵고 거래 속도가 느림	네트워크 확장이 쉽고 거래 속도가 빠름	네트워크 확장이 매우 쉽고 거래 속도가 빠름
데이터 접근성	누구나 접근 가능	허가받은 사용자만 접근 가능	허가받은 사용자만 접근 가능
식별성	익명성	식별 가능	식별 가능
거래 증명	검증 알고리즘에 따라 거래 증명자가 결정되며, 거래 증명자가 누구인지 사전에 알 수 없음	거래 증명자가 인증을 거쳐 알려진 상태이며, 사전에 합의된 규칙에 따라 거래 검증 및 블록생성이 이루어짐	중앙기관에 의하여 거래 증명이 이루어짐
대표적 검증 알고리즘	PoW(Proof of work)[4], PoS(Proof of Stake)[5], PoI(Proof of Importance)[6]	Consensus-by-bet[7]	–
활용 사례	Bitcoin, Ethereum 등	R3 CEV, Tendermint, CASPER 등	나스닥의 비상장 주식거래소 플랫폼인 링크(Linq)

[표 5-1] 블록체인 유형별 특징 분류[8]

자료: 〈금융권 블록체인 활용방안에 대한 정책연구〉, 「전자금융과 금융보안」, 제6호, 성신여대 홍승필 교수

---

4) 거래 승인 과정에 많은 컴퓨팅 파워가 필요한 어려운 작업(반복 연산 문제 풀기 등)을 포함시키고, 이 과정을 통해 가장 많은 구성원들이 가지고 있는 블록체인을 진짜로 인식해 다른 기록은 폐기하는 것이다.
5) PoW의 단점을 보완하고자 나온 PoS(Proof of Stake) 방식은 채굴 대신 시스템에서 사용자의 소유 지분이 블록 생성권 지분율이 된다.
6) PoI는 PoS와 유사하지만 계정의 잔액 규모에만 의존하지 않으며 네트워크 참여도로 평가 등급이 결정된다.
7) 거래를 승인하고 위변조를 방지하는 PoW, PoS, PoI와는 달리 참여자의 동의를 통해서 블록체인의 거래를 승인하는 방식이다.
8) 전자금융과 금융보안(2016·4), 금융권 블록체인 활용 방안에 대한 정책 연구

블록체인은 참여 네트워크의 성격, 범위, 거버넌스 체계 등에 따라 퍼블릭 블록체인과 컨소시엄 블록체인, 프라이빗 블록체인으로 구분할 수 있으며 유형별 특징은 위 표와 같다.

또 다른 방법으로 블록체인 분산원장Distributed Ledger 유형을 참여 및 원장 소유에 대한 제한 여부에 따라 폐쇄형/사적, 폐쇄형/공적, 개방형/공적 원장으로 구분하고 있다. 개방형Unpermissioned 은 누구나 참여 가능하나 폐쇄형permissioned 은 허가받은 자만 가능하도록 참여를 제한하며, 사적Private 은 원장 소유에 이해관계가 있는 소수로 한정하고 있는 반면 공적Public 은 누구나 소유 가능하도록 하고 있다.

구분	개방형 (Unpermissioned)	폐쇄형(Permissioned)
참여자	제한 없음	사전 허가 필요
원장 조회자	제한 없음	참여자별로 조회 범위 차별 가능
원장 기록자	제한 없음	특정인 또는 참여자들이 합의한 소수
기록 방법	분산 합의	참여자들 간 합의된 임의의 절차
원장 통제	특정인이 통제 불가능	시스템 설계에 따라 통제권 부여 가능
처리 속도	분산 합의로 인해 느림	대체로 빠름
식별성	익명성	식별 가능

[표 5-2] 블록체인 유형별 특징 분류[9]

자료: 〈Blockchain and Financial Market Innovation〉, 「FRB of Chicago」, (2017)

은행 간 지급 결제, 글로벌 금융거래 등 금융 분야에서는 금융의 특성상 신뢰성, 안정성, 효율성 등이 우선되기에 개방형보다는 허가받은 자만이 참여할 수 있는 폐쇄형 분산원장에 기반한 블록

---

9) FRB of Chicago(2017), "Blockchain and Financial Market Innovation

체인이 선호되고 있다. 폐쇄형은 거래의 진실성을 보장하는 합의 구조^{Consensus Mechanism}에 있어서 소수의 특정 집단만이 참여케 함으로써 개방형이 가지는 문제점들을 상쇄하도록 설계한다.

따라서 은행 간 지급 결제에 있어서는 중앙은행을 거치지 않는 폐쇄형/사적 분산원장을 도입하려는 움직임이 가속화되어 가고 있다. 글로벌 금융거래 분야에서는 해외 송금 서비스를 필두로 리플^{Ripple}과 같이 은행 및 고객이 참여하는 폐쇄형/공적 분산원장 서비스가 속속 등장하고 있다. 특히 스마트계약이 본격적으로 도입될 경우 다수의 이해관계자가 결부되는 무역 금융, 컴플라이언스, 자산 운용, 보험금 지급, 자본시장 거래 등 도입 분야가 급속히 확대될 전망이다.

이처럼 비트코인으로 시작된 분산원장 기반의 블록체인 기술은 이미 금융의 새로운 흐름으로 부상하여 금융기관을 중심으로 분산원장 도입이 확산되면서 신뢰성, 안정성, 효율성 등의 측면에서 폐쇄형 분산원장 기반의 블록체인 기술이 미래 금융의 혁신을 이끌어나갈 것으로 전망된다. 이에 따라 전 세계적으로 글로벌 금융기관 및 IT 기업들의 블록체인 사업 추진이 본격화되고 있다. 해외에서는 SWIFT^{2016년 05월}가 발표한 보고서에 따르면, 블록체인의 장점을 증권업에 도입하면 비용과 거래 위험 요소를 감소시켜줄 것이라고 전망하고 있다. 이것으로 약 400억 달러^{한화 약 46조 원}를 절감할 수 있다고 예측하고 있다. 또한, 미국·유럽·아시아를 중심으로 다양한 사업들이 추진되고 있으며, 사업의 대부분은 금융회사와 블록체인 관련 핀테크 기업들이 협업하여 새로운 금융 비즈니스 모델을 제공하고자 하는 것으로, 대표적인 글로벌 금융기관 및 IT 기업들의 사업 추진 내용을 정리하면 다음과 같다.

기관/기업	사업 추진 현황
R3 CEV	• 초기 9개 금융회사들로 설립된 이후, 현재(2016년 06월 기준) 컨소시엄 참여 업체 수는 48여 개이며 미국 핀테크 기업 R3와의 제휴를 통해 블록체인 표준 플랫폼 공동 개발, 이후 80여 개로 증가 • 신형 금융 서비스 분산장부 기술 플랫폼 'Corda'를 발표
블록체인 CG	• 월드와이드웹 컨소시엄(W3C, Worldwide Web Consortium) 내 개설된 커뮤니티로 세계 최초의 오픈형 블록체인 표준화 그룹 • R3 CEV와 차별성은 비대면 인증정보를 블록체인에 담는 방안 및 기술 등이 포함되고, 은행 간 통신을 비롯해 ISO20022와 호환성도 검토될 것임 • 또한, ISO20022를 기반으로 블록체인 API와 라이브러리 등을 공개할 계획에 있음
VISA	• 디지털 화폐 결제 업체인 시프트 페이먼츠(Shift Payments)와 협업을 통해 비트코인 결제 가능한 비자 직불 카드를 출시 • 2015. 10월 Chain.com에 투자했으며, 2016. 5월에 Chain Open Standard (ChainOS 1)라는 새로운 오픈소스 프로토콜을 발표
Hyper-ledger	• 리눅스재단 산하의 오픈 소스 프로젝트로 모든 거래 내역이 암호화를 통해 보호되고 네트워크의 모든 참여자에게 공개되는 방식으로 다양한 오픈 소스 소프트웨어를 연구 • Ripple, JP모건체이스, 시스코 등 다양한 회사들이 참여를 하고 특히, IBM이 본 프로젝트에 참여해 오픈 소스 기반의 블록체인 소프트웨어 개발을 주도해 블록체인 기술이 전 세계에 확장될 수 있도록 많은 연구 및 투자 진행 중

[표 5-3] 블록체인 관련 글로벌 사업 추진 현황

05

금융권의 블록체인 대응 방안

　블록체인의 스마트 계약을 활용하여 자유롭게 디지털 자산을 만들 수 있고 블록체인 네트워크를 통해 가치를 신뢰성 있게 이전할 수도 있으므로 이제는 국가별 금융시장의 블록체인 적용 움직임과 가능성에 대하여 살펴보고자 한다.

　돈 탭스콧은 그의 저서『블록체인 혁명』에서 신뢰 획득에 과다한 비용이 소요되는 경우 블록체인을 적용하는 방식이 효용을 증대시킨다고 주장하였다. 이는 상대방을 신뢰하지 못하여 다수의 중개자 개입을 필요로 하는 분야를 말하는데, 블록체인 시스템 도입전 무역 금융과 지급 결제 등이 대표적이다. 실제로 이 분야를 우선으로 블록체인을 활용한 금융 서비스 개선이 활발히 시도되고 있다.

1) 미국

금융기관에 블록체인을 적용하려면 개인정보 및 거래 내역 보호, 참여자별로 다른 권한, 빠른 속도, 스마트 계약, 커스터마이징 가능성^{사용자 니즈에 따른 기능 변경} 등을 필요로 한다.

- **표준 플랫폼**

2014년 뉴욕에서 설립되어 핀테크 컨설팅 및 리서치를 제공하던 스타트업 기업인 R3는 고객사인 금융권으로부터 투자를 받아 새로운 블록체인 개발에 나섰는데, 이 컨소시엄을 R3CEV^{Crypto, Exchange and Venture Practice}라 부르며 이 컨소시엄에서 개발 중인 블록체인을 R3 코다^{Coda}라고 한다. R3CEV 참여 기관은 최초 시티그룹^{Citigroup}, 바클레이즈^{Barclays}, 웨스파고^{Wells Fargo} 등 9개로 출발하였으나, 이후 중국 평안그룹, 청산소, 거래소, 기술기업 등 다수 기관의 추가 참여로 80개 이상으로 확대되었다. R3 코다는 금융권 니즈를 충족시키기 위해 기능 구현에 유리한 허가형 블록체인으로 개발되고 있다. R3 코다는 분산원장 사용으로 데이터 공유에 유리하며 스마트 계약 기능도 포함하고 있다. 또한, 이해관계자에게만 해당 정보^{스마트 계약, 거래 내역}를 공유하게 하는 프라이빗 채널 사용도 가능하다.

• 지급 결제

리플Ripple은 2012년에 개발되어 실시간 결제와 청산 시스템 Real time settlement system, RTS을 지향하는 블록체인이다. 리플은 소수가 거래 검증을 하는 허가형Permissioned 블록체인이기 때문에 거래 처리 시간이 약 4초로 매우 빠르고 현실 세계의 규제를 준수하고 있어 비트코인이나 이더리움에 비해 보다 현실적인 결제와 송금 시스템이다.

리플랩스는 2015년 미국 정부로부터 은행 비밀 규제를 위반한 혐의로 70만 달러의 벌금을 부과받았지만 이를 계기로 자금 서비스 사업자로 등록하고 자금세탁 방지Anti Money laundering를 위한 제반 규제를 준수하고 있다. 또한, BitStamp, Gatehub, Tokyo JPY 등 제도권에서 인정받은 통화별 환전소Gateway를 확보하고 있다는 점도 장점으로 꼽힌다.

리플랩스는 구글 벤처스, 스텐다드차타드 은행, SBI홀딩스, 산탄데르 이노벤처스 등 다수의 금융 계열 기업을 주주로 유치하였다. 이를 바탕으로 2016년 9월에 SWIFT국제 은행 간 통신협정 대체를 목표로 하는 'Global Payments Steering Group'을 발족하고 영국 스탠다드차타드 은행, 일본 미츠비시도쿄 은행, 스페인 BBA, 스웨덴 SEB, 태국 시암 은행 등과 연계하여 은행 간의 결제와 청산 시스템 구축을 추진하고 있다.

• 송금

국제 송금에 있어서 빠르고 낮은 비용으로 안전한 서비스 제
공을 목표로 설립된 블록체인 방식 송금망으로, JP모건이 주
도하고 호주, 캐나다, 스페인, 프랑스의 최대 은행이 합류한
'INN'과 골드만삭스가 2,500만 달러를 투자한 블록체인 스타
트업 '빔Veem'이 있는데 이는 기존 국제 송금망SWIFT를 대체하
는 블록체인의 혁신을 모색하고 있다.

• 자본시장

최근 미국 일부 주정부에서는 가상공간에서의 금융 계약이
가치를 갖도록 하기 위하여 블록체인상의 서명, 스마트 계약,
상업 기록에 대해 법률적인 효력을 부여하기 시작하였는데 요
약 정리하면 다음과 같다. 아직 일부 지역에 국한되지만 블록
체인을 통한 서명과 스마트 계약으로 채무 증권과 지분 증권
을 생성하고 그 소유권을 이전할 수도 있게 되었다. 이러한
움직임들은 머지않은 미래에 자본시장에 존재하는 금융 상품
대부분을 블록체인을 통해 생성하고 거래할 수 있을 것이라
는 전망을 낳게 한다.

블록체인상의 스마트 계약과 기업 기록 등에 대한 법률적 효
력 인정 추세가 전 세계적으로 확산된다면 다양한 융합 금융
자산을 생성할 수 있고 결국 시간과 공간의 제약을 받지 않
는 초연결 자본시장이 본격 형성될 수도 있을 것이다.

구분	주요 내용
애리조나주	• 블록체인 기술을 통해 확보한 서명은 전자 서명으로 간주 (2017.3) • 상거래에 스마트 계약이 존재할 수 있으며, 효력과 집행 가능성을 가짐 • 스마트 계약을 "블록체인상에서 실행되며 블록체인에서 자산 양도와 양도를 지시할 수 있는 프로그램"으로 규정
델러웨어주	• 블록체인을 활용한 주주 명부와 기업 부기(회계)의 효력을 인정 (2017.7) ⇒ 주식거래 기반 마련
오하이오주	• 블록체인 기반 전자거래 인정(2018.8) • 미국 최초 암호화폐로 세금 납부 인정 (2018.11) • 정부기관에 블록체인 도입 허용
버몬트주	• 블록체인상 전자적으로 등록된 기록에 서명이 있다면 증거법에 따라 자기 인증된 것으로 간주하여 기록의 유효성과 법원에서의 증거적인 효력을 인정

[표 5-4] 미국의 블록체인 기술 법적 효력 인정 사례[10]

자료: 〈블록체인 2.0의 출현과 금융시장의 변화〉, 「weekly KDB Report」, 2017.7

• 회계감사와 기업공시

블록체인은 본질적으로 실시간 추적이 가능하며, 향상된 정보 가시성을 가지므로 회계감사와 기업공시에 블록체인을 활용할 수 있다. 실제로 회계법인인 딜로이트는 블록체인 루빅스 플랫폼을 활용하여 감사 대상 기업의 회계 기록에 대해 효과적이고 저렴한 비용으로 접근할 수 있는 애플리케이션을 개발하고 있다. 또한 감독기관에 기업정보에 대한 합리적인 접근 권한을 부여하거나 감독기관이 생성하는 블록체인에 해당 기업의 DB를 연결한다면 서류 작성 부담 없이도 상시 모니터링과 상시 공시가 가능할 것이다. 정보 공개 확대와 적시

10) 미국 주정부 홈페이지, 언론 보도 참조

성 확보는 자본시장 건전성에 큰 기여를 할 수 있을 것이다.

하이퍼레저Hyperledger는 2015년부터 리눅스 재단이 주도하고 IBM, 인텔Intel, 시스코Cisco, JP 모건JP Morgan, 웰스파고Wells Fargo 등이 참여하고 있는 블록체인 개발 프로젝트이며, 서브 프로젝트로 기업용 블록체인이 개발되고 있다. 이 기업용 블록체인을 주도하고 있는 IBM은 2017년 3월에 패브릭Fabric 블록체인을 공개하였다. 여기에는 기업 결제, 상품 추적 및 관리 등을 위한 분산원장 프레임을 포함하고 있으며, 금융권에 한정하지 않고 일반 기업 간 상거래, 사물인터넷IoT 등에도 적용할 수 있도록 개발되는 등 범용 블록체인을 표방한다. 또한, 패브릭은 이해관계자와 응용 프로그램에 따라 새로운 소규모 블록체인채널을 새롭게 생성하는 방식으로 참여자별 정보 접근 권한을 구분하고 있다. 미국 나스닥은 2015년 말 사적 시장private market에 블록체인 기반 시스템인 '나스닥 링크'를 도입해서 비상장주식 발행에 성공했고, 현재 이를 공적 시장public market에 도입하는 안을 검토 중에 있다.

2) 일본

일본 금융업계의 블록체인 기술 활용 동향을 살펴보면 일본은 2016년부터 정부 주도로 4차 산업혁명을 국가 성장 전략의 Key Factor로 삼아 제도 개선 및 혁신 지원 정책을 활발하게 추진 중이다. 2017년에는 핀테크와 결제 고도화를 국가의 전략 분야로 선정하여 현재 블록체인에 기반한 분산원장 기술을 송금, 외환, 실명 인증, 계약 체결 등의 분야에 상용화하는 것을 추진 중이다.

일본 정부는 2016년 '일본 재흥 전략' 및 2017년 '미래 투자 전략'에서 블록체인 기술의 금융 분야에 대한 활용을 공개적으로 언급한 이후 국가 성장 전략 차원에서 블록체인 기술을 금융 분야에 활용하고 금융 인프라를 고도화할 수 있도록 관계 기관 간 협업을 요청하며 본인 인증, 결제, 채권 관련 업무, 물류정보 관리를 블록체인 기술 응용 분야로 예시하였다.

또한, 일본 금융청 산하 '결제 고도화 민간추진회의'는 2017년 1월 일본전국은행연합회 주도로 '블록체인 기술의 활용 가능성과 과제에 관한 검토회'[11]를 설치하고 활용 방안을 연구하고 있다. 일본 금융계는 송금, 본인 인증, 소액 결제 등의 분야에서 블록체인 관련 기술을 실용화하는 단계이다.

- **송금**

  내외외환일원화컨소시엄(內外外換一元化コンソーシアム[12])이하 '외환컨소시엄')은 가상통화인 리플^{Ripple} 플랫폼을 클라우드 서버에 이식한 후, 이를 국내외 송금에 활용 계획으로 개발 단계부터 송금 시스템으로서의 기능을 전제로 한 리플을 클라우드상에 이식하고, 이를 송금 플랫폼으로 하는 'RC Cloud'를 2017년

---

11) 「ブロックチェ.ン技術の活用可能性と課題に.する.討」, 미쓰이스미토모, 미쓰비시UFJ 등 6개 은행, 채권·결제 등 은행업무 관련 IT서비스 제공 4개사, 블록체인 관련 3개 협회, 변호사 및 교수 등 자문위원 5명 및 금융청 등 2개 공공기관 참가

12) 금융지주사인 SBI홀딩스 및 SBI Ripple Asia(SBI그룹과 美 가상통화 개발사 Ripple사의 합작회사)가 주도하고, 미쓰이스미토모, 미쓰비시동경UFJ, 미즈호 등 61개 은행이 참가

3월에 구축 완료하였다. 추가로 2017년 12월 한국의 우리은행, 신한은행과 외환 컨소시엄 내 37개 은행 간 RC Cloud를 통한 해외송금을 위한 RC Cloud 2.0 업그레이드 완료하였으며, 2018년 3월 RC Cloud 2.0에 기반한 개인 간 송금 애플리케이션 'Money Tap'을 출시하고 SBI스미신인터넷 은행, 스루가 은행, 리소나 은행 3개 은행 대상 상용화를 완료하였다.

● 본인 인증

본인 인증 분야는 플랫폼 상용화 단계로 인터넷 인프라 사업자인 GMO Internet(주)는 2018년 1월 블록체인 기술을 활용하여 거래 이력 관리·소액 결제·본인 인증 등의 업무를 처리할 수 있는 비즈니스 플랫폼 'Z.com Cloud 블록체인'을 정식 출시하였다. 라쿠텐 증권은 지문 등 생체정보 기술과 블록체인 기술을 접목시킨 본인 인증 시스템을 '증권컨소시엄'[13] 회원사들과 공동 개발한다.

● 지급 결제

일본 금융청이 2017년 4월 일정 수준의 재무 요건을 갖추고 소비자 보호 조치를 강구한 등록자에 한하여 가상통화를 이용한 결제가 가능하도록 '자금 결제에 관한 법률'을 개정함에 따라 대형 은행은 독자적 가상통화 상용화 실험으로 MUFG 코인, 미즈호머니 등 독자적인 가상통화를 출시하여 스마트폰을 이용한 소액 결제에 활용하는 방안을 검토한다.

---

13) 2018. 4.30일 발족. 증권업계에 블록체인 기술을 응용한 본인 인증, AI 활용 투자 등 신기술을 도입하기 위해 증권사 및 증권 전산 관련 35개 업체가 참가

3) 유럽

• 무역 금융

바클레이즈와 스타트업 기업인 웨이브^{Wave}는 2016년 9월에 블록체인 기술을 활용하여 신용장 기반의 무역 거래를 성사시키는 데 최초로 성공하였다. 무역 거래에는 수입자와 수출자 사이에 다양한 중개자가 존재하는데, 여러 운송회사와 신용장 개설 은행$^{Issuing\ Bank}$, 지급·인수·매입 은행$^{Negotiating\ Bank}$, 통지 은행$^{Advising\ Bank}$까지 상품과 자금이 연동되어 움직이는 각 단계를 입증하기 위하여 수많은 서류 작성과 업무 처리를 필요로 한다. 바클레이즈는 이러한 일련의 무역 거래 세부 과정을 블록체인을 통해 투명하게 공유하고 하나의 원장에 기록함으로써 종이 서류 작성 비용을 줄이고 업무 처리 리스크를 줄일 수 있었다.

그리고 유럽 7개 은행$^{(도이치뱅크,\ HSBC,\ KBC,\ Natixis,\ Rabobank,\ Societe\ Generale,\ Unicredi)}$으로 구성된 디지털 무역 체인 컨소시엄은 중소기업 대상 서비스 제공을 위해 2017년 6월 IBM을 블록체인 기반의 무역 금융 플랫폼$^{Digital\ Trade\ Chain}$ 개발자로 선정하고 개발을 추진하고 있다.

4) 한국

우리나라에서도 증권의 발행, 유통 등을 실물이 아닌 전자적 등록으로 처리할 수 있도록 하기 위해 주식전자등록법이 2016년 3월 제정^{2019년 9월 시행}되었다. 동법에서 규정한 처리 방식은 증권예탁결제원에서 데이터를 집중하여 관리하는 형태로 블록체인과의 직접적인 관련성은 떨어지지만, 머지않은 미래에 상장증권, 투자신탁 수익권, 투자회사 주식 등은 가상공간에서만 존재하면서 온전히 거래될 수 있는 근거를 마련했다는 점에서 초연결 거래소의 출현을 향한 첫걸음을 내디뎠다는 의의를 가진다. 금융권에서는 대규모 협업뿐 아니라 블록체인 기술 개발 및 투자가 활발하게 진행되고 있다.

- **본인 인증**

  2016년 11월 금융위원회 주도로 '금융권 공동 블록체인 컨소시엄'이 출범하여 효율적인 관련 공동 연구 및 파일럿 프로젝트 등을 추진하고 있다. 여기에는 16개 주요 은행과 26개 증권사 등 범 금융권이 공동 참여하고, 첫 번째 과제로 블록체인 기술 기반의 본인 인증 시스템 구축 사업이 채택되어 착수했다. 한국은 본인 인증을 위주로 시범사업 단계로서 2018년 7월 은행권^(KB, 신한, 기업, 하나, 부산, 전북은행)을 중심으로 공인인증서를 블록체인 인증으로 대체하는 시범사업으로 각 금융기관별 공인인증서를 폐지하고 블록체인 기반 인증서 '뱅크사인^{BankSign}'을 금융권에서 도입하고 향후 공공기관과 정부로 확대 적용될 것이다. 이는 2017년 9월 은행연합회가 삼성 SDS를 사업자로 선정하여 블록체인 개인 인증 시스템을 구축하였는데, 향후 금융투자협회의 블록체인 공동 인증 서비스인 체인 아이디^{더루프프랫폼}와 뱅크사인^{넥스레저플랫폼}의 연동을 추진하고 있다.

• 송금 서비스

송금 서비스의 경우 우리은행, 신한은행이 2019년 상반기 중 일본 송금에 한하여 리플 플랫폼에 기반한 송금 서비스를 개시할 계획으로 있으며, 일본계 송금 업체 SBI 홀딩스는 한국의 해외 송금 규모[14)]가 일본의 2배가 넘는다는 점에 주목하여 국내에 송금 전문업체를 설립^(SBI코스머니, 2018년 1월 해외송금업 등록 완료), 기존 은행권 해외 송금 수수료의 1/7 수준의 낮은 수수료율을 마케팅 포인트로 내세우며 한국 송금 시장에 진출했다.

• 보험 지급 및 개인 인증

우리나라에서는 교보생명이 블록체인을 활용한 실손보험료 지급 시스템을 2017년 4월부터 구축하고 있다. 병원 증명서 발급 및 보험사 제출 절차 없이 보험 가입자는 병원비 수납만 하면 자동으로 보험금을 지급받게 된다. 이들 사례는 중개자 없이도 정보 신뢰도를 확보하고 실시간 공유할 수 있게 하는 블록체인의 기본적인 특성을 충실히 활용하는 사례라 할 수 있다.

---

14) 한국은행에 따르면 2017년 개인이 해외에 송금한 금액은 109억 4,000만 달러^(약 12조 1,543억 원)로 2016년^(90억 8,000만 달러·약 10조 879억 원)보다 2조 원 넘게 증가했다. 2018년 시장 규모는 14조 원을 넘어설 것으로 예상된다.

구 분	내용
KB 국민은행	• 국내 핀테크 업체 '코인플러그(coinplug)'에 15억 원 투자, 인증 및 송금 서비스 관련 파트너십 체결('15.9.) •비대면 실명 확인 증빙 자료 보관 시스템 구축('16.4.) • KB국민카드는 국내 금융사 중 최초로 블록체인 기술을 활용한 간편 개인 인증 시스템을 도입('16.10.)
신한은행	• 블록체인 외환 송금 서비스 개발 스타트업 '스트리미(Streami)'와 협업('16.7.) • '신한 골드 안심 서비스' 출시를 통해 금 실물거래가 이뤄질 때 블록체인 기술을 바탕으로 구매 교환증과 보증서 발급('16.8.)
NH 농협은행	• FIDO(Fast Identity Online)기반의 공인인증서 대체 기술 및 생체인증 솔루션을 자사 전체 금융 플랫폼에 탑재('16.8.) • 기존의 지문 인증 서비스에 블록체인 기술을 결합해 보안성을 높여 인터넷 뱅킹으로까지 확대('16.10.)
KEB/하나 은행	• 핀테크 스타트업 인큐베이팅 센터인 '원큐랩(1Q Lab)'을 통해 센트비 등 핀테크 기업과 함께 블록체인 기술을 활용한 해외 송금 서비스 구축('15.6.) • 국내 지급 결제 및 인증 관련 프로젝트를 진행하고 기술검증을 완료('16.11.)
우리은행	• 미국 송금 전문 업체 '머니그램(MoneyGram)'과 협약해 전 세계 200여 개국으로 24시간 송금 가능한 서비스 개시('17.2.) • 디지털전략부 신설을 통해 블록체인과 접목한 사업 모델 개발 계획('17.4.)
IBK 기업은행	• 핀테크 기업 '코빗(Korbit)'과 협력해 블록체인 기반 금융 서비스 개발 착수('16.3.) • 유럽과 아프리카 간 비트코인 송금 서비스를 제공하는 케냐의 비트코인 스타트업 '비트페사(BitPesa)'와 공동 협력을 위한 업무 협약 체결('16.7.)
KRX 한국거래소	• 블록체인 전문 기업 '블로코(Blocko)'와 협력하여 장외주식 거래를 위한 'KSM(KRX Startup Market) 시스템' 개발('16.9.) • 블록체인 기술 발전을 위한 글로벌 협력 조직인 '하이퍼레저(Hyperledger)' 가입('17.4.)
교보생명	• '사물인터넷(IoT) 활성화 기반 조성 블록체인 시범사업'으로 '보험금 청구 자동화 서비스' 선정 ('17.4)

[표 5-5] 국내 금융기관 블록체인 관련 사업 현황

자료: 금융보안원 등 각 기관 홍보자료 활용하여 작성

제6장

암호화폐 보안 위협

- 기태현 -

블록체인 보안 위협 분석과 대응 방안 제안

흔히 블록체인은 보안이 강화된 시스템이라고 인식되고 있지만, 블록체인은 여러 보안 기능 중 원장 정보에 대한 무결성과 비가역성을 제공하는 데 집중되었으며 다른 보안 기능이 부족한 경우가 많다. 예를 들어 비트코인 등의 퍼블릭 블록체인은 원장 정보를 누구나 확인할 수 있기 때문에 기밀 정보를 저장하기에 부적합하다. 또한, 일부 블록체인의 경우 높은 수준의 사용자 익명성을 제공하지 못하기 때문에 참여자의 프라이버시를 침해할 가능성이 있다. 이를 해결하기 위해 인증과 정보의 암호화, 영지식 증명 기반의 익명성 제공 방식이 진행되고 있다.

블록체인 기술은 원장에 기록된 정보의 무결성을 강하게 보장하지만, 상대적으로 정보의 기밀성과 사용자 인증 및 접근 제어 등 다른 보안 기능을 충분히 제공하지 못하고 있다. 특히 프라이빗 블록체인을 사용하려는 기업의 경우 이런 보안 기능이 필수적인 요구사항이며, 기존 보안 기술과 블록체인의 결합을 통해 보안 위협을 해소하려는 연구가 진행되고 있다. EU 산하의 ENISA와 금융보안원에서는 금융권에서 블록체인 시스템을 도입할 때 고려해야 할 보안 이슈를 제시했다.

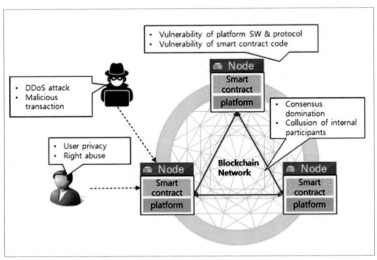

[그림 6-1] 블록체인 주요 보안 위협과 대상

Threat		Countermeasure
transaction validation & consensus	consensus domination	monitoring consensus status
	collusion of internal participants	verification based on anchoring
privacy & access control	privacy	adopting FHE
	right abuse	smart contract based access control
blockchain software security	vulnerability of SW & protocol	standard, certification
	vulnerability of smart contract	detecting vulnerability focused on smart contract
blockchain service security	DDoS attack	spam filtering based on reputation
	malicious transaction	fraud detection system for blockchain

[표 6-1] 블록체인 보안 위협 대응 방안

공격자의 합의 장악과 내부 참여자의 담합

퍼블릭 블록체인의 경우 공격자가 과반수를 장악하면 거래의 검증 과정과 블록 내용을 조작할 가능성이 있다. 이런 공격은 현실적으로 힘들 것이라고 예상했지만, 실제로 비트코인에서 채굴을 위한 해시파워가 중국 내의 몇몇 채굴장에 집중되면서 51% 공격의 실현 가능성에 대한 우려가 높다. PoW 방식은 특정 채굴장의 담합에 취약할 수 있으며, 이는 PoS, DPoS 등 다른 합의 알고리즘도 마찬가지이다. 이를 대응하기 위해서는 공격자의 합의 주도권 장악을 감시할 수 있는 합의 현황 모니터링 기술이 필요하다. 이를 통해 퍼블릭 블록체인 거래뿐만 아니라 채굴에 성공하고 신규 블록을 생성한 주체에 대한 신원도 투명하게 확인할 수 있다. 정보 수집·분석을 통해 합의 현황을 모니터링하고 특정 집단에게 합의가 편중되었는지 혹은 잘못된 합의가 시도되는지 감시해서 공격자의 장악에 대응할 수 있다.

프라이빗 블록체인의 경우 공격자가 내부 참여자에 침투해 장악할 위험성을 가지고 있다. 그리고 외부의 공격이 아니라, 폐쇄적인 시스템 내부 참여자들이 악의적으로 담합을 해서 블록체인 내용을 위변조할 가능성을 염두에 두어야 한다. 블록체인 내부 참여자의 담합을 방지하고 대외 투명성을 확보하기 위해서는 앵커링에 기반한 검증 방식을 제안한다. 앵커링은 프라이빗 블록체인과 퍼블릭 블록체인을 연계하는 기술로 이를 기반으로 보안 대상인 프라이빗 블록체인의 대표 해시값을 주기적으로 비트코인 등의 퍼블릭 블록체인에 기록하고, 내부 담합이 의심되면 이 기록과 프라이빗 블록체인 정보를 비교해서 검증을 수행해 내부 담합으로 프라이빗 블록체인 내용을 변경하려는 시도를 방지할 수 있다.

프라이버시 침해와 권한 오남용

퍼블릭 블록체인은 공격자가 모든 거래 내역과 정보를 쉽게 볼 수 있기 때문에 참여자의 프라이버시를 침해할 가능성이 높다. 또한, 스마트 계약 코드가 실행 중에 사용자 개인정보에 접근해서 개인정보 침해가 발생할 가능성도 있다.

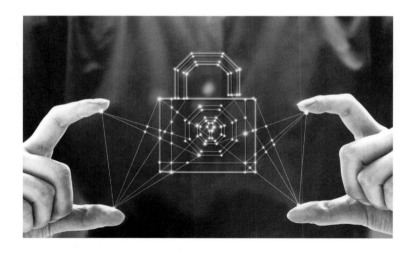

사용자의 프라이버시 보호를 위해 익명성을 강화해야 한다. 이를 위해 완전동형암호$^{Fully\ Homomorphic\ Encryption}$의 적용이 필요하다. 완전동형암호는 암호화된 정보의 복호화 없이 정보의 처리 및 연산이 가능하다. 블록체인 내의 사용자 정보와 거래 내역에 대해 이를 적용해서 개인정보의 유출을 방지하고 거래 내역을 숨겨 익명성을 강화할 수 있다.

탈중앙화된 블록체인 시스템에서는 참여자들에 대한 접근 제어와 권한 통제에 어려움이 있다. 특히 프라이빗 블록체인에서는 특정 참여 노드나 내부 직원의 권한 오남용으로 정보의 조작과 보안 사고가 발생할 가능성이 높다. 참여자들의 권한을 제어하고 오남용을 방지하기 위해서는 블록체인 내에서의 접근 제어가 필요하다. 스마트 계약 기반의 접근 제어를 도입할 필요가 있다. 이는 참여자 권한에 대해 설정된 정책 자체가 스마트 계약의 형태로 배포되며, 요청에 대한 접근 제어도 스마트 계약 시행을 기반으로 동작한다. 이 방식은 분산 환경에서 누구나 정책을 검증할 수 있고, 자동화되고 안전한 방식으로 접근 제어를 수행할 수 있다.

04

SW와 프로토콜과 스마트 계약 코드의 취약성

블록체인 시스템의 개념과 기술들도 결국 소프트웨어의 형태로 구현되며, 블록체인 소프트웨어에 취약점이 존재할 가능성이 높다. 또한, P2P 네트워크 형태로 정보를 전송하는 프로토콜 내에도 취약점이 존재할 수 있다. 이런 문제점을 보완하기 위하여 블록체인 소프트웨어에 대해 자체적인 혹은 외부 신뢰 기관을 통한 코드 분석 및 검증 과정을 거쳐야 한다. 또한, 코드 및 프로토콜의 취약점을 탐지하고 개선해야 한다. 이를 위해서는 블록체인 소프트웨어와 프로토콜의 표준화 및 인증 제도가 시행되어야 한다.

스마트 계약 코드도 소프트웨어와 마찬가지로 결함과 취약성이 존재할 수 있으며, 스마트 계약 코드에 대한 분석 및 검증 과정이 미약한 상황이다. 또한, 스마트 계약 코드는 전파를 통해 모든 블록체인 노드에서 실행되기 때문에 위험성이 더 증폭된다. 예를 들면 이더리움 플랫폼의 DAO 사건 등이 실제로 발생하기도 했다. 스마트 계약이 배포되기 전에 코드 분석과 검증을 통해 결함과 취약성 분석, 악성 코드 담지 작업이 선행되어야 한다. 기존에 SW 취약성 탐색을 위해 Peach Fuzzer, Driller, KLEE, Cloud9 등의 도구들이 제안되었지만, 스마트 계약은 실행을 위한 Gas 소비 등 기존 SW와 차이점이 많다. 이를 개선하기 위해서는 스마트 계약 코드의 특성을 고려하고 Solidity 등의 스마트 계약 전용 언어를 기반으로 하는 새로운 SW 취약성 탐지 기술의 개발이 필요하다.

DDoS 공격과 비정상 거래 탐지의 어려움

블록체인은 분산 형태이기 때문에 중앙 집중 형태에 비해 가용성이 높다. 하지만 공격자가 블록체인의 가용성을 저하시키는 DDoS 공격이 가능하며 대량의 스팸 거래 발생을 통한 공격이 비트코인에 대해 발생하기도 했다. 이러한 형태의 DDoS 공격에 대해서는 아직까지 분석이 부족한 상황이며, 대응도 어렵다. DDoS 공격에 대응하기 위해서는 정상 거래와 스팸 거래를 분류하고 차단할 수 있는 기술의 개발이 필요하다.

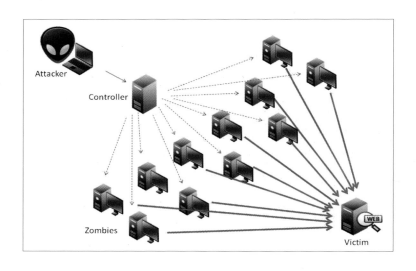

사용자들의 평판 관리를 기반으로 스팸 거래를 차단하는 기술
을 적용해야 한다. 기존 시스템과 달리 블록체인에서는 거래를 발
생시킨 사용자의 신원을 확인할 수 있다. 사용자의 평판 자체도
블록체인을 기반으로 관리하며, 지속적으로 스팸 거래를 발생시
키는 사용자의 평판도를 낮추게 된다. 특정 공격 집단이 대량의
스팸 거래를 발생시키면 해당 사용자들의 평판이 낮아지고, 발생
한 스팸 거래를 사전에 차단함으로써 블록체인의 가용성을 유지
할 수 있게 된다.

퍼블릭 블록체인은 (유사)익명성을 가지기 때문에 거래 사기,
자금 세탁 등 비정상 거래에 대한 탐지가 어렵다. 또한, 블록체인
의 특성상 수행된 거래를 취소할 수 없기 때문에, 비정상거래에

대한 복구가 어렵다. 블록체인 내의 거래를 감시하고 거래 사기 및 자금 세탁 등을 탐지할 수 있는 방안을 마련해야 한다. 머신러닝 기반의 이상 거래 탐지 시스템의 도입이 그 대안으로 현재 국내외 금융권에서는 기존 시스템에 이상 거래 탐지 시스템[FDS]을 활용하고 있다. 또한, 블록체인에 특화된 FDS를 개발해 블록체인 내의 이상거래를 탐지할 수 있도록 할 필요가 있다.

제7장

법과 제도의 준비 현황과 과제

- 신용우 -

01

법과 제도의 정비

 블록체인 산업을 발전시키는 주체는 당연히 민간이라고 할 수 있지만, 국가 정책을 수립하고 예산을 집행하는 정부, 입법 활동을 하는 국회의 뒷받침이 있어야만 민간의 노력이 꽃을 피울 수 있다. 블록체인 기술 및 산업 발전을 위하여 공공 분야에서는 무엇을 준비해야 할까? 법제도적 불확실성 해소를 위한 노력, 이해관계 조정을 위한 거버넌스 정립, 공공 분야 기술 도입을 들 수 있다. 하나씩 살펴본다.

 블록체인 기술은 단순한 요소 기술을 넘어서 사회·경제 시스템 자체를 변화시키는 잠재력을 갖고 있다. 사회 곳곳에 자리 잡고 있는 수많은 중간 단계를 제거하여 효율을 높이고 직접적인 거래와 소통이 가능하도록 만든다. 이러한 시스템적인 특징으로 인하여 블록체인 기술 적용 시 기존의 법제도로 규율하기 어렵거나 상충하는 측면이 발생할 수 있다. 아울러 블록체인에 담겨진 내용은 사실상 위변조가 불가능하므로 이러한 특징을 적극적으로 활용하기 위한 법제도적 뒷받침이 필요할 수 있다.

과학기술정보통신부는 2018년 9월부터 '블록체인 규제 개선 연구반'을 발족하여 ▶ 블록체인에 기록된 개인정보 파기 관련 기술적 대안 및 법령 개정 방안, ▶ 분산형 전자 시스템 적용을 가로막는 법·제도 현황 분석, ▶ 스마트 계약과 민법상 일반 계약의 차이로 인해 발생하는 법적 쟁점 검토, ▶ 분산원장 시스템을 통해 저장된 전자문서 인정 여부, ▶ 분산원장 시스템이 적용된 전자문서의 법적 효력에 관하여 논의하고 동년 12월 연구 성과를 발표하였으며[1], 올해에는 블록체인 확산 가능성이 높은 5대 전략 산업 분야^(물류, 유통, 공공 서비스, 헬스케어, 금융, 에너지)를 선정하여 규제 개선 방안을 연구하고 있다.[2]

국회에서도 발 빠르게 움직이고 있다. 현재까지 블록체인 기술과 관련된 법률안 현황과 주요 내용은 [표 7-1]과 같다.

법안명	발의 의원	진행상황	주요 내용
전자서명법 (일부 개정안)	박성중 (2018. 3. 7.)	과방위 소위 심사중 ('18.11.27. 축조심사)	• 블록체인 기술 기반의 전자서명 중 대통령령으로 정하는 기술적·관리적 요건을 갖추어 과기정통부 장관이 지정한 전자서명은 공인 전자서명과 동일 효력을 갖는 것으로 규정
전자서명법 (일부 개정안)	신용현 (2018. 4. 6.)	과방위 소위 심사중 ('18.11.27. 축조심사)	• 블록체인 기술을 "구성원 간 직접 연결 방식을 기반으로 각각의 정보가 저장된 블록이 사슬처럼 연결되는 분산화된 정보 처리 기술"로 정의 • 블록체인 기술을 "구성원 간 직접 연결 방식을 기반으로 각각의 정보가 저장된 블록이 사슬처럼 연결되는 분산화된 정보 처리 기술"로 정의

---

1) 과학기술정보통신부 보도자료, 「민간주도로 블록체인 규제애로 해소방안을 찾는다」, 2018. 12. 17.
2) 과학기술정보통신부 보도자료, 「선제적 규제 연구로 블록체인 시범사업 본격 확산에 대비한다. - 과기정통부, 제2기 블록체인 규제 개선 연구반 운영」, 2019. 5. 21.

			• 블록체인 기술 기반의 전자서명 중 대통령령으로 정하는 기술적·관리적 요건을 갖추어 과기정통부 장관이 지정한 전자서명은 공인 전자서명과 동일 효력을 갖는 것으로 규정
전자문서법 (일부 개정안)	신용현 (2018. 4. 6.)	과방위 소위 심사 중 ('18.11.27. 축조심사)	• 전자문서에 일반적인 서면으로서의 효력 부여 • 블록체인 기술을 활용한 정보를 전자문서에 포함
위치정보법 (일부 개정안)	오세정 (2018. 4. 6.)	과방위 소위 회부 ('18.9.19.)	• 위치정보 처리 방식으로서 '파기' 외에 '기술적 조치를 통해 내용을 확인할 수 없는 형태의 폐기'를 추가
개인정보 보호법 (일부 개정안)	권은희 (2018. 4. 6.)	행안위 소위 회부 ('18.8.21.)	• 개인정보 처리 방식으로서 '파기' 외에 '기술적 조치를 통해 내용을 확인할 수 없는 형태의 폐기'를 추가
블록체인 진흥 및 육성 등에 관한 법률안 (제정안)	이상민 (2019. 3. 25.)	미상정	• 목적: 블록체인 기술 연구기반 조성, 산업 진흥 • 과기정통부 장관이 기본계획 수립(2년 주기) • 표준화사업 지원, 전문인력 양성, 지재권 보호 • 창업 활성화, 블록체인 연구개발특구 지정·조성, 중소 블록체인 사업자 특별지원 등
블록체인 산업 진흥에 관한 법률안 (제정안)	송희경 (2019. 4. 5.)	미상정	• 목적: 블록체인 기술 촉진 및 산업 기반 조성 • 과기정통부 장관이 종합계획·시행계획 수립 • 기술개발 촉진(동향·수요 조사, R&D 평가 등) • 표준화 지원, 전문인력 양성, 지재권 보호 • 창업 활성화, 블록체인 진흥단지 지정·조성, 중소 블록체인 사업자 특별지원 등 • 공정한 거래 질서 구축

[표 7-1] 블록체인 기술과 관련된 법률안 현황과 주요 내용

외국의 주요국에서도 블록체인 기술을 적용할 경우 발생할 수 있는 법적 문제에 관한 연구가 진행 중이며, 일부 입법화가 진행되기도 하였다. 미국의 경우 일부 주州에서 블록체인상 정보의 법적 효력을 인정하는 법안을 통과시켰는데, 연방 차원의 법률은 아직 마련하지 않고 있다. 유럽의 경우 블록체인 관련 법제도 연구가 진행 중이다. 유럽집행위원회 산하 정책 모니터링 및 소통 기구에서는 2018년 10월 개인정보 보호 규정인 GDPR과 블록체인 기술 간 상충 문제를 다룬 보고서를 발간하였다. 이 보고서에서는 블록체인상에서 개인정보를 다룰 경우 개인정보 처리자의 특정, 개인정보의 익명화, 개인정보 파기·삭제 등이 문제된다고 하면서 아직 명확한 해결책이 없는 상황에서 심도 있는 연구가 진행되어야 한다고 강조하였다.[3]

아울러 프랑스의 개인정보 보호기관인 CNIL 역시 2018년 11월 GDPR을 준수하면서 블록체인상에서 개인정보를 다루는 방법을 제안하는 보고서를 발간하였다.[4]

블록체인이 당장 사회를 변모시키진 못하는 만큼 성급하게 입법을 추진할 필요는 없다. 그러나 블록체인이 만드는 미래 청사진에 대한 진지한 고민과 함께 이를 뒷받침할 바람직한 법 제도에 대한 연구를 지속해 나갈 필요가 있다.

---

3) The European Union Blockchain Observatory and Forum, "Blockchain and The GDPR", 2018. 10.
4) CNIL, "Blockchain and the GDPR : Solutions for a responsible use of the blockchain in the context of personal data", 2018. 11. 6.

암호화폐 정책 불확실성 제거를 위한 노력

암호화폐가 블록체인 기술 발전에 필수적인 요소인가, 아니면 단순 사기에 불과한 것인가? 암호화폐 가격이 고점 대비 하락한 상황에서도 여전히 논란이 되고 있다. 암호화폐가 사회적 이슈로 부각된지 얼마 되지 않아 현재 시점에서 판단하기는 쉽지 않다. 향후 블록체인 기술의 발전 추이와 적용 사례들이 나와야 암호화폐에 대한 정확한 평가가 가능할 수도 있을 것이다.

그러나 개방형 블록체인$^{public blockchain}$의 경우 네트워크 형성 및 운용에 있어 인센티브가 필수적이므로 암호화폐를 제외할 수가 없다. 폐쇄형 블록체인$^{private blockchain}$의 경우에도 원활한 자산 거래에 자체 암호화폐가 도움이 될 수 있다. 이렇듯 블록체인 생태계 조성에 있어 암호화폐의 역할을 충분히 고민할 필요가 있다.

암호화폐가 사회적으로 논란이 됨에 따라 국회에서도 관심을 가지며 암호화폐, 거래소 및 ICO에 관한 법률안을 다수 발의하였으며, 관련된 법안의 주요 내용 및 진행 상황은 [표 7-2]와 같다.

법안명	대표 발의	진행상황	주요 내용
전자금융 거래법 (일부 개정안)	박용진 의원 (2017. 7. 31.)	정무위 소위심사 중 ('18.11.23. 상정)	• 거래소 인가제, 시세 조종 행위 및 자금세탁 행위 금지, 방문판매 금지, 이용자 설명의무 등 거래소 행위 규제 • 가상통화 예치금 예치, 피해보상계약 체결 등으로 이용자 보호
가상화폐업에 관한 특별법 (제정안)	정태옥 의원 (2018. 2. 2.)	정무위 소위심사 중 ('18.11.23. 상정)	• 거래소 인가제, 미공개 중요 정보 이용·시세 조종·부정거래·시장질서 교란 등 금지, 자금세탁행위 금지, 방문판매 금지, 실명 확인 및 미성년자 거래 금지 등 • 가상화폐 예치금 예치·신탁으로 이용자 보호
암호통화 거래에 관한 법률 (제정안)	정병국 의원 (2018. 2. 6.)	정무위 소위심사 중 ('18.11.23. 상정)	• 거래소 등록제, 시세 조종 행위 및 자금세탁 행위 금지, 이용자 설명의무 등 • 가상통화 예치금 예치, 피해보상계약 체결 등으로 이용자 보호
특정 금융 거래 정보의 보고 및 이용 등에 관한 법률 (일부 개정안)	제윤경 의원 (2018. 3. 21.)	정무위 소위심사 중 ('18.11.23. 축조심사)	• 가상통화 취급업소 관련 금융정보분석원 신고 의무 • 이용자별 거래내역 분리로 자금세탁·공중협박자금조달 방지
전자상거래법 (일부개정안)	채이배 의원 (2018. 4. 6.)	정무위 소위심사 중 ('18.11.26. 축조심사)	• 공정위·소비자원·금감원·KISA 합동 조사 실시 근거 마련 • 재산보호조치 미이행시 무과실책임
전자금융 거래법 (일부개정안)	하태경 의원 (2018. 9. 27.)	정무위 소위심사중 ('18.11.23. 상정)	• 거래소 허가제, 시세조종행위 금지, 미공개 중요정보 이용 금지, 이용자 설명의무 등 • 금융위에 암호통화발행심사위원회 신설
디지털 자산 거래 진흥법 (제정안)	김선동 의원 (2018. 11. 21.)	정무위 소위회부 ('18.12.27.)	• 거래소 인가제, 실명 확인, 거래질서 교란행위 금지, 거래소 무과실책임 등 • 디지털 자산 거래업에 대한 금융위 인가 및 디지털 자산 거래 위원회 설치 • 실증을 위한 규제 특례(분산원장 기술 심의위원회)

특정 금융 거래 정보의 보고 및 이용 등에 관한 법률 (일부 개정안)	전재수 의원 (2018. 12. 12.)	정무위 소위회부 ('19. 3. 27.)	• 디지털 토큰(암호화폐) 취급 업소에 의심거래, 고액거래 보고의무, 고객 확인의무 등 부과
특정 금융 거래 정보의 보고 및 이용 등에 관한 법률 (일부 개정안)	김병욱 의원 (2019. 3. 18.)	미상정	• 금융회사 등에 가상자산 취급업소 추가 • 가상자산 취급업소의 신고의무, 고객 신원확인 의무, 의심거래 및 고액 현금거래 보고 의무 • 금융회사등은 가상자산 취급업소의 신고의무 이행 여부 확인, 미이행 시 금융거래 거절
특정 금융 거래 정보의 보고 및 이용 등에 관한 법률 (일부개정안)	김수민 의원 (2019. 6. 12.)	미상정	• 금융회사 등에 가상화폐 취급업자 추가 • 가상화폐 취급업자의 신고의무, 고객 신원확인 의무, 의심거래 및 고액 현금거래 보고 의무 • 가상화폐 취급업자의 거래 범위 등 신고의무 및 자금세탁방지 등을 위한 조치의무

[표 7-2] 암호화폐 관련 법률안(2019.6.27 기준)

최근 있었던 암호화폐 열풍은 투기적 성향이 있었던 것이 사실이다. 그러나 블록체인에 필수적인 요소로서 실제로 많은 사람이 거래하고 있는 현실에서 암호화폐 제도화 여부, 거래소 규제 및 투자자 보호 방안, 자금세탁 방지 방안 등 다양한 쟁점들을 고민하고 법제도를 정비하는 노력이 필요하다.

이해관계 조정을 위한 거버넌스 정립

블록체인 기술은 다양한 분야와 연계되며 현행 사회 시스템을 변화시킬 잠재력을 갖고 있어 이해관계가 충돌할 가능성이 높다. 암호화폐 논란도 기존 금융권과의 갈등 문제로 볼 수 있다.

이에 따라 여러 정부 부처와 이해관계자들이 함께 논의하고 연구하는 장을 만들 필요가 있다.

유럽집행위원회는 2018년 2월 유럽의회 지원하에 블록체인 관련 정책 및 전문 지식을 모니터링·분석하고 소통하는 기구[EU Blockchain Observatory and Forum]를 출범시켰으며, 글로벌 동향 파악, 보고서 발간 등 활발한 활동을 이어가고 있다.

우리나라의 경우 4차산업혁명위원회 2기 위원으로 블록체인 관련 전문가들이 위촉되어 본격적 논의가 가능할 것으로 기대된다. 다만 4차산업혁명위원회은 정책 조정 및 심의가 주된 기능으로서 직접적인 연구를 수행하기는 어려우므로 별도의 기구에서 글로벌 동향 파악 연구를 진행할 필요성도 있다. 나아가 블록체인·암호화폐는 인공지능 기술과는 다른 관점에서 이해하고 정책을 조율할 필요가 있으므로, 인공지능 기술 및 그로 인한 사회 파급력에 관한 정책을 조정하는 4차산업혁위원회와 별개로, 이해관계자 조정 역할을 별도의 기구 설립을 추진하는 방안도 검토해 볼 수 있을 것이다.

04

공공 분야 도입

블록체인 산업은 민간이 주도해야겠지만, 산업 태동기에는 정부의 마중물 역할도 중요하다. 정부의 R&D 및 시범사업이 단초가 되어 신기술이 개발되고 산업에 적용되는 사례는 많다.

주요국들은 블록체인 기술의 가능성에 일찍이 주목하여 공공 분야에 적극적으로 도입하는 정책을 수립·추진하고 있다. 영국은 2016년 1월 「Beyond Blockchain」 보고서[5]에서 블록체인을 통한 공공 서비스 추진 전략을 밝혔으며, 두바이는 2016년 10월 「Dubai Blockchain Strategy」를 발표하면서 2020년까지 블록체인 기반의 정부 시스템을 구축하겠다고 밝혔다.[6]

우리나라 과기정통부는 2018년 6월 온라인 투표 등 6개의 시범사업을 추진하였으며, 2019년에는 블록체인 기반 맞춤형 의료 서비스 시스템 구축 등 12대 공공 선도 시범사업을 선정하여 추진하고 있다. 아울러 서울시·제주도 등 지자체에서도 여러 시범사

---

5) UK Government Chief Scientific Adviser, "Distributed Ledger Technology: beyond block chain", 2016. 1.
6) Dubai Blockchain Strategy 홈페이지

업을 추진하고 있다. 블록체인 기술에 대한 청사진을 갖고 과감히 투자하여 블록체인 기술·산업 발전을 견인할 필요가 있다.

공공 분야에서 사용되는 폐쇄형 블록체인은 현행법과 상충될 가능성이 적고 합의 알고리즘 구현이 용이하여 신속한 도입이 가능할 것으로 보인다.

05

특금법 경과와 당면 과제

1) 경과

변종 코로나 바이러스로 사회가 불안정한 분위기인데다 20대 국회 마지막 회기임에도 어렵게 3월 5일 열린 국회 본회의에서 '특정금융거래의 정보보고 및 이용에 관한 법률 개정안'이 통과되었다. 비록 시행 시기가 1년 이후이기는 하지만 이로서 가상자산이 본격적으로 제도권에 진입하게 되었다. 비트코인으로 시작된 암호자산 화폐는 화폐의 중앙은행 탈피라는 점 때문에 2016년 이후 세계 여러 나라에 엄청난 충격을 주었다. 우리나라는 지난 2017년 7월부터 국회의 박용진, 정태옥, 정병국, 제윤경, 채이배, 하태경, 김선동, 전재수, 김병욱, 김수민 의원 등이 관련법을 발의해 법사위에 심의를 받아 왔다. 그러나 일본과 북유럽 몇 개 나라를 제외하고 한국을 비롯한 대다수의 정부는 '뜨거운 감자' 코인을 적극적으로 관리하지 않고 방치 수준으로 일관해 왔다. 이로 인해 시장

에는 금융 사기에 가까운 많은 일들이 일어나 홍역을 치렀다. 그
동안 사단법인 한국블록체인기업진흥협회는 대통령 직속의 4차
산업혁명위원회와 국회, 그리고 이 분야 전문가들과 다양한 소통
을 통해 관련법의 필요성을 주장해 왔다. 이 법은 우리나라가 미
래화폐 경제의 기초석을 놓았다는데 큰 의미가 있다. 이 법의 개
요는 다음과 같으며, 더 자세한 내용은 국민참여입법센터에서 의
안번호 24776으로 자세히 알아볼 수 있다.

특정 금융거래정보의 보고 및 이용 등에 관한 법률 일부개정법률안(대안)

발의정보／정무위원장, 제2024776호(2020. 3. 5.).
제376회 국회(임시회)의안원문 ／ 제안이유 및 주요내용

■ 제안 이유

- 가상자산 거래는 익명성이 높아 자금세탁 및 공중협박자금
  조달의 위험성이 높음에도 불구하고 현재 그 위험성을 예방
  하기 위한 법·제도적 장치가 마련되어 있지 않은 상황임.

- 한편, 주요 20개국[G20] 정상회의와 자금세탁방지기구[FATF] 등
  국제기구에서는 자금세탁방지 및 공중협박자금조달금지를
  위한 국제 기준을 제정하고, 회원국들에게 이를 이행할 것
  을 요구하고 있음.

- 이에 가상자산 사업자에 대해서도 자금세탁 행위 및 공중협
  박자금 조달 행위의 효율적 방지를 위한 의무를 부과하고,
  금융회사가 가상자산 사업자와 금융 거래를 수행할 때 준
  수할 사항을 규정하기 위한 것임.

■ 주요 내용

가. 가상자산을 정의하고, 가상자산과 관련한 거래를 영업으로 하는 자를 가상자산 사업자로 정의함^{안 제2조 제1호, 제2호, 제3호}.

나. 금융회사 등은 가상자산 사업자와 금융 거래를 할 때 가상자산 사업자의 신고의무 이행 여부 등을 추가적으로 확인하도록 하고, 가상자산 사업자가 신고의무를 미이행한 것이 확인되는 등의 경우에는 금융거래를 거절하도록 함^{안 제5조의2 제4항}.

다. 가상자산 사업자의 경우 금융정보분석원의 장에게 상호 및 대표자의 성명 등을 신고하도록 하고, 미신고 영업 시 처벌 규정을 신설함^{안 제7조, 제17조 및 제19조}.

라. 가상자산 사업자가 불법재산 등으로 의심되는 거래의 보고 및 고액 현금 거래 보고 등의 이행을 위하여 고객별 거래 내역을 분리하고 관리하도록 하는 등의 조치해야 할 사항을 규정함^{안 제8조}

■ 부대 의견

금융위원회는 제7조 제8항 개정 규정과 관련하여 실명 확인이 가능한 입출금 계정 개시 기준 및 조건에 대한 시행령 입안 과정에서 법률 개정의 취지가 제대로 반영될 수 있도록 국회와 긴밀히 협의한다.

ㄹ) 당면 과제

1차 목표인 제도권 진입이 달성되었으니 2차로 이 법에 대한 보완을 해야 할 단계이다. 이 분야 전문가들이 얘기하는 시장 위축 우려에 대한 대안을 마련해야 하는 과제를 정리하면 다음과 같다.

- 제정될 시행령 등을 통해 시장을 위축시키는 방향으로 악용될 수 있다는 점에 대한 대안
- 초기 대규모 진입 자본금이 자본 능력이 열악한 스타트업체들에게는 높은 진입장벽이 되어 다양하게 경쟁을 하면서 커갈 수 있도록 해야 하는 생태계 자체가 무너지지 않도록 하는 대안
- 금융 거래에 해당하는 가상자산 사업 관련 행위, 가상자산 사업자가 금융정보분석원 FIU의 장에게 신고해야 하는 사항 및 신고 말소 사유, 가상자산 사업자가 취해야 하는 조치 등 상당부분이 대통령령으로 위임되어 있기 때문에 대통령령이 가산자산 사업자에 적대적으로 제정될 경우 시장이 위축될 수 있는 점에 대한 대안
- 신고 요건^{실명 계좌}이 포함된 법안 내용에 "매매나 중개형이 아닌 대부분 가상자산 사업에 실명 계좌 요건을 법률상 요건으로 못박아 정부가 예외적으로 면제해 줄 권한을 가진 것은 과도하다. 이 법안이 잘못 운용되면 자금세탁방지^{AML}가 아닌 산업 규제가 된다. 이에 대한 대안
- 금융정보분석원이 실명 계좌가 필요한 사업 모델을 명시하고

나머지는 실명 계좌가 필요하지 않다는 식으로 규정, 즉 네거
티브 방식으로 '가상자산 사업신고시 실명계좌 면제 규정'을
정하는 방안

- 금융위가 돈세탁 방지 가이드라인을 개정해 은행이 실명 계
좌 발급을 거부할 수 있는 사유를 구체적으로 명시하고 함부
로 실명 계좌 발급을 거절할 수 없게 하는 대안

- 가장자산 사업의 구체적인 내용은 시행령에서 정하여지는 부
분이 있는 만큼 산업의 안착을 위해서는 정부 및 금융기관의
자의적 판단이 아닌 업계 관계자들도 수긍할 수 있는 공정한
기준을 제시할 대안

- 가상자산 시장 육성 발전을 위해 21대 국회에서 보완해야 할
내용

제8장

블록체인의 글로벌 프로젝트

- 김호진 -

01

블록체인의 유용성

　현재 여러 국가에서 혹은 기업 단위로 블록체인 프로젝트를 기획 단계에서 벗어나 진행 단계에 있는 곳도 꽤 여러 곳이 있다. 이는 그간에 여러 기술이 동원되었으나 큰 매력을 느끼지 못하고 데이터 보호의 한계를 느낀 기업과 국가 의지의 사업 수행이라고 할 수 있다.

　최근들어 많이 사용하고 거의 하루에도 몇 개씩 개별적으로 혹은 기업적으로 발행하는 코인은 블록체인이 화폐와 금융, 그리고 유통 분야에 적용된 하나의 예이며, 암호화폐, 즉 우리가 많이 거론하는 블록체인이 추구하는 분권화와 탈중앙화의 가치에 기반해 공인된 거래 중개자 없이도 네트워크 참가자들 간 거래를 가능케 하는데 이러한 가능성과 실효성은 높은 보안 과정에 의지하는 것을 부인할 수 없다. 블록체인은 우리 실생활에 없어서는 안 될 금융 시스템 보안기술에 대해 상당한 기간 유지될 기술로 평가되고 있다.

미래학자이자 『블록체인 혁명Blockchain Revolution』의 저자 돈 탭스콧Don Tapscott은 블록체인에 의한 정보의 투명성과 신뢰성 향상의 가치는 기존의 '정보의 인터넷Internet of Information'에서 '가치의 인터넷Internet of Value' 시대로의 변화를 이끌 것으로 전망하고 있어 인터넷의 범용화에 따른 수단에서 재화의 축적으로 개념을 평가하였다. 그가 평가한 대로 정보의 인터넷에서 가치의 인터넷으로의 축 이동은 대단한 변화를 가져오게 한다. 즉 블록체인 혁명으로 가치의 인터넷에서 부를 축적하고 창조할 수 있는 개념으로 변화하고 있다는 의미이다. 이런 추세를 반영하듯 우리나라에서 인터넷 세상을 기반으로 부를 가장 많이 축적하였다고 평가받는 게임업체들은 이미 여러 기업에서 블록체인을 도입하여 기술 선도에 앞장서고 있다.

신개념의 세계 10대 유망 기술

세계경제포럼^{World Economic Forum}은 블록체인을 미래 10대 유망 기술 중 하나로 선정하였으며, 2030년대에는 세계 GDP의 10%가 블록체인 기술에 기반할 것으로 예측하는 등 블록체인의 미래 혁신에 대한 기대는 점점 더 높아지고 있다.[1] Blockchain Revolution Global^{BRG}은 2019년 4월 24일부터 25일까지 토론토에서 개최되었는데 BRG는 블록체인 기술이 비즈니스와 정부에 가져올 혁신과 기업의 미래 성장 가치에 큰 기여를 할 것이라 예측하고 있다.[2] 이 모임에서는 20개 이상의 산업 분야에서 블록체인을 통한 통합된 협업 환경을 조성하며 글로벌 엔터프라이즈 및 정부 블록체인 커뮤니티의 수직 및 수평 변환에 대해 논의하였다. 또 다가올 미래 산업의 꽃인 블록체인의 산업적 활용을 위한 법·제도적 시스템 구축도 고려해야 할 중요한 이슈 중 하나로 다루어졌다. 이는 이 기술 자체가 현존하는 문제점을 가까운 장래에 뚫고 나갈

---

1) 김보림, 다보스포럼 10대 유망기술, 융합위클리팀, vol. 60, 2017/02
2) Blockchain Revolution Global (BRG), 토론토 블록체인 세미나, 2019. 4. 24.

기술로서 성장할 것임을 예고하고 있다.

[표 8-1]에서 보듯이 미래 유망 기술에서 나노 관련 기술은 지속적으로 선정되고 있어 별 변화가 없으나 뇌를 대신하는 로봇틱 관련, 자동차 관련, 인공지능 관련, 자율주행 자동차 관련 전지 관련 내용들의 대부분은 블록체인 기술이 병합되지 않으면 인류 문명 파괴와 정보 보안, 시스템이 오남용 사례가 다반사가 되어 큰 재앙이 될 수 있다.

2014	2015	2016
신체적용웨어러블 전기전자기술	연료전지 자동차	나노센서와 나노사물인터넷
나노구조탄소복합체	차세대 로보틱스	차세대전지
해수담수화 기술과정에서 금속채취	재활용 가능한 열경화성 고분자	블록체인
전기저장 그리드	정밀한 유전공학기술	2D소재
나노와이어 리튬이온전지	첨삭가공	자율주행 자동차
스크린없는 디스플레이	다가오는 인공지능	인체장기 칩 (ORGAN ON CHIPS)
인간마이크로비움 치료제	분산제조업	페로브스카이트 태양전지
RNA 기반 치료제	"감지와 회피" 드론	개방형 인공지능생태계
개인계량화 및 예측 분석	뉴로모픽기술	광유전학
뇌 컴퓨터 인터페이스	디지털 게놈	시스템 대사공학

[표 8-1] 2014~2016 세계 경제포럼 선정 미래 유망 기술 10선

그럼에도 불구하고 이 블록체인 기술은 아직 범용화하여 활용하는 데 시간이 지체되고 있다. 2019년 현재로서는 아직 충분한 법적 근거가 없거나 현행 법령과 상충되는 경우가 존재하기 때문에 그 활용에 제약을 받고 있다. 예를 들어 대부분의 나라에서 보

통 상거래에서 정의하는 '계약'으로 인정할 수 있는 법적 근거가 마련되어 있지 않은 상황이다. 여기에다가 블록체인이 지닌 한번 저장된 정보는 삭제나 위·변조가 불가능하다는 특징은 개인정보 처리 목적을 달성한 경우 이를 파기하도록 규정하는 현행 개인정보 보호법과 상충된다. 그래서 앞으로의 연구 분야는 블록체인이 지닌 한번 저장된 정보는 삭제나 위·변조가 불가능하다는 특성에 대해 상충되는 상황을 어떻게 순조롭게 풀어가느냐에 따라 활용도에 활성화 여부가 달려 있을 것이다.

그럼에도 불구하고 블록체인은 그 활용의 다양성에서 20여 개 산업에 대해서 매우 큰 의미가 있는 주요 기술로 발전하고 있다. 나아가 보안이라는 기술로 성장하여 미래 산업의 큰 역할을 이루리라 여겨지고 있다.

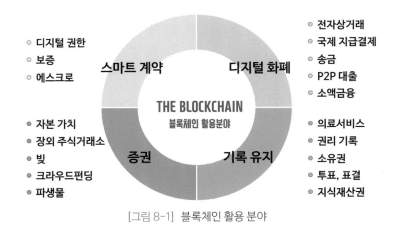

[그림 8-1] 블록체인 활용 분야

전자 정부를 지향하는 우리나라 정부도 10대 유망 기술에 블록체인 기술을 인공지능[AI]과 함께 선정하여 위·변조를 막고 진본 여부 확인에 활용하기로 했다. 행정안전부와 한국정보화진흥원은 지능형 정부를 구현하고, 국민들에게 새로운 가치를 창출하는 전자정부 10대 유망 기술로 이 기술을 선정하였다. 그리고 빠르게 변화하는 기술 경향[트렌드]에 대한 이해를 돕고, 새로운 전자 정부 서비스 발굴과 기존 서비스의 혁신을 촉진하기 위해 지난 2015년부터 매년 기술 경향을 발표해 왔다. 블록체인 기술이 4차 산업혁명에 대비하고 지능형 정부 기반을 다져가는데 초석이 되는 기술이라는 이해를 한 것이다.

정부는 2019년 지능형 정부를 주도할 서비스 분야로 ▶ 알아서 챙겨주는 지능형[Intelligent] 서비스, ▶ 디지털로 만드는 스마트[Smart]한 업무 환경, ▶ 사각지대 없는 촘촘한[Mesh] 보안과 인프라[기반] 등 3가지 주제이다. 또 전자 정부에 필요한 핵심 기술로는 ▶ 감성 인공지능, ▶ 비정형 데이터 분석, ▶ 반응형 사물인터넷, ▶ 인공지능 윤리가 선정되어 국민을 이해하는 똑똑한 정부 서비스를 제공하도록 한다는 방침이다.

이러한 기술 중 블록체인 플랫폼, 인공지능 자동 보안 및 5G 기반시설 기술을 통해 국민에게 편리하고 빠른 서비스를 제공하고, 촘촘한 보안으로 더욱 신뢰받는 지능형 서비스를 제공한다는 것이 우리 정부의 목표이다. 이에 각종 민원서류를 전자증명서로 대체하는 전자증명서 플랫폼[전자문서지갑]을 2019년 말까지 구축할 예정이며, 문서의 위·변조를 막고 진본 여부를 확인하는 데 블록체인 기술 적용할 계획이다.

　이로써 우리나라는 그간 비트코인 거래가 불법이라 단정하고 단속하는 바람에 많은 외화가 외국에서 소비되고 다단계 판매 등으로 불법 거래라는 지적과 함께 실질적인 블록체인 기술의 발달을 저해하여 중국 등 이웃나라에 기술 경쟁에서 뒤처지게 되었다. 이제는 이러한 기술과 서비스의 실용화에 필요한 암호화 핀테크에 대해 정부의 융통성 있는 대책을 기대해 본다.

03

글로벌 프로젝트의 현황

　다수의 국가가 나라별 산업적 특성과 경제 상황을 고려하고 기술 수준을 기반으로 다양한 블록체인 기술을 향후 미래 산업을 주도할 혹은 미래 산업의 발전을 위한 기술로 간주하고 정책을 펼쳐가고 있는데, 이중에서도 외국의 많은 기업들의 ICO 허용을 하는 싱가포르나 스위스 등이 특히 앞서 나가고 있다. 아직 우리나라를 비롯하여 일본이나 중국은 암호화폐의 거래나 중개에 대한 다소 소극적인 대응을 하고 있으나 일정한 법적 테두리 안에서 허용을 하거나 제한을 풀고 있는 상황이다. 암호화화폐의 활성화나 거래, 중개의 허용이나 관대함과 블록체인 프로젝트의 진행은 별개의 문제이다. 여러 나라에서 이 프로젝트를 진행하고 있으나 그중에서도 중국의 경우는 가장 활발하다 할 수 있다. 2018년 말 기준으로 중국은 700여 개 기업이 활동 중이고, 300여 개 프로젝트가 왕성하게 진행되고 있다.[3]

---

3) coinness.com 기사의 The Block에서 재인용

1) 미국

그간 미국은 달러화의 기축통화 위치를 보호하기 위하여 비트코인 취급소 및 채굴자들에게 다소 강한 규제를 진행해 오면서 의심되는 거래에 대해 일정한 룰을 정하고 보고하도록 의무화한 점이 눈에 띈다. 재무 당국은 이에 대해 비트코인도 일종의 자산으로 간주하고 거래 시 발생되는 이익에 대해 세금을 부과하여 양성화를 유도하고 있으며 연방정부의 법과 규정을 준수하도록 하였다. 미국의 증권예탁결제원은 2019년 현재 블록체인 기술의 개방형 테스트를 진행하고 있다. 이 테스트에는 관련 업체와 서비스 제공자도 참여하고 있으며, 거래정보 보관소 개설을 위한 새로운 플랫폼 구축은 현재 진행되고 있는 기업형 블록체인 프로젝트 가운데 가장 큰 관심을 받고 있다. 이런 사례의 시스템이 글로벌 금융 산업에는 아주 중요한 인프라로 작용하기 때문이다.

델라웨어주의 경우 블록체인 선두주자인 SYMBIONT와 협업으로 공공 기록원이 분산형 원장 기술을 공공 기록 관리에 사용하도록 진행하고 있다. 공공 기록원이라는 것은 우리나라 등기소 비슷한 역할을 하는데 이를 통하여 문서의 위·변조를 방지하는 것은 물론 각종 등기 문서, 공공 문서, 보존 및 폐기와 관련된 법률 준수를 전자화하고 시스템에 안착시키는 일을 한다. 이를 통하여 첫째는 경영 합리화 및 경제성을 제고하고, 다음으로 이 문서의 관리와 저장에 참여한 모든 사람에게 기록되는 블록체인의 특성을 활용하여 긴급한 상황에서의 재사용이나 복구가 용이하게 조치하였다. 이러한 과감한 투자와 정부의 참여로 델라웨어는 블록체인 활용 기술을 비롯한 미래 신기술 도입에 적극적인 자세에 힘입어 포춘지가 발표한 500대 기업에서 65%가 델라웨어주에 위치하고 있다. 물론 나중에 신기술에 합류한 블록체인이 이러한 기업의 정착에 기여하여 많은 유망한 기업이 존재하는 것은 아니지만, 적어도 델라웨어의 미래를 보는 행정에서 다른 분야도 마찬가지로 앞서가기에 이러한 대단한 결과를 도출한 것이 아닌가 한다.

2017년 델라웨어는 분산형 원장 기술을 주식시장에 적용시켜 기업이 분산형 원장 기술을 활용하여 주식거래에 사용하게 함으로써 중개인의 개입이 없고 거래 시간을 줄이면서 정확성과 공정성을 높여 주주들의 권리를 보다 잘 실현되게 하는 데 기여하고 있다.

다시 미국 정부로 돌아가서, 미국에 거래정보보관소가 개설되면 전 세계 신용 파생상품 거래를 통해 생성되는 미국에서 거래되는 정보의 약 98%가 이곳에 저장된다. 실로 대단한 내용이며 거래 규모로 따지면 11조 달러, 우리 돈으로 약 1,230조 원에 해당하는 금액으로 거래정보보관소의 고객은 전 세계 70여 개국 파생상품 거래사와 함께 2,500개 이상의 매수 전문업체, 기타 시장 참여자가 포함되어 바야흐로 달러를 기축통화로 통용시키고 있는 자국의 위상을 유지할 속셈이라고 할 수 있다.

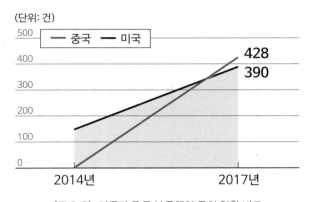

(단위: 건)

500 ── 중국 ── 미국

400   428

300   390

200

100

0

2014년   2017년

[표 8-2] 미국과 중국 블록체인 특허 현황 비교

자료: 중국 블록체인응용연구센터

　　미국 정부는 이 프로젝트에 여러 민간 업체를 동시에 참여시켰
고 프로그램 관리와 통합 서비스 제공은 IBM이, 액스코어 블록체
인 프로토콜에서 분산원장 기술과 스마트 계약을 구축하는 업무
는 액소니^{Axoni}가,⁴⁾ 솔루션에 관한 각종 조언은 R3⁵⁾가 맡았다. 이
제까지 기축통화를 이용하거나 활용하여 전 세계의 금융의 허브
를 만들었던 미국이 세계 최대 증권거래소 인터콘티넨털 익스체
인지^{ICE}와 더불어 일본 증권청산회사^{JSCC}, 프랑스 LCH SA가 소유
한 청산회사 CDS 클리어의 신용 파생상품 관련 기록까지도 저장
하여 새로운 금융 질서의 모태가 된다는 시나리오를 진행하고 있
는 것이다. 우리는 IT 강국이라고 자처하면서 미국의 IT 기술 역량
과 비교하여 우리와 미국의 IT 역량 비교치 정도가 되는 자산을
만들어 낼 가치를 창출하고 있는가?

4) https://axoni.com/
5) 개방형 환경에 적합한 새로운 솔루션

국가	내용
미국	금융범죄단속반(FINCEN), 가상화폐 중개업자에 자금세탁 방지 의무 부과, 뉴욕주, 가상화폐 관련 사업자에 대한 비트크 라이선스(Bitlicense) 의무화 버몬트주, 송금 법안 개정하여 실제적으로 가상 통화 인정
일본	자금결제법에 가상통화 개념 정의, 가상통화 교환업자 등록의무화, 비트코인을 통화로 인정, 가상통화거래소 등록제 도입, 비트코인 구매에 대한 부가가치세 면제
유럽	EU, 디지털통화 거래 모니터링을 위한 TF 구성 결의안 유럽집행위원회에 제출
스웨덴, 캐나다	비트코인을 통화로 인정하는 대신 각국 중앙은행 주도로 자체적인 가상통화인 E-KRONA와 CAD COIN 도입 추진
중국	중국인민은행, 비트코인 거래에 대해 거래 수수료 0.2% 부과 및 비트코인 거래소 조사발표, 비트코인 거래 관리감독방안 준비
한국	가상통화 제도화 TF구성, 비트코인 본질과 법적 근거, 제도에 대한 검토 진행

[표 8-3] 비트코인 관련 해외 주요 국가 제도

출처: 금융위원회, 주간 kdbreport 730호

ㄹ) 유럽

유럽연합EU이 참여하는 글로벌 블록체인 프로젝트는 범EU 차원에서 진행할 사업에 대한 아이디어를 제출받았다. 예를 들어 특정한 유럽연합 국가가 제안한 과제에 대해 시범사업을 선정하고, 성과에 따라 프로젝트를 정착시켜 나간다는 게 EU의 전략이다. 2018년 이미 프로젝트를 선정하고 이르면 2020년부터 범EU 블록체인 시범 사업을 시작하게 될 것으로 보인다. 유럽에서는 정부의 공공 사업을 중심으로 범EU 블록체인 사업을 통해 시장을 확산하고 블록체인 산업의 주도권을 EU가 확보하겠다는 전략을 추진하고 있다. 그간 유럽연합집행위원회는 블록체인 기술 도입의 확대를 위해 여러 분야에서 협의체를 구성해 왔으며, 2018년 4월에는 블록체인 기술에 관한 정보를 주고받기 위해 22개 유럽 국가가 참여하는 유럽 블록체인 파트너십European Blockchain Partnership을 출범시켰다. 이보다 앞서 지난해 2월에는 콘센시스와 함께 블록체인 관측 포럼Blockchain Observatory and Forum을 설립하여 오늘에 이르고 있다.

이의 결실의 하나로 유럽연합집행위원회는 유럽 블록체인 협의체를 창설하였는데 협의체의 정식 명칭은 이나트바INATBA, International Association of Trusted Blockchin Applications이다. 여기서는 국제 간의 금융거래를 위한 국제 통신 표준 스위프트SWIFT를 비롯해 IBM, 리플Ripple 등 전 세계 100여 개 기업과 단체가 참여하여 기술 개발 및 공동 및 공공, 민간 영역의 협력을 증진하고, 정책 입안자들과 대화를 늘려 법적인 예측 가능성을 높이고, 블록체인 인프라의 완결성과 투명성을 좀 더 확실하게 보장해 나갈 계획이다. 이와 함께 블록체인과 분산원장 기술 기반 각종 애플리케이션을 위한 구체적인 기준과 지침을 제정하고 있다.

독일은 EU를 주도하고 있는 국가인 만큼 블록체인 분야에서도 매우 속도가 빠르게 진행하고 있으며, 단순히 1개국에 대한 블록체인 제도나 정책에 그치지 않고 범EU 차원의 프로젝트와 정책을 추진하고 있다. 독일은 블록체인 기반으로 국민들의 신원을 확인하는 프로젝트와 범EU 국가들이 활용할 수 있는 블록체인 플랫폼을 구축하자는 아이디어를 제안하고 유럽연합EU의 블록체인 시범 사업의 프로젝트와 암호화폐 공개[ICO] 관련 정책을 진행하고 있다. 네덜란드는 블록체인 기반의 디지털 아이디 프로젝트를 범EU 프로젝트로 제안하였다.

모든 EU 국가에 적용되는 ICO 규정 마련도 가속화되고 있는데 모든 EU에서 통용되는 법안 마련 작업이 필요하여 세계 여러국가 중 가장 먼저 암호화폐 공개[ICO] 관련된 제도가 EU 차원에서 마련되었다. 독일은 공공 기관에서 사용하는 서류의 서명에 법적인 효력을 부여하는 프로젝트, 대학교의 학위 등의 정보를 블록체인에 기록하는 프로젝트, 렌트카 이용자에 대한 신원 확인 프로젝트 등을 주제로 하는 블록체인 프로젝트로 진행하고 있다.

우리나라는 이웃 일본이나 중국 혹은 동남아 국가들과 무엇을 하고 있는가? 기득권을 지키기 위한 금융 당국의 몸부림으로 규제에만 치우친 감이 든다.

3) 일본

일본은 역시 상업용 블록체인 기술의 활용을 대단히 잘하는 상황으로 우리가 잘 아는 소프트뱅크가 블록체인 기술을 활용해 탄소 배출량을 줄이기 위한 시범 프로젝트에 참여하여 화제가 되고 있다. 다양한 분야의 잔출을 시도하고 있는 소프트뱅크는 농촌 지역 고객들이 블록체인 기반 플랫폼을 통해 재생 에너지를 거래할 수 있게 하는 프로젝트에 기술 지원을 제공할 계획이다.

구분		상대수준(100%)														기술격차(0년)				
		한국			미국			일본			중국			유럽			한국	미국	일본	중국	유럽
		기초	응용	사업화	기초	응용	사업화	기초	응용	사업화	기초	응용	사업화	기초	응용	사업화					
중분류	블록체인 핵심기술	74.0	75.0	78.0	100	100	100	84.0	85.0	84.0	75.0	80.0	80.0	94.0	95.0	95.0	2.3	0.0	1.8	2.2	0.6
	블록체인 플랫폼	77.0	75.0	79.0	100	100	100	83.0	86.0	85.0	75.0	81.0	80.0	95.0	96.0	96.0	2.3	0.0	1.5	2.0	0.5
	블록체인 서비스	75.0	76.0	78.0	100	100	100	84.0	87.0	85.0	76.0	83.0	80.0	97.0	97.0	98.0	2.5	0.0	0.8	1.3	0.3
상대수준 및 기술격차	평균	75.4	75.4	78.4	100	100	100	83.7	86.1	84.7	75.4	81.4	80.0	95.4	96.1	96.4					
	2017년	76.4			100			84.8			78.9			96.0			2.4	0.0	1.3	1.8	0.5

[표 8-4] 블록체인 기술 수준 및 격차

출처: ITP

일본 환경청 승인을 받은 이번 프로젝트는 탄소 배출을 저감하려는 정부 노력의 일환이기도 하다. 에너지 트레이딩 스타트업인 파워쉐어링의 총괄 아래 도쿄전력·소프트뱅크가 기술 지원을 맡는다. 개념은 파트너사들이 공동 개발한 블록체인 플랫폼에 해당 데이터 및 에너지 거래가 기록·실행되도록 하고 있는데, 에너지 분야 탄소 배출량 저감에 블록체인 기술을 활용하는 사례는 이번이 처음은 아니다. IBM이 중국 에너지 기업들을 대상으로 미사용 탄소 배출 쿼터를 거래하도록 하는 데 블록체인 플랫폼을 활용하기 위한 연구를 시작한 것도 이러한 맥락의 하나라고 할 것이다.

일본 금융청의 공식 웹사이트는 블록체인과 관련된 암호화폐 거래, 규제, ICO 등 관련 이슈에 대해 암호화폐 거래소가 직면한 각종 문제점들에 대한 대응책 마련하여 소비자 피해를 사전에 방지하고 암호화폐 불공정 거래 근절을 위한 정책을 도입하고 있다.

암호화폐 커스터디 서비스 관련 신기술의 개발과 암호화폐 파생 상품 거래 관련 정책적 대안을 제시하고 일본 내에서 진행되는 ICO 관련 규제를 완화하며 코인 거래, 즉 암호화 화폐의 거래를 위한 상업성 목적의 행위나 거래 관련 법규에 준하는 규제를 도입하는 등의 대응책을 마련하였다. 이를 분석하여 보면 어느 정도의 규제는 가하고 있으나 일본 정부는 우리나라에서 암호화폐 거래를 둘러싼 강도 높은 규제가 논의되는 사이에 일본 정부와 관련 기업들이 협업해 암호화폐-블록체인 생태계 만들기에 역량을 모았다. 파산하기 전까지 일본 암호화폐 거래소인 마운트곡스는 세계 최대 거래소 중 하나로 관심이 집중됐었던 경우도 있을 정도로 정책적 역량을 집중해 왔던 것이다.

일본의 시중은행들은 블록체인 기반 금융 서비스 플랫폼 개발을 위한 협력을 시작했으며,[6] 이와테, 요코하마 등 5개 은행은 블록체인을 기반으로 하는 전자 전송 서비스인 '피팅 허브'Fitting Hub 서비스를 2018년 4월부터 제공하고 있다.

---

6) 코인텔레그라프, 2019.3.6.

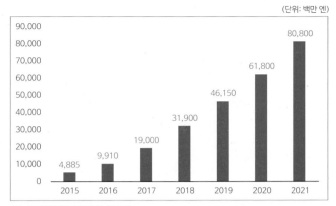

(단위: 백만 엔)

주: 2016년 이후 전망 및 예측치

[표 8-5] 일본 핀테크 시장 규모 전망

자료원: 야노 경제연구소

일본이 활용하는 블록체인 플랫폼은 금융 서비스의 효율성 개선을 목표로 은행들은 플랫폼 개발에 기업용 블록체인 분야 기술을 선도하고 있는 IBM의 기술을 활용하고 있으며, 플랫폼 참여 은행들은 금융기관과 기업들의 운영 비용을 기존 시스템보다 저렴하게 만들 수 있을 뿐 아니라 전자 전송을 통해 우편요금 등을 대폭 절감하고 있다고 밝혔다. 일본의 금융권은 2019년 초부터 블록체인과 암호화폐 분야를 통합하기 위해 적극적인 행보를 보이고 있으며, 금융 대기업 미즈호는 2019년 2월 자체 암호화폐 플랫폼을 출시하였다.

일본은 사실 다른 나라보다 암호화폐나 블록체인에 대한 관심이 높아서 수년 전부터 비트코인 결제를 지원하는 상점이 등장하는 등 발 빠르게 암호화폐와 블록체인 프로젝트를 진행해 왔다.

특이한 것은 일본 내에서 암호화폐나 블록체인을 활용한 프로젝트 중 엔화를 암호화폐 '젠^{Zen}'으로 1대1로 교환해 주는 프로젝트다. 현재 이더리움 블록체인에서 구현되고 있는 젠은 다른 블록체인에서도 쓸 수 있도록 지원하며 암호화폐-블록체인 생태계 내에서 엔화를 자유롭게 쓸 수 있는 환경을 마련한다는 대담한 프로젝트로 우리나라에서는 상상도 하지 못할 코인화폐 유통의 전기를 만들었던 것이다.

이런 시도는 정부와 긴밀한 협조가 없이는 불가능한 일로 일본은 이전까지는 블록체인 기술 관련 기업들이 참여했다면 지금은 증권사, 보험사 등을 포함해 수요 기업들이 참여하고 있는 것이 특징이다. 아직 드러내 놓고 이 기술 프로젝트에 참여하지 못하고 있는 한국으로서는 매우 부러운 일이다.

4) 중국

중국은 세계에서 가장 많은 블록체인 프로젝트를 진행하고 있다. 중국 국영 언론기관인 중국망신문중심$^{China.org.cn}$의 보도를 참고하면, 중국이 전 세계 25%에 해당하는 263개 블록체인 프로젝트를 추진 중이라고 하는데, 과연 중국다운 일을 하고 있다고 보여진다. 2018년도 세계 지적 소유권 기관^{WIPO}은 중국이 가장 많은 블록체인 특허를 출원했다고 밝히고 있다. 톰슨로이터가 수집한 특허 관련 데이터에 따르면 2017년 기준, 전체 블록체인 특허

406건 중 중국이 절반 이상인 255건을 보유하고 있다. 미국은 91건, 호주가 13건으로 뒤를 이었다. 중국 정부가 블록체인 잠재력을 높이 평가하고 이에 대한 선점 전략을 목표로 농촌 재건, 교통 인프라 개선 등 다양한 기술 효과를 기대하는 공공, 민간 부문 블록체인 도입 실험을 활발히 진행하고 있다.

현재는 중국조선중공업이 장쑤성의 교통 인프라 개선을 위한 블록체인과 사물인터넷 기술 채택한 것과 중국 선전시의 블록체인 영수증 시스템을 보험·소매·숙박 등 업계에 블록체인을 도입하여 톡톡한 재미를 보고 있다고 한다. 전문가들의 견해에 의하면 중국은 금융 분야, 자산 증권화 부문에 블록체인 기술이 가장 많이 활용될 것이라고 전망하고 있다.

또 중국의 알리바바가 블록체인 개발을 위해 중국 소프트웨어 대기업과 파트너십을 체결하고 발전을 추구하고 있으며, 크로스보더 공급 체인에 블록체인 기술을 도입 고려 중이라고 발표하기도 했다. 푸단성의 명문 국립대학인 푸단대는 블록체인 연구센터를 설립하고 실용화 개발에 나서고 있다. 또 중국 정부는 광둥성, 전자상거래에 블록체인 기반 전자 세금 계산서를 적용하고 블록체인 특구에 파격적인 지원을 하여 세금의 80% 감면도 제공하는 부러운 정책을 펴고 있다. 여기에 농업 재원 분야 내 블록체인 통합을 위한 지침을 발표하여 전체 산업에 걸쳐 다양한 프로젝트를 운영하고 있다.

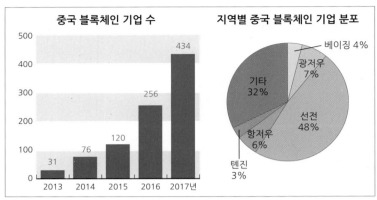

중국 블록체인 기업 수

지역별 중국 블록체인 기업 분포

[그림 8-2] 증국의 블록체인 기업 수와 지역별 분포

출처: 중국산업정보망, 2018. 7. 1

이를 구체적으로 뜯어보면, 2018년 11월 기준, 263개 중국 기반 프로젝트가 진행 중이며, 615개 블록체인 기업이 중국 내에서 활동중인 것으로 나타났다. 이중 대부분은 2년 미만의 신생 기업이나, 바이두, 알리바바, 텐센트 등 IT 대기업 또한 자체 블록체인 프로젝트를 진행하여 집계에 포함됐다. 중국 내 블록체인이 활용되고 있는 주요 분야는 금융 서비스, 공공 서비스, 의료, 서플라이체인 등이다.

04

다국적 기업의 블록체인 프로젝트 현황

    세계는 블록체인 기술이 사회 전반에 적용되는 '블록체인 3.0 시대'로 진입 중이다.[7] 각국 정부는 산업별 활용, 국가 차원의 신뢰 확보 기반으로 블록체인을 공공 분야에 선도적 도입 중이며 우리나라도 예외는 아니다. 영국의 경우에는 'Beyond Blockchain 전략'을 발표하여 정보 보안, 정부 문서의 위·변조 방지, 사회보장 부정 수급 방지 등 다양한 분야에서 블록체인 프로젝트를 진행 중이다. 이미 언급했듯이 독일, 일본은 블록체인 기술뿐만 아니라 가상통화 거래에 대해서도 개방적인 정책을 마련하고 있는 것이 현실이다. 에스토니아 같은 경우 국가 차원의 블록체인망을 구축하여 주민 관리, 건강 기록, 금융 기록, 전자 선거 서비스 등을 제공하고 있다. 상업적인 기업으로 골드만삭스, JP모건 등 글로벌 금융기관 50여 곳이 다국적 컨소시엄인 R3CEV[8]를 구성하여 블록체

---

7) 블록체인 1.0은 비트코인으로 대표되는 암호화폐 단계 → 블록체인 2.0은 스마트컨트렉트를 포함한 이더리움의 등장으로 금융을 넘어 산업에 적용된 단계
8) R3CEV ; 블록체인 기반으로 글로벌 은행들 간 국제송금 서비스를 구축하는 프로젝트로 JP모건, 씨티그룹 등 글로벌 대형 금융사들이 회원사로 참여하고 있다. 국내에서는 KB국민은행과 신한은행, KEB하나은행, 우리은행, NH농협은행 등 총 5곳이 참여하고 있다.

인에 대한 다양한 프로젝트의 진행은 물론 연구와 사업을 활발히 추진 중하고 있다.

R3CEV는 금융 산업 내 블록체인 기술 표준화를 위해 2015년 9월 결성된 세계 최대의 글로벌 블록체인 컨소시엄으로 대부분은 거래소를 통하지 않고 사용자가 편리하게 송금, 증권 등과 같은 금융 서비스를 이용할 수 있도록 하는 모델에 집중하고 있다. 특히 중계수수료 비중이 높은 분야에서 구매자보다 판매자가 수수료 절감을 위해 더 중요하게 생각하여 사업을 전개하고 있다.

여러 국가의 주요 ICT 기업은 블록체인 원천기술 확보 및 컨소시엄 구성을 바탕으로 물류, 의료, 공공 등 다양한 분야에 블록체인 기술을 적용한 응용 서비스 상용화 프로젝트를 구성 중이며 IBM의 경우, ADEPT^{Autonomous Decentralized P2P Telemetry} 프로젝트를 통해 IoT 환경의 신뢰성과 확장성 문제를 블록체인 기술로 극복하고 있다. 또 미국의 Horizon사 Edge Insights는 블록체인을 이용하여 IoT 네트워크의 Edge들을 서로 연결하고 Edge에서 수집한 데이터를 분석하여 항공기 추적, 라디오 전파 분석 등 다양한 분야에 활용하고 있다. 마이크로소프트는 이 기업의 클라우드인 애저^{Azure}에서 블록체인 기술을 활용할 수 있는 'BaaS ^{Blockchain as a Service}'를 구축하고, 애저 플랫폼을 블록체인 생태계로 유치하려는 전략을 추진하고 있다.

05

정부 당국에 바란다

한국의 블록체인 산업의 뒤처짐에 대해 업계는 정부 당국의 왜곡된 시각과 규제 일변도 정책 때문이라고 지적하고 있다. 2017년 비트코인 투기 광풍 이후 정부가 블록체인의 미래 가능성보다 암호화폐 부작용에만 초점을 맞추고 있어 매우 아쉬운 정책을 펴고 있다고 판단된다.

금융 당국이 블록체인, 암호화폐와 관련해 내놓은 정책의 대부분은 규제에 방점이 맞춰져 있다. 이제까지 정부가 내놓은 암호화폐 관련 정책은 국내 ICO 전면 금지, 암호화폐 거래소 폐쇄 경고, 투자용 은행계좌 개설 정지 등 규제 일색이다. 이런 정책들이 4차 산업혁명의 핵심인 블록체인 기술 발전에 걸림돌이 될 것이라는 우려가 제기되자 정부는 블록체인과 암호화폐의 분리 육성 방침을 제시했다.

도입 초기인 블록체인 기술은 국가 간 기술 격차가 크지 않은 상황이므로 정책 당국의 정책 기조가 중요한 것은 두말할 나위가 없다. 그러나 IT 선진국인 우리나라는 얼마든지 경쟁 우위를 확보하고 글로벌 시장 선도를 위해서는 정부의 '블록체인 기술 발전 전략'의 신속하고 효과적인 수행이 가능하였으나 기술의 내용을 제대로 파악하지 못한 정부의 실책이 블록체인 후진국으로 몰아가고 있다고 생각된다.

기업도 글로벌 경쟁력과 서비스 능력을 구축하기 위해 선진국 대비 부족한 핵심·원천기술 확보를 위한 기술 개발에 노력해야 하며 산업 간 융합 촉진, 타 산업 연계 융복합 서비스 활성화를 위해 국내외 표준화 참여 및 활동을 강화할 필요가 절실하나 이러한 정책의 부재, 정부의 견제로 실기를 한 것이다.

여기에 증가하고 있는 블록체인 전문 인력 수요가 부족하여 현재의 상황을 맞이하게 되었다. 지금도 늦지 않다고 보여지며 이를 위해 우선 기업이라도 필요로 하는 전문 인력을 자체 양성하는 체계를 갖추는 것이 급선무라고 판단된다.

블록체인 기술은 다양한 산업 분야로 확장성이 큰 만큼 정부, 기업, 연구기관, 학계 등의 긴밀한 협업 체계 구축을 위한 채널 구축이 더 필요한 시점이고 블록체인의 확산·활성화를 위해서는 공공과 민간이 함께하고, 스타트업에서 대기업까지 유연한 협업이 이루어질 수 있는 혁신 생태계를 구축하는 것이 중요하다고 할 수 있다.

기업	서비스 및 기술 개요	시기	국가
마이크로소프트	MS-액센추어, 블록체인 기술 활용한 디지털 ID인증 서비스 개발	2017	미국
IBM WATSON	환자정보 공유를 위해 블록체인 기술적용, FDA와 공동연구	2017	미국
JP MORGAN	금융 관련 IT 기술에 90억 달러 투자, EEA 주축 멤버로 참여	2017	미국
GOOGLE	환자정보 추적에 블록체인 적용추진	2017	미국
WALMART	드론 배송 시스템에 블록체인 적용 특허 신청	2017	미국
RISK CORPORATION	68조 원의 보험중개 시장에서 블록체인 적용결정	2017	미국
DEUTSCHE BANK	유럽 7개 은행과 함께 무역금융 플랫폼 구축진행	2017	독일
BANK OF JAPAN	결제 시스템 적용에 대한 연구 착수	2016	일본
FIDOR BANK	출금계좌이체 서비스를 제공하는 리플 연구소와 제휴	2015	EU
MAERSK	해운화물 추적에 블록체인 기술 적용 추진	2017	EU
중국인민은행	블록체인 기반 자체 암호통화 발행 준비	2016	중국
SOFT BANK	스프린트와 함께 통신사업자를 위한 블록체인 기술 공동 개발 착수	2017	일본
DBS BANK	스탠다드차터드 뱅크와 파트너십 블록체인 기반 전자송장 플랫폼 개발	2015	ASIA

[표 8-6] 블록체인 기반 서비스 개발 외국 사례

자료: 정보통신산업진흥원, 2018

제9장

공유경제의 완성, 소셜 블록체인

- 박항준 -

'이코노크러시'의 붕괴

자유민주주의는 시민들이 공공 영역의 유지와 발전을 대리인인 정치인들에게 위임하는 시스템이다. 물론 직접선거라는 행위를 거치지만 대리자, 대표자, 대행자를 뽑을 뿐 각 사안에 대해 매번 직접 의사결정을 할 수 없다. 그래서 주기적으로 대리인들의 잘잘 못을 선거로 심판하는 것이다.

그런데 시민이 위임한 공공 영역의 60~70%는 경제적인 영역이다. 문제는 시민에게서 위임받은 정치인들마저 정치공학적 요소들을 제외한 경제 정책 전반을 경제 전문가들에게 위임한다는 것이다. 금리 결정 등 통화신용정책을 결정하는 한국은행 금융통화위원회 위원 중 사회운동가나 기업 대표, 근로자 대표는 없다. 모두경제 전문가 일색이다. 위임한 대부분을 100% 경제학 전문가들만이 모여서 결정하고 있는 것이다. 이렇듯 정치적 목표가 경제에 미치는 영향에 따라 정해지며, 전문가의 관리를 요하는 별도의 논리체계가 존재한다고 믿는 사회를 '이코노크러시Econocracy'라 한다.

아이러니하게도 금리를 인상하거나 인하하는 행위와 관련한 경제 전문가들의 결과에 대한 책임은 없다. 그들의 의사결정 과정에서의 객관성이 결과보다 더 중요할 뿐이다. 그래서 점점 컴퓨터나 경제 모델의 결과에 의존할 수밖에 없다. 경제 정책에 실패하더라도 명분과 절차의 공정성만 있으면 책임을 회피할 수 있기 때문이다.

설립 후 30여 년이 지난 모 경제연구소는 매년 말 새해 경제를 예측한다. 경제 예측을 한 30년 내내 새해 경기는 부정적일 것이라는 발표였다. 항상 글로벌 경제의 불확실성, 국내 정치의 불안전성, 경쟁 국가의 출현 및 유가 불안정으로 인해 경제가 불투명하고, 경제에 위기가 올 수 있음을 경고하고 걱정한다. 30년 내내 위기와 위험성을 앞세워 매번 부정 의견을 냈지만 우리 국가와 경제는 아직 멀쩡하게 살아 있다. 이것이 경제학적 시선이 사회와 법률, 그리고 문화 요인이라는 비계량적 요인들을 배제하고 함수와 공식에 의해 독립적으로 고정되었을 때 나타날 수 있는 커다란 오류다. 이 오류로 인해 우리는 더 많은 사회적 혼란을 겪고 있다. IMF가 왜 왔다 갔는지? 왜 국민들이 모르고 있는지? 경제학자들은 무엇을 했는지? 그리고 그들이 어떤 책임을 졌는지? 어느 누구도 모르고 있다. 실제 우리는 GDP의 경제적 의미나 정부 부채와 재정 적자의 차이점을 혼돈하고 있기에 경제학적 시선에 대한 결과물에 너무나 관대하다. 솔직히 잘 모르기 때문이기도 하다.

최근 몇몇 경제학자들은 그들이 개발하거나 맹신하고 있는 경제 모델들이 틀렸거나, 더 이상 효과가 없는 먹통이 되고 있다는데 적잖이 당황하고 있는 듯하다. 자기 이론이 틀렸다고 고백하는 양심적인 경제학 교수도 나타나고 있고, 암호화폐에 대한 자신의 예측이 빗나갔다며 오히려 암호화폐 전도사가 되는 경제학자도 있다. 한 시대를 관통해온 주류적 질서가 다른 질서에 의해 대체되는 과정에서 나타나는 독특하고 특이한 사건을 '이행기적 징후'라 한다. 지속적이고 안정적인 경제 변화 시기에 적용되던 경제학적 논리와 이론, 공식들이 '이행기적 징후'에는 먹히지 않는다. 바로 지금 그러한 현상들이 우리 눈앞에 나타나고 있다.

암호화폐의 출현이 경제에 미치는 영향을 어느 경제학자도 제대로 예측하지 못하고 있다. 심지어 금융 전문가나 정보통신보안 전문가, 공유경제를 주도하는 선도자들마저도 제대로 된 설명을 못하고 있다. 암호화폐는 현재 카오스 상태처럼 보인다.

그러나 카오스 상태도 자세히 보면 '프랙털'이라는 질서가 있다. 필자가 바라보는 암호화폐의 프랙털은 사회공학과 정보공학 그리고 금융공학의 유기적 결합이다. 이 세 요소를 결합시키는 질서는 바로 '누림 철학Noorim Kyounge, Reciprocal Economy'이라고 정의하려 한다. 누림 경제 기반의 소셜 블록체인이 필요함을 주장하는 이유도 바로 여기에 있다.

암호화폐의 출현은 머지않아 '이코노크러시Econocracy'를 무너뜨리는 '이행기적 징후'의 대표적 사건임이 틀림없다. 이제 경제학 전문가들과 더불어 정보공학 전문가와 사회공학 전문가에 의해 정치적 목표가 정해지는 '크립토크러시Crytocracy' 사회가 출현할 것이다. 이는 공업 산업혁명 이후 볼 수 없었던 현상으로, 세상이 뒤집어지는 장관을 우리는 눈앞에서 보고 있는 셈이니 기회를 주신 하늘에 감사하자!

2008년! 이행기적 징후

앞서 한 시대를 관통해온 주류적 질서가 다른 질서에 의해 대체되는 과정에서 나타나는 독특하고 특이한 사건을 '이행기적 징후'라고 표현했다. 경제사적으로 2008년은 이행기적 징후가 가장 많이 나타난 해였으며 자본주의의 근간을 흔들만한 터닝포인트시기였다. 이행기적 징후라고 여길만한 2008년 경제적 현상을 한 번 돌아보자.

그 첫 번째는 바로 글로벌 금융위기였다. 리먼브라더스 사태로 기억되고 있는 글로벌 금융위기에 주택시장 거품과 통제 불가능하게 거대해진 파생상품의 거품이 꺼지면서 그간 산업 특히 제조업을 뒷받침하고 공업산업혁명에 혁혁한 공을 세운 경제 발전의 주역 '금융'이 위기를 맞게 되면서 세계를 공황에 빠지게 한 사건이다. 기술의 발달과 자동화에 의한 제조업의 성장률이 둔화되자 거대해진 금융이 그 투자처를 잃고 부동산과 파생상품에 역점을 두기 시작하면서 예측된 결과였다. 공룡처럼 비대해진 탐욕스러운 금융이 도덕성과 초심을 잃으면서 '몬도가네식 포식'을 하다가 탈이 난 사건이다. 리먼브라더스 하나가 희생양이 되었지만 이후 오바마 정부는 공적자금을 쏟아부으며 월가 개혁은 실패로 끝나고 만다.

- 2008년 금융위기 당시 월가 금융기관들은 총 7천억 달러 공적자금을 투입받음
- 2009년 전년 대비 17% 늘어난 200억 달러를 보너스로 지급

두 번째 현상은 현대화된 나눔경제의 출현이다. 물론 공유경제라는 말은 이미 1984년 하버드의 마틴 와이츠먼 교수에 의해 주창되었다. 2008년 하버드대학교의 로렌스 레식 교수가 공유경제가 무엇인지 가장 구체적으로 설명하면서 본격적으로 출현하게 된다. 기본 철학은 나눔의 철학을 기반으로 하면서 월가 스스로 자성하고, 탐욕스러운 부자들에게 사회적 책임을 다하라는 요구로 이어지고, 환경 운동과 결합되면서 잉여 자산의 교환을 유도하게 된다. 의도적이든 그렇지 않았든 결국 나눔의 경제는 지나친 탐욕스러움으로 인해 죽음 앞에 놓인 월가 공룡들에게 호흡기를 통해 생명을 연장해 주는 명분을 제시해 준 꼴이 되었다.

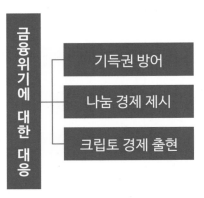

[그림 9-1] 금융위기 이후 대응 전략

세 번째 현상은 바로 비트코인의 탄생이다. 2008년에 만들어진 비트코인은 2009년 1월 3일 발행된다. 투자금융을 옹호하는 나눔의 철학과는 달리 사토시 나카모토의 이 도전은 새로운 금융의 개념을 제시하게 된다. 2008년 이 세 사건은 각자 다른 목적과 방향을 갖고 있는 듯 보이지만 원류는 하나다. 탐욕스러운 금융으로 시장이 붕괴되자 금융위기가 나왔고, 이 금융위기의 주범을 보호하기 위해 공유경제의 개념이 재정의 되어 나눔 철학, CSR 기업의 사회적 책임, CSV 공유가치 창출 개념들이 쏟아져나오게 되면서 부의 축적과정의 정당성보다는 분배 과정의 사회적 목적에 초첨을 맞추는 기형적인 모델로 발전한다. 이 기형적 모델은 결국 기존 사업과 부딪치거나 기존 사업을 파괴하는 공유 플랫폼의 거대화로 인해 각국의 골머리를 썩고 있다.

이러한 금융 자본주의를 철저히 무시하고, 금융이라는 거대 권력에 타협하지 않고 새로운 자본주의의 역사를 쓰게 되는 것이 비트코인이다. 탐욕의 금융에 의해 붕괴될 위기에 놓여 있던 자본주의를 '정제된 자본주의'라는 혁신된 모습으로 다시 살려 신금융의 역사를 쓴 것이다. 2008년 당시에는 인지하지 못하던 이 이행기적 징후들을 지금 와서 하나로 연관해서 돌아보면 각 사건의 의미와 그들의 태생적 한계가 있음을 인지하게 된다. 그리고 그들이 각자 어떻게 발전하려고 움직이고 있는지도 예측할 수 있다. 탐욕적 금융은 기득권을 지키려고 또 다른 먹거리를 찾아 나서며 자기 자리를 공고히 지키려 할 것이고, 공유경제는 사회적 목적을 달성하려 노력하되, 탐욕적 금융이 걸어간 길을 그대로 답습하려는 이중적 행보를 보이고 있다. 크립토는 기존 금융과는 다른 결을 보여주며 금융이 걷지 않은 길을 걸어가면서 새로운 무엇을 창조해 나아가며 발전할 것이다.

금융 개혁 프로테스탄트

이제껏 금융 시스템은 국가가 허락한 신뢰성 있는 금융기관들에 의해서 설계되어 왔다. 엄격한 통제와 규제를 받으면서 보험, 적금, 펀드 등 검증된 금융 상품들을 개발하여 운영해오고 있다. 그러나 이러한 엄격한 통제와 규제 속에서도 불구하고 글로벌 금융위기가 발생하고, 월가의 도덕적 해이에 정부와 세계가 놀라는 일이 발생했다.

2008년 금융위기 이후 경제의 안정화라는 명분을 위해 어쩔 수 없이 금융을 비호해야 하는 정부의 움직임과는 달리 10년간 대중은 탐욕적 금융, 통제가 불가능한 금융에 대항하여 무모한 도전을 시도해 왔다. 대중이 공유경제를 창조하고, 대중이 펀딩과 대출을 주도해 보기도 한다. 심지어 대중이 주도하여 화폐를 발행하고, 대중이 주체가 되는 금융 생태계를 그려보기 시작한 것이다.

암호화폐의 탄생은 결과가 어떻든 역사적으로는 왕가^{정부}나 금융 전문 가문이 아닌 '대중이 주도^{Crowd-based}하는 금융' 시스템이 만들어졌다는 데 큰 의의가 있다. 이 상황을 금융 전문가들은 비웃고 있을지 모른다. 금융 경험이 많고 검증된 경제 전문가들인 자신들만이 안정적인 금융설계를 통해 사회를 안정시킬 수 있으며, 투자의 안정성을 확보할 수 있다고 말이다. 금융에 문외한인 대중이 금융기관 흉내를 내면서 사회를 혼란시킬 수 있다고 경고한다. 관료들 역시 혁신과 도전정신은 인정하나 위험한 시도였다며 암호화폐를 규제하기 급급하다. 기존 금융의 잣대로 보면 무엇 하나 허술해 보이는 '대중 주도 금융'을 언젠가 한 번에 쓸어버릴 태세다. 다만 아직은 그 영향력이 크지 않다 보니 지켜보고 있을 뿐이다.

실제 P2P 대출 규모가 3,000억 원밖에 되지 않고 있고, 암호화폐 시총 전체를 모아도 10년 전 리먼브라더스가 사고 친 금액에는 미치지 못하고 있다. 지금 암호화폐 때문에 수백만 명이 집과 재산을 날리고, 암호화폐 투자에 수백 명의 젊은이들이 목숨을 버리는 사건이 발생하고 있지도 않다. 수천 개의 암호화폐가 사라질 위기에 있지만 벤처 붐 속에서 수천 개의 포털사이트가 탄생하고 사라졌던 평행이론적 경험으로 우리 경제는 맷집이 좋아져 있다. 오히려 그 포털사이트 벤처가 한국 사회의 IMF를 극복하는 데 일조하고 새로운 성장 동력을 제시했다는 점에 희망을 갖고 있다. 따라서 많은 암호화폐가 실패한 비즈니스로 판명 나고 있음에도 불구하고 경제 사회가 혼란하지 않다. 아니 오히려 대중이 나서서 암호화폐의 위험성을 경고하고, 자제를 권유하고 있다.

그렇다. 이제 대중은 바보가 아니다. 국내에서만 연간 40조 원이라는 순이익을 내면서 대중의 지갑을 비워가는 금융 시스템을 대중은 친구라 믿지 않는다. 오히려 금융 자본주의가 더 이상 서민들의 지갑을 흡혈하지 않아야 한다고 믿고 있다. 그래서 무모하지만 시도하고 있고, 부족하지만 도전하고 있는 새로운 금융 시스템을 묵언으로 응원하고 있고, 조심스럽게 바라보고 있는 것이다.

대중이 주도하는 금융을 통해 투자도, 적금도, 송금도, PF도, 쇼핑도 심지어 사회적 문제도 해결함으로써 기존 탐욕적 금융으로부터의 흡혈에서 탈출하고 싶어 한다. 이 탈출 시도가 무모할지 모르지만 대세이며, 무식할지 모르지만 시대적 사명임도 알고 있다. 그래서 응원하고 있는 것이다. 그간 금융이 정부의 비호와 통제하에 특정인^{기관}만이 누릴 수 있는 독점적 혜택이었다면 이제 그 혜택을 대중이 가져와 누려야 한다고 믿고 있다. 대중 주도 금융은 이미 다양한 경험을 축적해 오고 있다. 10년의 세월 동안 공유경제, P2P, 크라우드펀딩, 공동 구매, 직구, CSR^{기업의 사회적 책임}, 기부, SNS 네트워크 기반 활동 등 대중 주도 경제를 경험하고, 만들어가고 있다. 이미 이러한 움직임과 도전은 세계 여러 곳에서 봇물 터지듯이 터지고 있다.

대중은 알고 있다. 이 무모하고 무지해 보이는 시도 없이는 우리 후손들의 삶도 우리와 같이 쪼들리고, 희망 없이 일만 하는 삶을 살게 될 것임을 말이다. 거대한 금융 권력의 힘 앞에서 흡혈당하며 숨만 쉬고 살아가야 하는 금융 노예의 삶을 우리는 후손들에게 물려주고 싶지 않다. 수백 년 후 역사책에 2000년대 사람들은 양반제나 카스트제도의 다른 양상인 금융 계급사회에서 살았으며, 소수의 탐욕적 금융 권력으로 인해 대다수가 고통스럽게 살았다고 기술되는 역사를 남기고 싶어 하지 않는다. 무모해 보일지 모르지만 '대중 주도 금융'은 후손에 대한 우리의 선물이다. 그래서 꼭 이루어야 하는 우리의 사명이기도 하다.

혹자는 프로테스탄트를 로마 가톨릭에 반기를 든 '기독교도'로 해석하는 이들이 많다. 원래 프로테스탄트라는 말은 '반대하는 사람'들이란 의미다. 반항과 항거의 표현이기도 하다. 종교개혁을 이루기 위해서 루터를 시작으로 기존의 기득권 세력에 맞섰던 용감하고, 열정적이고, 강력한 추진력을 갖고 있던 이들을 당시에 '프로테스탄트'라고 불렀고, 나중에 종교개혁이 성공하면서 기독교파가 자리를 잡아가게 되자 '프로테스탄트'를 '기독교도'라는 말 그대로 불리게 된 것이다.

21세기 지금 우리가 사는 사회에서도 용감하고, 열정적이고, 강력한 추진력을 갖고 있는 프로테스탄트들이 필요하다. 특히 '금융 개혁'을 이루기 위해 금융 프로테스탄트가 앞장설 시기다. 오늘날 구매야 한 옷의 가격 중에 금융 비용이 70%에 달한다. 농부가 파는 100원짜리 배추를 우리의 식탁에서는 2000원에 사야 한다. 자본주의 경제하에 우리는 복잡한 유통도 일자리를 위해서 필요하며, 판매, 물류, 배송 등 중간의 이익을 보는 이들이 우리 가족이며, 우리 이웃이며 나 자신의 직업이 될 수 있다고 배웠다. 이 논리에 세뇌되었기에 당연히 그런 줄 알고 구매하고 있고 또 소비하고 있다. 기업의 브랜드 로열티 비용이나 자금 조달 비용, 기업의 재고 유지 비용, 기업의 원자재 구매 비용 등 기업의 리스크도 우리 소비자들이 부담해 오고 있다.

　그런데 이상하지 않은가? 1인당 국민소득이 3만 달러가 넘어가는데 우리의 삶은 매일 헉헉거린다. 무엇인가 잘못되어 가고 있다. 국민소득이 1만 달러도 안 되던 때에도 초등학교만 나오신 우리 부모님 세대들은 40대에 서울에 집 한 채를 살 수 있었다. 그래서 그분들은 더 열심히 쉬지 않고 일했다. 희망도 꿈도 있어 저축을 했었고, 연애는 기본이요 결혼과 출산은 당연한 권리였다. '응답하라 1988'에서 봐 왔던 동네 이웃들과의 인간관계나 학교 동창이나 친인척을 기반으로 한 네트워크로 당신들의 존재 가치를 느끼면서 사는 세대였다. 그런데 지금은 이 7가지 모두를 포기하는 젊은 세대들이 늘고 있다. 바로 '7포 세대'다. 연애, 결혼, 출산, 집, 인간관계, 꿈, 희망을 포기하는 세대를 말한다. 벌어도 벌어도 빚만 늘어난다. 연봉 1억 원으로 30년을 아끼며 생활한다 해도 서울에서 아파트 한 채 사기가 현실적으로 어려운 세상이 되었다. 금융기관이나 대기업들은 수십조 원씩 이익이 쌓이고 있는데 말이다.

　아마 종교개혁이 꿈틀댔을 때 당시 기득권 세력에 반기를 든 프로테스탄트들의 상황이나 마음가짐이 지금 우리와 비슷했으리라! 우리 가족과 친구, 내 일자리라고 참아왔던 내 소비의 70%가 넘는 금융 비용들이 특정 계층과 특정 기업에게 수익으로 몰아주고 있을 뿐이라는 현실을 받아들이면 말이다. 소득이 높아질수록 높아지는 탐욕적 금융 비용으로 인해 서민들의 삶이 오히려 더 피

폐해지고 있다면 금융에 대한 저항감이 생긴다. 기독교인들이 그랬고, 2008년 사토시 이후 암호화폐 세대인 크립토 이코노미스트가 그랬다.

이제 '7포 세대'니 '9포 세대'니 아니 'N포 세대'라는 말에 순응하지 말고 금융 프로테스탄트가 되어 보자. 기득권의 문제점을 제대로 파악하고, 그들의 경제학 이론에 맹종하지 말아야 한다. 그리고 우리 스스로 해법을 찾는 노력, 바로 대중이 주도하는 금융개혁이 필요하다. 우리는 2008년 이후 공유경제를 테마로 다양한금융 개혁 프로테스탄트로서의 실험을 해왔다. 공유 플랫폼, 해외직구, 공동 구매, 크라우드펀딩, P2P 대출 등은 '대중 주도 금융개혁'을 위한 예행연습이었다.

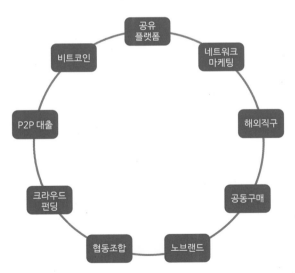

[그림 9-2] 대중 주도 금융개혁을 위한 예행연습

다만, '대중 주도 금융 개혁'이란 말은 바른말은 아니다. 금융은 이미 국가의 통제하에 관리되고 있고, 언제나 그랬듯이 이 규제를 피하기 위한 다양한 방법들이 발빠른 금융기관들에 의해 시도되고 있다. 리먼브라더스 사태로 폭발한 글로벌 금융위기 이후 세계 어느 정부도 서민 경제의 삶과 뿌리 깊게 엉켜 있는 금융 부문을 함부로 개혁하기란 쉽지 않다는 것도 알게 되었다. 따라서 정부도 하지 못하는 금융 개혁을 대중들이 주도할 수는 없다.

'대중 주도 금융 개혁'이 성공하려면 종교개혁을 벤치마킹할 필요가 있다. 구교도들의 저항이 만만치 않았지만 종교개혁이 성공한 이유는 첫째, 기존 기득권들의 탐욕이 도를 지나쳤다는 것을 대중들이 인지하고 있었기 때문이다. 대중의 지지 없이는 개혁은 불가능하다. 다행히 금융위기 이후 우리는 금융 개혁의 필요성을 너무나 잘 알고 있다. 대중이 금융 개혁의 필요성을 절실히 느끼고 있는 것이다.

둘째, 신교도 프로테스탄트들은 로마 가톨릭의 교황과 성당의 파괴를 외치지 않았다. 대신 '예수'라는 혁신 요소를 제시했다. 기존 시스템을 파괴하고 대체해 봤자 새로운 권력이 똑같은 탐욕스러운 괴물로 변할 것을 알기에 내부 개혁이 아닌 외부로부터의 혁신을 수행하면서 종교개혁은 성공하게 된다. 프로테스탄트들은 '예수'를 군이 교황으로 만들려 하지 않았다. 기존 금융 시스템을 파괴하거나 대체하려는 개혁은 기존 기득권 입장에서 보면 개혁이 아닌 전쟁 선포가 될 수 있다. 카카오나 에어비앤비 등 공유 플랫폼의 대결과 변질을 보라. 기존 시스템 내에서 대체해 봤자 기존 기득권과의 피 터지는 싸움이나 기존 금융기관의 흉내를 내는 또 다른 권력이 생길 뿐이라는 점을 우리는 똑똑히 보고 있다. 이 싸움에서 이기려면 룰이 다른 전혀 다른 게임을 선택해야 한다. 신교도 프로테스탄트들은 표면적으로는 가톨릭의 기득권·재산·성도들을 뺏어 온 것이 아니라 그간 믿지 않았던 이들·가톨릭에 거부감을 갖고 있던 이들을 전도함으로써 세를 확장하는 전혀 다른 게임의 법칙을 만들었던 것이다.

금융 개혁도 종교개혁과 같은 절차를 밟아야 한다. 크립토^{블록체인과 암호화폐}라는 혁신 요소가 군이 기존 화폐나 금융 상품을 대체하거나 쇼핑몰이나 SNS, 송금 심지어 은행 신용카드를 대체해 봤자 엄청난 전쟁을 치르게 되거나 또 다른 탐욕적 괴물로 변할 뿐이다.

크립토 금융은 새로운 영역에서 개혁을 시도해야 한다. 금융 개혁의 궁극적인 목표는 N포 세대를 없애는 것이어야 한다. 크립토 기반 금융 개혁의 성공으로 우리의 삶이 눈에 띄게 살아나게 되어야 한다. 부부 월급 300만 원으로도 멋지게, 집 걱정 없이, 여행도 하면서, 수백 개의 다양한 디지털 기기들의 혜택도 누리면서 말이다. 미세먼지가 많은 환경에서 각 방마다 공기청정기가 구비되어 있어야 한다. 가끔은 소문난 맛집에서 외식도 할 수 있으면서, 결혼해 가족을 이루면서 이웃과 친척과 친구들과 공동체를 이루면서 사는 인간적인 삶을 만들 수 있어야 한다. 이러한 삶은 절약도 아니요, 금융 비용을 줄여서도, 국민소득이 5만 달러가 되어서도 절대 성취할 수 없다. 이는 새로운 가치의 창조를 통해서만 가능하다.

크립토 이코노미스트들이 금융을 대체하겠다는 주장으로 기존 금융과 마찰을 일으킨다거나 단기 이익을 좇아서는 안 되는 이유다. 너무 블록체인 기술 개발에만 치우쳐져 있어도 안 된다. 금융 개혁은 크립토라는 '블록체인'과 '암호화폐'의 적절한 조합에서 나온 혁신적인 가치가 성공을 이끌 것이기 때문이다.

04

나눔경제의 위기

최근 연말연시 기부금이 대폭 줄었다고 한다. 경기가 나쁘면 기부금액은 더 많아지게 마련인데 말이다. 기부가 줄어든 이유는 이렇다. 기부를 하면 그 돈이 어디 쓰이는지 모른다. 기부금을 악용한 사례가 뉴스로 종종 들리기도 하고, 기부금의 30%가 운영관리비로 쓰인다니 뭔가가 찝찝하다. 대기업이 비영리 재단을 만들어 가족들에게 물려주는 모양도 반갑지 않다. 수십억의 기부금을 내는 기업은 세금을 줄이려는 트릭으로만 보인다. 기업이 행하는 CSR^{기업의 사회적 책임} 활동은 다 기업 홍보로 비춰진다. 기부를 하면서 뭔가 뺏기는 느낌이 든다. 받는 이도 그렇게 감사하게 생각하는 것 같지도 않다. 미국은 부자들이 나눔에 앞장서고 있다고 알려져 있지만 빌 게이츠나 마이크로소프트를 미국인들은 그렇게 존경스러운 인물이나 기업으로 보지 않는다.

이만하면 나눔의 경제에 무언가 문제가 있어 보이지 않는가?

2008년 발생한 미국발 금융위기의 대안으로 혜성같이 등장한 나눔의 철학, '공유경제'는 이제 솔직히 한계를 드러내고 있다. 이유를 분석해 보니 '부'의 축적 과정에 있어 도덕성 문제와 '부'의 분배에 있어 형평성이 명확하지 않기 때문이다.

현대 사회는 '개처럼 벌어서 정승처럼 쓰는 것'을 용납하지 않는다. 부자를 증오하고, 부자를 싸잡아 나쁜 계층으로 보는 이유도 여기에 있다. 또한, 나눔의 철학을 운영하는 플랫폼에 문제가 발생하고 있다. 플랫폼이 수익에 치중하는 것을 좋게 보지 않는다. 플랫폼에 조금만 문제가 발생하더라도 공유경제의 순수성을 잃었다고 비판당한다. 카카오 택시나 카카오 카풀 건을 보면서 카카오가 변심했다고 비난한다. 이미 카카오는 무료 메신저를 기반으로 2조 원이나 벌고 있으니 말이다.

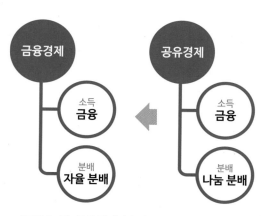

[그림 9-3] 금융경제와 공유경제 구분의 기준은 '분배'
출처: 크립토경제의 미래 (2019, 스타리치북스)

나눔 기반의 공유경제에 대한 약점을 보완하는 새로운 경제 철학으로 '누림의 경제철학'을 소개한다. 누림의 경제는 '지속 가능 사회 목표를 설정하여 공동의 이익을 창출하며, 형평성 있게 분배함으로써 생태계 구성원 전체가 혜택을 누릴 수 있는 경제'다. 그리고 이 누림의 사회를 가능케 하는 요소가 바로 새로운 금융 시스템인 크립토다.

크립토는 사회 통합, 공동 이익 창출, 형평성이 있는 배분을 가능하도록 하는 매개체이며 우리에겐 '암호화폐'라는 용어로 익숙하다. 사회공학, 정보공학, 금융공학이 모두 결합된 융복합 기술이 크립토의 특성이다. 이것이 미래 경제를 선도하며 세계 사회를 변화시킬 수 있다. 무한한 가치와 가능성을 지닌 크립토는 단순히 암호화폐라는 개념으로는 설명되지 않는 광범위하고도 복잡한 개념의 경제 모델이다. 참여, 공유, 개방이라는 철학적 근거에서 탄생하였으므로 부富가 온전한 목적도 아니다. 크립토는 궁극적으로 물질이 아닌 정신의 소산이다. 궁지에 몰린 공유경제^{Sharing Economy}의 대안으로 누림의 철학^{Noorim Kyoung-je, Reciprocal Economy}인 크립토 경제를 주목해 보자.

05

누림 철학의 탄생

앞서 언급한 대로 나눔의 철학 기반으로 성장한 공유경제는 분배의 형평성에만 초점이 맞춰져 있었을 뿐 소득 과정에서의 투명성이 간과되어 있었다. 시간이 흐를수록 부자들의 생색내기 혹은 기업의 이미지 제고와 홍보 수단으로 전락하고 만다. 부자들의 치부를 합리화시켜 주는 일종의 쇼인 셈이다. 결국 공유경제는 '나눔'의 본질과는 멀어진 채' 탐욕으로 얻은 소득 중 일부를 사회에 환원하는 경제'로 변질된다.

공유경제의 구조적 약점을 보완하는 철학적 대안이 '누림의 철학'이다. 누림의 경제는 생태계 설계부터 구성원 모두에게 혜택이 돌아간다. 바로 호혜^{Reciprocity, 互惠}의 원칙이다. 누림의 경제는 사회 통합 목적을 달성하기 위해 노력한 이들이 창출한 이익과 혜택을 형평성 있게 배분함으로써 '함께 누리자'는 경제 철학이다. 누구를 특정해서 돕는 것도 아니다. 시스템 내의 모든 공동체 구성원이 생태계 속에서 혜택을 받을 수 있어야 한다.

'나눔'에 참여하는 이도 혜택의 대상이 된다. 일방적인 도움을 주는 것이 아니다. 돈을 벌고 나서 돕겠다는 것도 아니다. 함께 참여하고 같이 누리자는 얘기다. 그 혜택은 참여자와 더불어 사회 구성원 전체가 누릴 수 있다. 이것이 '공유경제'의 근본 철학에 근접하게 되며, '공유경제'를 완성하게 되는 것이다. 동반 성장, 상생 생태계, 포지티브섬이 크립토 경제와 일맥상통한다. 소득의 취득 과정에서부터 투명성과 사회 통합을 중요시하게 되며, 자산 분배 과정에서부터 형평성에 초점이 맞춰져 있는 특징이 있는 경제 시스템이다.

소셜 블록체인

'사회적 경제'라는 말이 있다. 구성원 상호 간의 협력과 연대, 적극적인 자기 혁신과 자발적인 참여를 바탕으로 사회 서비스 확충, 복지의 증진, 일자리 창출, 지역 공동체의 발전, 기타 공익 활동 등 사회적 가치를 창출하는 모든 경제적 활동을 말한다. 공동체의 보편 이익 실현, 노동 중심의 수익 배분, 민주적 참여, 사회 및 생태계의 지속 가능성을 통하여 협동조합, 사회적기업, 비영리기관이 생태계의 주체가 되는 경제 구조다. 사회적 경제의 약점은 지속 가능성이다. 바로 사회를 바꾸려는 힘에 비해 자금력과 수익이 적어 지속 가능성이 약하다는 점이다. 기존 탐욕적 금융 자본주의 구조에서 사회적 경제를 운영하는 것은 분명 한계가 있다.

이행기적 징후 이후 지속적으로 발전하고 있는 현대 사회에서 사회적 경제 우리가 지향해야 할 목표점은 맞으나 새 술은 새 부대에 담지 못했기에 오래가지 못하고, 자생하지 못한 것이다. 이제 새푸대를 찾아야 한다. 새로운 경제 금융 시스템을 도입해서 사회적 경제와 접목시키는 노력이 필요하다. 바로 블록체인 기반 크립토금융이 그 대안이다. 단언컨대 경제 전문가나 정치적 요소가 아닌 사회공학 기반하에 설계되는 사회적 경제를 네트워크라는 정보공학적 인프라를 기반으로 금융공학적인 신개념의 금융 모델인 암호화폐와 융복합시킨다면 우리가 바라는 사회적 경제의 지속 가능성을 높일 수 있다.

다만 현 체제를 뒤엎거나 부정할 수는 없다. 그렇다고 불의와 탐욕에 쩌든 기득권과 타협해서도 안 된다. 그래서 블록체인 기술과 암호화폐 금융을 공공Public Sector과 민간Privat Sector이 해결하지 못하고 소외되고 있는 회색 영역Gray Sector 문제에 접근하는 지혜가 필요하다. 바로 소셜 블록체인의 탄생이다.

소셜 블록체인은 '스마트 시티즌이 공동체를 위해서 블록체인 기술을 기반으로 사회적 목적을 달성하기 위한 기술과 인력 그리고 금융 시스템의 결합'을 말한다.

스마트 시티즌이란 지성적intellectual으로 깨어나서 공동체에 대해 책임 의식을 갖고 적극적으로 참여하는 민주적 인간을 말한다.

(출처. 성균관대 이종관 철학과 교수)

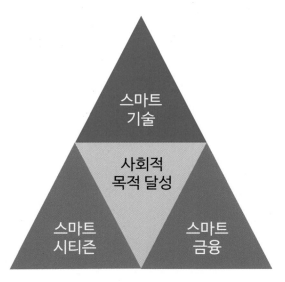

[그림 9-4] 소셜 블록체인의 생태계 구성

　그러나 사회적 목적을 위해 스마트 기술과 스마트 시티즌 그리고 스마트 금융의 결합으로 이루어진 소셜 블록체인은 앞으로 나아가야 할 길이 멀다. 각 구성 요소의 완성도를 높여야 하며, 이를 사회적 목적에 맞게 결합시키는 노력과 시간이 필요하기 때문이다.

　우리는 이미 이 분야에 각자 최선의 노력을 하고 있었다. UN은 SDGs라는 지속 가능한 목표 달성을 위해 17개의 사회적 목표 달성을 노력하고 있고, 각국의 정부는 스마트 시티 조성을 통한 인간이 우선되는 도시로의 재생 사업을 통해 스마트 시티즌의 육성에 힘쓰고 있다. 기업은 4차 산업혁명을 대비한 다양한 스마트 기술의 발전에 최선의 노력을 다하고 있다. 현재까지는 부족한 스마트 금융만 해결되면 우리의 노력이 꽃을 피우게 된다. 스마트 금융이란 새 부대를 의미한다. 교환을 목적으로 하는 화폐금융과 수익을 목적으로 하는 투자금융 양쪽의 장점을 취할 수 있는 크립토 금융은 스마트 금융의 대표적 도전이자 우리의 과제이다. 블록체인 기반 크립토 금융이 어서 속히 시장에 자리 잡도록 완성시켜서 소외되어 도시 사회문제를 야기하고 있는 회색 영역을 해결함으로써 인류의 지속 가능성에 이바지해야 할 것이다.

제10장

초엔트로피 시대의 블록체인 미래 전략

- 리재학 -

고전 역학의 엔트로피와 양자역학 시대의 초엔트로피 현상

1) 고전 역학과 엔트로피 현상

우리는 고전 역학을 뉴턴 패러다임의 세계를 가리킨다. 뉴턴 역학은 현시세계를 잘 대변하고, 거시세계는 우주 세계에서의 법칙을 가리키며, 미시세계는 양자역학의 세계를 일컫는다. 이 모든 법칙은 서로 일치하지 않고 뱀이 꼬리를 문 형상으로 스스로를 먹으며 지독한 모순을 안고 존재한다. 깨질 수 없는 것을 일컬어 진리라 하는데, 존재는 절대적 모순으로 상호 진리를 깨뜨리며 존재를 선언하는 것이다. 미시세계와 현시세계의 법칙은 심각한 상충이며 거시세계와도 상호의 법칙을 거부한다. 그럼에도 불구하고 우주는 잘도 유지되고 있다. 이 속에 엔트로피 법칙이 존재한다. 열역학 제2 법칙인 것이다.

인류는 탄생에서 지금까지 이 엔트로피 에너지를 얻기 위해 투쟁해 왔다. 수렵에서 집단 농업 시대에 들어오면서 한 사람이 많은 사람을 부양할 수 있는 1차 혁명의 시대를 맞게 되었다. 수렵 시대에는 한 사람이 부양할 수 있는 가족의 수가 한 자리 숫자에 불과했다. 그러나 정착과 아울러 농사를 짓는 법을 깨닫게 되면서 두 자리 숫자를 부양할 수 있는 대량생산, 즉 많은 엔트로피를 유발시킬 능력을 보유하게 된 것이다. 인간이 증기와 동력을 발명하면서 1차 산업혁명이라는 벼락 맞는 사건이 터지게 되었다. 그 후 전기가 발명되어 기계와 결합하면서 한 사람이 쇠스랑으로 종일 농사짓던 것을 트랙터 한 대가 1,000명이 하는 일을 한 시간 만에 해치움으로 인해 엄청난 엔트로피를 발생시키는 2차 혁명을 선언하게 되었다. 이에 따라 인류는 100년 사이에 인류가 1만 년간 사용한 에너지를 몽땅 사용하고 말았다.

ㄹ) 엔트로피 증가를 앞당긴 인공지능과 빅데이터

이것도 모자라 정보기술과 인터넷이 3차 혁명을 가져옴으로써 100년간 인류가 사용한 에너지를 10년 만에 소비하는 시대를 경험하게 되었다. 그러나 이제는 인공지능이 우리의 작업량을 인류가 100년에 걸쳐 소비해야 할 에너지를 하루 만에 소비하는 시대를 눈앞에 두고 있다. 4차 혁명의 문턱에 와 있는 것이다. 인공지능과 빅데이터가 생성되고 이를 가공하고 운용할 AI가 나타남으로 한 사람이 인공지능 로봇을 운용하면 한 사람이 10억 명이 사용하는 엔트로피를 발생시키는 초엔트로피 시대가 된 것이다.

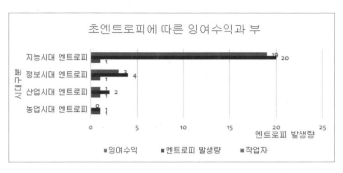

[표 10-1] 초엔트로피와 잉여 수익

   [표 10-1]에서 보는 것처럼 한 인간이 일생을 살면서 소비하는, 즉 생산하는 엔트로피 양은 엄청난 차이를 보이고 있다. 누구나 하루를 살되 똑같은 하루가 아닌 것이다. 어떤 사람의 엔트로피 값은 1억 명이 될 수도 있지만, 이를 활용하지 못하는 사람은 1일 1명에 대응하는 똑같은 하루의 굴레 속에서 살고 있는 것이다. 이를 아예 인식하지 못하는 부류가 있을 것이고, 어떤 집단은 알아챘더라도 어떻게 접근할 줄 몰라 포기해야 하는 부류도 있을 것이다. 즉 엔트로피의 가용도는 부의 축적과 비례한다. 따라서 이를 운용하는 사람과 그렇지 못한 사람과의 차이는 예전의 계급 차이와는 완전히 다른 격차를 경험케 되는 신인류의 탄생을 예고하고 있다.

   이 신인류가 경험하게 될 사회는 인류가 이때껏 경험한 이야기는 없는 곳이다. 모두가 새롭게 쓰여 질 가공의 스토리만 존재할 뿐이다. 첫째, 인간의 수명은 2030년을 기점으로 연장되어 신인류는 엄청난 변화를 누리게 될 것이다. 둘째, 기술의 발달은 초격차 시대를 만들 것이다. 하루하루가 신기술을 쏟아내는 경연장이 될 것이다. 셋째, 노동의 시대가 아닌 감성의 시대로 바뀌어 갈 것이다. 노동은 절대적으로 순종하는 로봇으로 급격하게 대체될 것이다. 넷째, 블록체인이 윤리성을 강요할 것이다. 우리가 겪는 가장 큰 변화는 정직을 시스템이 강요하게 될 것이다. 적당하게 거짓으로 살아 갈 수 없는 투명한 사회가 되는 것이다.

초엔트로피가 가져온 초연결 사회의 '휴먼 컴퓨피아' 세상이다. 새롭게 탄생된 신인류는 보편성을 통한 초연결사회를 구성하게 된다. 물론 한 개인 개인은 그것을 알지 못할 수도 있다. 그러나 나의 '일거수일투족'이 그림자처럼 연결되어 인간은 0과 1의 디지털이 아닌 인간 자체가 1이 되고 0이 되는 거대한 생태계가 조성되어 초연결 '휴먼 컴퓨피아'를 형성케 되는 것이다.

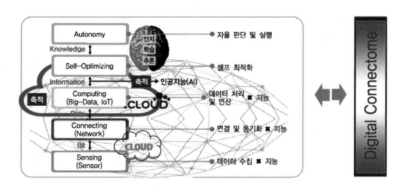

[그림 10-1] 초연결 사회로 연결되는 '휴먼 컴퓨피아'의 세상
출처: Hyper-connected Intelligent Platform Technology, 권동승, 황승구, ETRI, 2017.02

[그림 10-2] 스마트 시티

출처:국토교통부

초엔트로피 현상이 몰고 온 초경험의 미래

1) 초엔트로피가 가져올 급격한 사회 변화

초엔트로피란 인간이 스스로 발생할 수 있는 한계치를 넘는 엔트로피를 발생시킬 때를 가리킨다. 이렇게 발생되는 엔트로피는 엄청난 데이터와 트래픽을 유발한다. 이것을 혁신적으로 수용할 시스템이 5G인 것이다. 하마터면 중국에게 5G 표준을 넘길 뻔하였으나 역시 믿음직한 삼성이 이를 방어하여 한국이 5G를 선도하게 되었다.

이로 인해 우리는 다음과 같은 것들을 10년 이내에 과거 100년과 같은 변화를 겪게 될 것이다. 가장 먼저 변화가 눈에 띄일 것이 통신과 사물인터넷일 것이고, 로봇과 드론이 뒤따를 것이다. 그리고 생명공학의 발전은 생명의 무한 시대로 안내할 것이다. 따라서 직업군에서 대변혁이 일어나게 될 것이다.

2) 초엔트로피를 가진 자와 가지지 못한 자의 격차

다음 문장들의 공통점은 무엇일까?

• 초일류·초격차 100년 기업으로 도약하는 계기를 마련하자.

• 초격차 리딩뱅크를 향해 힘차게 전진하자.

• 초격차 역량을 바탕으로 획기적 성장을 통해 글로벌 시장 확대에 박차
  를 가하겠다.

이 말들의 공통점은 두 가지다. 첫째는 우리나라에서 내로라하
는 기업들의 대표 신년사이며, 둘째는 '초격차'라는 단어이다. '초
격차'는 미국 삼성반도체연구소 연구원으로 삼성에 입사해 삼성
반도체 신화를 일구며 최고경영자까지 오른 권오현 삼성전자 회
장이 지난해 출간한 책의 제목이기도 하다. 책에서 권 회장은 초
격차를 단순히 시장 파워나 상대적 순위를 의미하는 것이 아니라
기술은 물론 조직, 시스템, 공정, 인재 배치, 문화에 이르기까지 모
든 부문에서 비교가 불가능할 정도의 기술적 우위와 끊임없는 혁
신으로 그 누구도 넘볼 수 없는 격을 높이는 것이라고 정의했다.

책은 단숨에 베스트셀러에 진입하며 재계 혁신 교과서로도 불
렸다. 기업 수장들이 앞다투어 '초격차'를 언급하는 것은 그만큼
절실하기 때문이다. 갈수록 경쟁이 치열한 시장 상황에서 어중간
해서는 더 이상 생존할 수 없다는 불안감의 표출이기도 하다. 압
도하지 않으면 잡아먹힐 수밖에 없기 때문에 격차를 벌이기에 안
간힘을 쏟는다. 기업만 그럴까? 한국고용정보원이 지난해 발표한

'한국의 지방 소멸 보고서'에 따르면 전국 228개 시·군·구 중 89개가 소멸 위험 지역이다. 지난달 충남대에서 열린 대전·세종·충청 사회학 포럼에서는 충남·북 대부분 지역이 소멸 위험에 노출됐다는 분석이 나왔다.

서울 등 수도권과 지방 간의 초격차도 더욱 심화되고 있다. 즉 인간을 경쟁의 상대로 아예 인식하지 않는다는 말이다. 격차는 서열이 아니다. 격차 또한 초격차 시대로 돌입하게 된다.

[그림 10-3] 압도하는 시스템 구축을 의미하는 초격차 시스템

자료: 3년 후 AI 초격차시대가 온다. Instagram posts – Gramho.com

초격차 시대를 살아가는 우리의 자세는 어떠해야 하는가? 우리는 자신에게 늘 질문을 던져야 한다. 아니 던져도 된다. 산속에서 자연인으로 살아가는 사람이라면 굳이 행복의 척도에 시달릴 필요가 없을 것이다. 그러나 현실에 던져져 살아가는 사람이라면 질문하고 답을 찾는 노력을 게을리하면 안 될 것이다. 나의 좌표를 정립하는 것이 초격차 시대에 우선해야 할 일이다. 내가 어디에 있는지를 발견하는 일이 먼저 중요한 일이다.

그다음은 나를 단련하는 과정이 필요하다. 즉 의지의 발동인 것이다. 체념은 누가 만드는 것이 아니라 내가 만든 작품인 것이다. 과정 중에 포기하지 않는 자신을 가다듬는 것이 중요하다. 마지막으로 집단지성에 자신을 던져야 한다. 자신은 집단지성에 합류할 만큼의 가치가 없다고 생각해서는 안 된다. 자신이 살아온 만큼은 누구도 그렇게 하지 못했음을 알아야 한다. 즉 자신이 가장 위대한 지성임을 항상 인식해야 한다.

3) 초경험의 사회가 다가왔다.

우리는 대개 미래를 예측하고 살아왔다. 그러나 이제는 예측할 수 없는 미래를 늘 맞이해야 하는 초경험의 사회가 우리를 기다리고 있다. 이에 우리는 어떻게 다가설 것인가? 이것은 매우 심각한 고민이 아닐 수 없다. 이제까지 경험과 지식이 무위로 돌아가는 것은 아닌지?, 아니면 그 무엇이 우리를 엄습할 것인지 안정 상실의 시대에 던져진 것이다. 하지만 우리는 어떤 인류보다 뛰어난 DNA를 가진 민족이다. 우리는 그 어떤 인류도 경험하지 못했고 성취하지 못한 '세계 문명사를 새롭게 써나가는 민족'이다. 인류사 그 어떤 민족도 70년 만에 우리와 같은 경이로운 발전을 일구지 못했다. 우리 한민족이 일궈낸 인류의 기적인 것이다. 우리는 이 기적의 역사를 날마다 기록하고 써나가야 한다. 이것이 초경험 세계를 거뜬하게 넘겨야 할 우리의 사명인 것이다.

03

초경험 미래를 맞이하는 신인류의 탄생과
우리의 좌표

1) 신인류의 탄생과 휴먼 사이보그

신인류라 하면 초엔트로피를 향유하는 집단이 만들어 가는 생명의학에 따라 휴먼 사이보그의 탄생을 주도하고 신경제적 개념으로 인류사를 주도하는 집단을 신인류의 범주라 할 것이다. 신인류들은 일반적인 삶이 아닌 특별한 삶을 설계할 것이다. 장기가 필요하면 갈아버릴 것이요, 텔로머라아제가 닳아 없어질라치면 채울 것이고, 부실한 신체는 영원히 견고한 것으로 대체할 것이다. 수명도 선택지의 범주에 넣을 것이다. 이것은 막대한 잉여 엔트로피를 소유한 자들의 10년 후부터의 모습인 것이다.

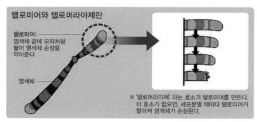

[그림 10-4] 텔로머라아제
자료: https://www.segye.com/newsView/20101130004538

2) 신인류와 어떻게 조우할 것인가?

인간은 유유상종하는 사회적 집단이다. 신인류는 아마도 격리된 것처럼 다른 집단으로 존재할 가능성이 크다. 그러나 실망할 필요는 없다. 우리에게 집단지성을 일구어갈 지혜가 있다. 집단지성으로 결집하고 공유해야 한다. 이것은 또 다른 신인류 집단을 형성하게 될 것이고, 인류의 미래 비전의 표준을 설정하게 될 것이다. 이렇게 될 때 신인류의 미래 비전이 우리 자신의 몫으로 우리에게 주어질 것이다.

3) 신인류와의 공생관계를 설정하라!

신인류의 집단의식은 우리에게 문을 열지 않을 것이다. 그러나 집단지성으로 공유된 우리를 그들이 필요로 하게 된다면 반드시 우리와 공존을 제안하게 될 것이다. 이것이 진정으로 평화로운 인류의 모습일 것이다.

신인류가 가져올 미래의 블록체인 윤리

신인류는 블록체인 윤리를 통해 미래의 표준과 새로운 가치관을 형성시킬 것이다. 블록체인은 우리의 생활을 엄청나게 편리하게 할 것이다. 과거의 거의 모든 행정 업무가 손안에서 이루어지게 될 것이다. 또한, 우리를 항상 건강하도록 관리해 줄 것이다. 질병 자체를 관리해 줄 것이기 때문이다. 사회는 맑고 투명하며 정직한 사회로 변모하게 될 것이다. 시스템이 부정을 저지르려 해도 할 수 없도록 강제하기 때문이다. 이에 따라 사회는 안전한 시스템으로 정착이 될 것이다. 하지만 초엔트로피를 활용할 사악한 집단의 출현 또한 예견된다.

[그림 10-5] 편리하고 안전하며 깨끗하고 건강한 사회가 강제된다.

자료: 정보통신신문, 이민규, 2018.01.30

1) 투명한 사회 속에 인간의 가치관의 형성

신인류가 사회와 국가와 경제를 한꺼번에 장악해 갈 때 정말 멋진 시스템이 탄생하였다. 필자가 1982년부터 설계하여 완성한, 오늘날로 보면 '세계 최초의 블록체인 인터넷'을 만들어 발표한 적이 있다.

[그림 10-6] DTP(Desk Top Publishing): 교리강해연구(선린출판사: 리재학 저)

인터넷도 없었고 블록체인 또한 없을 때이다. 그래서 전자출판 Desk Top Publish 이라 하였다. 즉 도서관에 가지 않고 집에서 컴퓨터에 접속하여 전자도서관의 책의 내용을 꺼내 볼 수 있다는 개념이었다. 물론 용어와 형식은 많이 달라졌다. 그러나 '블록을 형성하고 인덱싱하여 데이터를 만들어가는 과정'은 지금의 것과 비교해도 전혀 손색이 없다. 이러한 시스템이 30여 년을 거치는 동안 인터넷과 블록체인이라는 개념으로 발달되어 왔다. 이 블록체인이 집단지성에게는 새로운 기회를 주고 있고 인류에게 투명성이라는 멋진 선물을 주고 있다. 블록체인의 탈중앙화는 중앙 통제로부터의 반란처럼 탄생되었지만, 이것을 억제된 탈중앙화로 관리만 되어진다면 우리 미래의 윤리적 척도가 자연스럽게 형성되는 결과로 주어질 것이다. 누가 뭐라 하지 않아도 거래가 투명할 것이고, 거짓이 들어갈 때 바로 노출되어 불의라는 불순물이 발생되지 않는 속에서 개인적 가치관은 투명하게 형성될 것이다.

ㄹ) 표준화와 블록체인을 통한 인류 정의 실현

투명하고 정직한 인격이 자연적으로 형성되는 미래 인류는 자연적으로 정의 실현이 이루어져 다툼과 분쟁이 아닌 사랑과 나눔의 공동체가 자연스레 형성될 것이다. 인간보다 신에게 솔직해야 한다는 명제를 안고 걸음걸이를 재촉할 필요는 없다. 이미 블록체인 시스템은 우리에게 존재값으로 윤리성을 강제할 것이기 때문이다. 이에 따라 우리는 우리가 인식하지 못하는 사이에 정직한 블록체인 신용 사회 속에 던져져 생존할 수밖에 없을 것이다. 투명 사회에서의 정직은 덕목이 아닌 생존 필수의 자양이 될 것이다. 즉 정직하지 않으면 생존이 불가능한 사회로 전환된다는 의미이다.

미래 사회에 대한 우리의 대책은 무엇인가?

1) 블록체인은 집단지성을 가능케 한다

인간은 복합 변수의 동물이다. 참으로 많은 다양성을 내포하고 있기 때문이다. 이러한 복합 변수는 스스로 유혹의 함정에 빠져들게 한다. 그렇게 숨겨진 복심이 사회 속의 악영향으로 나타난다. 적당히 도적질을 하여도 알 수가 없는 것이다. 스스로의 양심의 판단에 맡겨야 하기 때문에 늘 위험에 노출될 수가 있는 것이다. 이것을 방지해 주는 것이 블록체인 시스템이다. 임의 조작으로 복합 변수가 개입하는 것을 허용하지 않기 때문이다. 과거엔 집단지성이란 개념이 있어도 집단화되기가 쉽지 않았다.

[그림 10-7] 인간의 에고성이 만든 복합 변수가 자신을 망치고 있지만 지성의 집단화를 통해 극복된다.

자료: https://chlehrb.tistory.com/1076

　'생쥐들이 고양이 목에 방울을 다는 것'처럼 알고 있다 해도 실천할 수 없는 개념에 불과하면 성과를 내기가 무척이나 어려웠다. 블록체인이 집단지성의 본질적 실현 가능성을 열어 주었다. 이 책의 저술 과정에서도 잘 나타난다. 저술 활동은 단순 창작이 아니라 집단지성의 결집의 표상인 것이다. 아마도 저술 과정을 통해 엮인 집단지성은 대한민국의 블록체인 미래와 세계 속에 한국의 블록체인의 장을 선도하게 될 것을 믿어 의심치 않는다.

　과거엔 내가 단독으로 나를 표현하여 나의 지성을 팔았다면, 미래 집단지성 체계에서는 나의 지성과 타인의 지성이 융합되어 집단화된 지성의 형태로 나타나는 것이다. 인간이 갖는 '복합 변수의 에고성이 슈퍼에고로 승화되는 것'이다.

[그림 10-8] 에고의 균형을 블록체인 시스템이 슈퍼에고를 자연스럽게 조절한다.
자료: https://thebasic.tistory.com/entry/정신분석이론

ㄹ) 집단지성에 합류하라

블록체인도 좋고 집단지성도 좋다. 그러나 실행하고 참여하지
않으면 아무런 쓸모가 없는 것이다. 부뚜막에 소금이 아무리 많은
들 음식에 넣지 않으면 소용없는 것과 마찬가지인 것이다. 집단지
성은 어디에 존재하는가? 인류사에 시대적 멘토는 늘 있어 왔다.
가까이 있는 것이다. 집단지성 공유 시스템을 만들면 되는 것이다.
아니 내가 바로 시작하면 되는 것이다. 훈련되지 않아 어려움을 느
낀다면 바로 이런 이유 때문에 이 책이 쓰이는지도 모른다.

3) 집단지성이 미래의 기준을 제시한다

대한민국을 오늘까지 만든 것은 바로 우리이다. 인류사에 찾을
수 없는 큰 사건이다. 처참한 구걸 사회에서 3만 달러를 넘는 선
진 사회로 이끈 주역이 바로 우리인 것이다. 우리가 바로 집단지성
의 주역이 되어야 한다.

우리가 블록체인을 노래로 부르는 것으로 그쳐서는 안 된다.
그 노래는 표준화를 거쳐 문서로 정립되어 선험적 미래의 표준으
로 제시해야 한다. 집단지성이 표준화를 선도하는 우리의 선험적
선언인 것이다. 지금 우리가 집단지성으로 집필하고 있는 이 작업
이 그러하다.

주) 본 저에 사용된 이미지는 직접 작업 및 검색을 통해서 캡쳐하여 사
    용되었습니다. 혹 저작자께는 양해의 말씀을 드립니다.

제11장

암호자산 비즈니스의 실전

- 안동수 -

암호자산 비즈니스 실전의 개요

토큰경제를 이론으로만 배우고 끝나면 나에게 실질적 소득의 창출은 만들어 지지 않는다. 도산 안창호 선생님 말씀 중에 이런 대목이 있다. "소에게 무엇을 먹일까 하는 토론으로 세월을 보내다가 소를 굶겨 죽였다. 百의 이론보다 千의 웅변보다 萬의 회의보다 풀 한 짐 베어다가 쇠죽을 쑤어준 사람이 제일이다."

블록체인 기반 암호자산^{화폐}의 발명은 인류 역사상 가장 큰 기술 도약 중에 하나다. 사람들이 자기가 선택한 Crypto currency로 자신의 경제생활을 해 나갈 수 있는 세상으로 바뀌게 된다면 이것은 디지털 경제 역사에서 가장 큰 혁명으로 환영받을 것이다. 그러나 암호자산 사업이 채굴부터 구매를 위한 투자와 거래소에서의 거래, 그리고 재정 거래와 다양한 관련 비즈니스 모델까지 다양하게 발전했지만, 자본이 부족한 일반인들이 수익을 만들어 낸다는 것은 참으로 어렵다. 지금까지 암호화폐는 채굴 또는 ICO 등을 통해서만 얻을 수 있었기 때문이다.

사람들이 암호화폐를 이해하지 못하거나 신뢰하지 않는데 그 사람들한테 비용을 지급할 것을 기대하는 것은 비현실적이다. 그러함에도 이 분야의 지식과 시장을 배우는 것은 대단히 중요한 시작이다. 간단한 예로 어떤 청년이 어렵게 돈을 모아 소모품인 승용차를 구매하려고 이것 저것 검토한다고 가정해 보자. 차를 사면 해당 자산은 10년 후 가치가 0에 가까워지고 처리 비용이 더 들어가게 될 것이다. 그러나 신뢰할 수 있고 생태계가 조성된 암호화폐나 암호자산에 투자한다면 아마 집을 몇 채 살 수 있을 정도로 불어날 가능성이 있다. 차를 사는 것은 시간 낭비요 돈 낭비가 될 수 있지만, 같은 돈을 암호화폐에 스테이킹하면, 즉 지갑에 맡겨 두면 이자만으로 택시를 이용할 수 있다. 다만 본인의 의지와 선택의 문제가 남아 있다. 접근 방법은 높은 수준의 기술 지식을 배우고 '실탄'을 투자해야 한다.

11장에서 우선 일반 사람들이 많이 접하고 확보할 수 있도록 하는 무료 채굴이나 무상 지급^{air drop}을 체험해 보자. 주로 대기업들이 추진하는 이 사업 모델은 많은 사람이 암호화폐를 획득하게 해서 자기네 사업에 참여할 수 있도록 유도하는 것이다. 여기에 착안해 요즘 유행하다시피 하는 것이 거대한 SNS 회사의 무료 채굴과 에어드롭이다.

필자가 몇 년간 다양한 경험을 하며 비즈니스에 참여해 본 결과 문제는 의도하지 않은 사기꾼과 먹튀가 많았다는 것이다. 몇 가지 경우를 제외하면 결국 투자금 날리고 시간 버리고 비싼 공부만 하고 남은 것은 별 볼일 없이 끝났다. 그러함에도 이 분야는 장기전으로 준비하지 않으면 안 되는 중요한 분야이기에 지속적인 연구와 노력이 필요하다. 한 번의 실수나 오판으로 사업이 잘못되었다고 전체 산업과 시장의 미래를 단견으로 판단하기 보다는 자신에게 어떤 영향을 줄 것인지 검토가 필요하다.

물론 다양한 분야에 좋은 사업 모델이 많겠지만, 여건상 몇 가지만 소개한다. 다음에 소개하는 모델들은 필자가 경험하고 실천해 실체를 확인한 실전 모델의 예이다.

02

파이코인(PI Coin) 무료 채굴로 미래 준비

1) 왜 휴대폰 채굴이 유효한가?

개인이나 회사가 비트코인으로 돈을 벌려면 비트코인을 더 많이 얻기 위해 컴퓨터로 암호로 된 계산 퍼즐을 풀기 위해 엄청난 컴퓨팅 파워와 에너지가 소모된다. 결국, 대규모 채굴 사업자들로 인해 전기 소비가 많아지고 환경 문제가 생기게 된다. 비트코인의 가치가 계속 상승함에 따라 채굴회사들은 특수 반도체 칩^{ASIC}을 개발하고 이 칩을 사용하여 비트코인을 채굴하는 거대한 서버 팜을 구축했다. 비트코인 골드러시 ^{Bitcoin Gold Rush}는 이 거대한 코인 채굴 회사의 출현으로 인해 일반인들이 네트워크에 기여하고 보상을 받는 것을 매우 어렵게 만들었다. 그들의 사업이 번창하면서 점점 더 많은 양의 컴퓨팅 에너지를 소비하기 시작하여 전 세계 환경 문제를 야기했다. 아울러 비트코인 채굴의 용이성과 비트코인 채굴공장의 증가로 대량의 생산력과 부를 중앙 집중화시켰다. 모든 비트코인의 87%를 1%의 네트워크가 소유하고 있는데,[1] 예를 들면, 비트코인의 가장 큰 채굴 사업자 중 하나인 비트메인은 수십 억의 수익과 수익을 얻고 있다.

ㄹ) 파이의 출현배경과 현황

파이 플랫폼을 개발한 기술 책임자 니콜라스 코 칼리스 박사는 스탠포드대학교에서 컴퓨터 과학부의 박사 학위를 마친 후 이 학교의 교수가 되었다. 그는 블록체인의 기술 발전을 일상적인 사람들에게 제공하는데 어려움을 겪었다. 그는 스탠포드 박사들과 스탠포드 최초의 분산 응용 프로그램으로 일상적인 생활을 하는 사람들에게 암호화폐를 확보할 수 있도록 했다. 파이의 사명과 일상적인 사람들에 의해 보안되고 운영되는 암호화폐 및 스마트 계약 플랫폼을 구축하는 것이다. 이를 통해 세계에서 가장 널리 사용되는 암호화폐 Pi의 생태계를 구축한 다음 세계에서 가장 포괄적인 P2P 시장을 구축하는 것을 최종 목표로 하고 있다. 그들은 "모든 사람을 위한 가치를 구축함으로써 더 많은 사람에게 블록체인의 힘을 불어넣기 위해 노력하고 있다"고 백서에서 설명하고 있다.

---

1) BLOCK MEDIA 장도선 기자, 2019년 1월 10일, Markethttps://www.blockmedia.co.kr/archives/60824

[그림 11-1] 파이코인 개발진, Dr. Nicolas Kokkalis, Head of Technology / Dr. Chengdiao Fan, Head of Product / Vincent McPhillip, Head of Community

3) 무료 채굴 참여 방법

먼저 투자금 들어가는 것도 없고, 또 당장 돈이 되는 건 아니지만, 암호화폐의 앞날은 어떤 코인이나 메인넷이 시장 생태계에 안착할 수 있을지 아무도 알 수 없는 상황이다. 준비하는 자만이 얻을 수 있는 미래라고 한다면 우리는 준비를 해야 한다.

시간이 지나면서 클릭만 해주면 자동으로 휴대폰에서 채굴되니 거대한 채굴 시스템이 필요 없다. 파이는 24시간에 한 번, 리브라는 한 시간에 한 번씩 클릭을 해야 채굴 자격이 주어진다. Pi와 Libra는 획기적인 기술을 통해 배터리를 소모하지 않고도 휴대전화에서 채굴할 수 있도록 되어 있다. 지금은 공부를 위한 실습이지만, 2~3년 후 큰 효자가 된다면 좋겠다는 생각으로 추천한다. 주위에 많이 전파하여 우리 일반 사람들이 미래의 금이라는 코인 자원을 미리 확보하도록 하면 좋겠다.

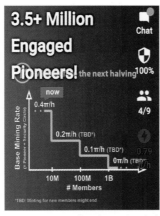

[그림 11-2] 파이 이미지 화면과 채굴 반감기 화면

　Pi는 일상적인 사람들을 위한 최초의 디지털 통화로, 전 세계적으로 암호화폐의 판도를 바꾸게 될 것으로 기대된다. Pi는 2020년 2월 현재 150개 이상의 국가에서 32개 언어로 350만 명이 네트워크로 참가하고 있는데, 시간당 채굴 속도의 반감기는 다음과 같다.

- 회원 350만 명이 참가하여 0.4파이$^\pi$
- 회원 1천만 명이 되면 0.2파이$^\pi$
- 회원 1억 명이 되면 0.1파이$^\pi$
- 회원 10억 명이 되면 종료

　파이의 가치는 현재 거래가 되지 않기 때문에 0원이다. 그러나 시스템에 다양한 서비스가 연결되면 그 가치는 상승할 것으로 기대되는데, 아마도 비트코인의 초창기라고 생각하면 될 것이다. 2020년 3월 14일을 파이데이로 정하고 기념일 행사를 했다. 이 채굴을 시작하려면 먼저 아래의 링크를 클릭한다.

https://minepi.com/ads7773

그러면 다운로드 버튼이 나오는데 이것을 눌러 홈 화면에서 회원 가입하면 된다. 하루 24시간에 한 번씩 채굴 희망 버튼을 클릭해 주어야 자동 채굴이 돌아가게 되니, 잊지 말고 관리해야 한다. 자기의 추천 링크 Referral link to share가 생기면 타인에게 전달해 함께 그룹을 형성하면 더 많은 해시 값이 주어지게 되는데, 기본적이고 좋은 비즈니스 방법이라고 생각된다. 또 파이 홈페이지에는 다양한 커뮤니티가 운영되는데, 이 활동에 참여하면 다양한 정보를 파악할 수 있다.

4) 향후 전망

파이에서 제시하는 일정은 다음과 같다. 파이는 커뮤니티가 든든하게 구성되고 테스트 넷에서 검증을 마치면 Pi 네트워크의 공식 메인 넷이 시작될 것이다. 이 시점이 되면 시스템은 계속 자체적으로 작동하게 된다. 이 시스템의 업데이트는 위원회에서 제안되어 Pi 개발자 커뮤니티와 Pi의 핵심 팀에 의해 제공될 것이다. 시스템의 운영은 마이닝 소프트웨어를 업데이트하는 노드에 달려 있어서 중앙 권한이 통화를 통제하지 않으며 완전히 분산된다. 이렇게 되면 Pi가 거래소에 연결되어 다른 통화로 교환될 수 있는 단계가 된다. 2020년 5월 초순 사용자들에게 분산 노드 역할을

원하는 사람들을 신청받고 노드가 될 수 있는 기술적 기술 기준
을 설정하는 단계에 있다.

이 계획대로 진행된다면 지금까지 탄생한 여러 코인 중에 생태
계가 가장 선진적이고 분산경제에 가장 적합한 메인넷이 될 것이라
고 필자는 생각한다. 이용자를 많이 모아 권력을 장악한 거대 중
앙 방식의 SNS나 큰 자본 투하를 하는 기업과 다르기 때문이다.

03

페이스북의 리브라 코인(LIBRA Coin) Air Drop

예측하기 어려운 미래 핀테크의 토큰경제는 미리 공부하고 준비해야 할 사항이다.

한국 4차산업혁명정책센터의 김경훈, AI전략센터센터장은 빅테크의 금융 진출과 디파이, 그리고 블록체인의 미래에 대해 다음과 같이 설명하고 있다.[2]

Google, Amazon, Facebook, Apple, 즉 GAFA로 대표되는 빅테크[BigTech]의 금융 산업 진출이 활발해 지고 있다. 이들은 높은 브랜드 인지도와 풍부한 고객 데이터, 그리고 최첨단 ICT 기술을 기반으로 금융 서비스 시장에서 빠르게 성장 중이다. 주요 빅테크 기업의 시가총액은 JP Morgan, 중국공상은행 등 세계 최대 금융기관의 시가총액을 넘어서고 있으며, 이들은 이미 지급 결제[payment], 자산관리[wealth management], 신용공여[credit extension] 및 대출, 보험 등 다양한 금융 서비스를 제공 중이다.

특히 지급 결제 부문은 빅테크 기업에서 가장 처음으로 도입한

---

2) <빅테크의 금융 산업 진출과 블록체인의 미래>, ISSUE REPORT NO.11, 2020.03.17.

서비스 중 하나로, 중국에서 가장 활발히 진행되고 있으며 그 규모는 무려 중국 전체 GDP의 16%에 달한다[Frost et al., 2019]. 이들이 금융 산업에 적극적으로 뛰어드는 현상은 크게 세 가지 이유로 설명된다. 첫째, 단일 비즈니스 모델 구조에서 발생하는 위험성을 감소하고 수익 구조의 다변화가 가능하며, 둘째, 금융 서비스를 제공함과 동시에 이용자의 소비 습관, 재무 상황과 같은 새로운 데이터를 취득할 수 있고, 셋째, 플랫폼 기반의 금융 서비스를 통해 기존 고객의 만족도를 높이고 고객층을 확대하는 것이 가능하기 때문이다[Financial Stability Board, 2019].

일부 빅테크 기업들은 최근 떠오르는 디파이[De-Fi: Decentralized Finance] 시장에 주목하고 있다. 블록체인 기반의 탈중앙화 금융을 의미하는 디파이는 기존 금융기관 없이도 가상자산과 스마트컨트랙트 기능을 활용하여 완전하게 또는 부분적으로 분산화된 금융 서비스를 실현하는 것을 목표로 하고 있다. 디파이에 대해 합치된 정의는 없지만, 광의적으로는 중앙화된 기존 금융기관의 역할을 블록체인 기술을 통해 분산화하는 개념으로, 협의적으로는 '가상자산을 활용한 모든 금융 서비스'로 정의할 수 있다.

DEFI PULSE[2019]에 의하면 2019년 12월 31일 기준, 전 세계 디파이 시장에 예치된 금액은 약 6.7억 달러로, 1년 전인 2018년 12월 31일[약 2.9억 달러]과 비교하여 2배 이상 증가한 것으로 나타났다. 페이스북은 디파이 시장에 주목하고 있는 주요 빅테크 기업 중 하나로, 가상자산 리브라 프로젝트를 통해 본격적으로 디파이 시장에 잔입해 국회 청문회 등 공식적인 행보를 이어가고 있다.

이 프로젝트는 블록체인 기반의 안정성과 범용성을 겸비한 글로벌 가상자산을 통해 전 세계 17억 명을 대상으로 포용적 금융을 실현하는 것을 목표로 하고 있다. 여기서 주목할 점은 페이스북은 이윤 창출이 우선시될 수밖에 없는 영리 추구형 기업이자, 전 세계에서 가장 크고 광범위한 네트워크를 보유하고 있는 빅테크 기업이라는 것이다. 자체 소셜네트워크 플랫폼뿐만 아니라 인스타그램, 왓츠앱 등을 통해 전 세계 약 24억 명의 가입자를 확보한 이 플랫폼 연합체는 리브라를 통해 포용적 금융^{inclusive finance}이라는 사회적 가치를 실현함과 동시에, 새로운 고객을 확보하고 가상자산을 통해 더 강한 네트워크 효과를 창출할 수 있는 길이 열리게 된 것이다.[3]

2020년 하반기 리브라^{Libra}의 출시와 사업에는 리브라 협회 창립 회원사는 28개 기업으로 비자, 마스터카드, 페이팔, 우버, 리프트, 코인베이스 등이 참여했다. 계획대로 2020년 하반기에 출시되면 우선 17억 명의 은행을 이용하지 못하는 사람들을 고객으로 택할 것이라 한다.

[그림 11-3] 리브라 협회 창립 회원사

3) http://www.kbepa.kr/bbs/board.php?bo_table=opinion&wr_id=12

앞서 설명한 대로 앞으로 세계 디지털 화폐의 움직임은 리브라의 비중이 크게 작용할 것이다. 우리가 여기에 관심을 가져야 하는 것은 리브라가 생태계 구성을 위해 2019년부터 3,000,000 Libra를 무료로 채굴할 수 있게 공개하고, 추천을 통해 많은 사람이 들어오게 하고 있다.

우리가 이런 미래 경제 자원을 확보할 수 있을 때 많이 참여하여 한국의 지분을 크게 하는 것은 매우 중요하기에 아래 그 방법을 소개한다.

[그림 11-4] 리브라 소개 화면

이 채굴을 시작하려면 먼저 아래의 링크를 클릭한다.
https://uplibra.io?refer=674118
그러면 다운로드 버튼이 나오는데 이것을 눌러 홈 화면에서 회원 가입하면 된다.
리브라는 회원들의 관심을 자사에 묶어 두기 위하여 한 시간에

한 번씩 채굴 완료 버튼인 claim을 눌러 주어야 채굴량을 쌓아 주고 다시 자동 채굴이 돌아가게 해 두었다. 그러므로 지속적으로 잊지 말고 관리해야 한다. 사업을 더 크게 전개하려면 자기의 추천코드가 생기면 타인에게 전달해 함께 그룹을 형성하면 더 많은 리브라가 주어지게 된다.

[그림 11-5] 리브라 채굴 화면

그리고 이 코인의 가치는 현재 정해져 있지 않다. 지금 자체적으로는 1달러로 표기하고 있지만 아직 시장에서 가치가 정해지지 않았고, 앞으로 사용자의 규모와 기능 등 그 생태계가 어떻게 구성되는가에 달려 있다. 리브라는 임시 발표서 UPLibra Exchange Purple paper 에 다음과 같은 계획을 갖고 있다.

- 2020년에 온라인으로 가기 위해 중반에 등록 기능을 닫을 예정
- 일부 중요한 금융 지역의 법적 금융 라이센스를 취득
- 7~10월에 Libra의 공식 출시

크리팩스(CRYPEXC) 재정거래 사업의 실전

    누구든 암호화폐를 가지고 있다면 일반 거래소에 보관하거나, 큰 규모이면 콜드 월렛에 안전하게 보관해 둔다. 어떤 곳에 보관하더라도 거래소나 지갑에 있는 내 재산이 스스로 수익이나 이자를 벌어 오는 것은 쉽지 않다. 그러나 이제는 인공지능 거래 로봇으로 하여금 여러 거래소의 매매 가격을 조회하여 삽시간에 이익을 창출할 수 있는 사업 모델이 등장했다. 그동안 여러 회사가 이런 프로그램을 제공하여 많은 사업자가 참여했지만, 회사가 인출을 봉쇄하고 먹튀^{먹고 튀는}를 하는 것으로 끝나는 경우가 많아 많은 투자자가 손해를 보고 고통을 받았다. 이런 사업 모델은 회사를 전적으로 신뢰하고 맡기는 것이니 약간의 의구심은 생기게 마련이지만, 투자는 자기의 판단으로 자기가 한다는 일반론에 머물 수밖에 없다.

[그림 11-6] 크리팩스 시작 화면

이번에는 언제나 내 재산을 인출할 수 있다고 선언하여 먹튀할
회사가 아니라는 전제하에 한 회사 모델을 소개한다.

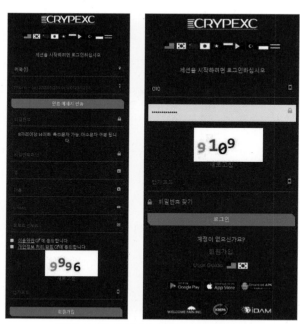

[그림 11-7] 크리팩스 등록 및 로그인 화면

그리고 앞서 설명한 파이나 리브라도 생태계 확산을 위해 회원으로 활동하는 사람의 신입 회원 추천을 기본으로 하고 있다. 이 크리팩스에서도 선 가입자의 후 가입자 추천은 의무적이다. 먼저 필자의 아래 추천 코드를 넣고 클릭하면 회원 가입 절차가 시작된다.

https://crypexc.com/frame/0001WX2QTV1X/signup/

여기서는 휴대전화와 메일 그리고 2차 OTP 등 3가지의 기본적 인증이 되어야 한다. 010으로 시작하는 11자리, 10으로 시작하는 10자리 모두 사용이 가능하며 하나의 휴대전화 번호로 2개의 계정 인증도 가능하다. 다음에는 인공지능 트레이더인 봇을 구매해야 하는데, 지급 수단은 현금, 카드, BTC, ETH와 USDT 등 5가지이다. 신용카드는 오프라인에서 결제를 진행하고 난 후 본 페이지에서 신청을 진행하면 된다. 다음에는 메인 옵션에서 자기의 재정 거래 진행을 본인이 직접 할 것인가, 아니면 회사에 일임할 것인가를 선택한다. 능력이 갖춰진 전문가라면 사용자가 자신이 사용하고 있는 거래소와 거래소 지갑을 API KEY로 Excommander 프로그램과 연결하여 사용할 수 있는 방식이다. 이렇게 직접 본인이 설정해서 하는 방식은 자기의 재산을 안전하게 지키고 자기의 방식대로 거래수익을 낼 수 있으나, 일반인에게는 대단히 어려운 일이다. 이런 일에 익수하지 못한 일반인은 통합을 선택하여 진행하는 것이 수월하다.

다음은 자기의 BTC나 ETH 코인을 옮기는 순서인데, 이는 일반적인 거래소에서 송금하는 일반 절차로 하면 된다. 필자의 경우는 업비트에서 10여 분 만에 크리팩스에 입금되었다. BTC과 ETH로 자산 입금을 하고 나서 처음 환경 세팅하면 궁금한 사항이 생긴다. '메인 옵션에서 통합 세팅을 한 경우 기본 옵션을 할 필요가 있는가?', 또는 '만약 해야 한다면 거래소와 코인 종류는 어떻게 하는 것이 현명한가?'라는 물음이다. 걱정할 필요 없이 메인 옵션에 가서 통합 버튼을 체크해 주고 동의 버튼을 눌러 주면 된다.

메인 옵션에서 통합 세팅 스위치를 클릭하면 ON 상태로 변경된다. 약관을 숙지한 후 [동의]를 클릭하면 통합 세팅이 즉시 적용된다. 이제부터 모든 투자금을 익스커멘더에 위탁하여 수익을 창출 받게 되는데, 앞으로 트레이더 로봇의 한층 업그레이드된 성능으로 회원의 암호화폐 자산을 관리해 줄 것으로 기대된다.

그리고 자기의 프로모션 코드를 복사하고 설명을 붙여 자기가 함께 이 사업을 하고 싶은 동료들에게 보내 조직을 구성하면 사업에 도움이 된다. 필자의 짧은 경험으로는 신뢰 가는 플랫폼의 짜임새와 기능이 안정적이다.

수익률은 디시보드에 나와 있는 수익률 C차트에서 볼 수 있다. 일일 수익률 주요 범위는 약 0.22~ 0.45% 정도로 나와 있는데, 이를 30일간으로 모면 6.6~13.5% 정도가 된다. 평균 일일 0.335%라면 월간 약 10%가 된다.

2019년 12월에 출범한 비즈니스모델로 점차 확고하게 자리를 잡아가고 있다. 실질적인 수익 구조를 만들기 위해서는 봇 구매 비용인 130여만 원과 기본 투자금을 계산하여야 한다. 인출은 월~수요일 신청하면 다음 날, 목요일 신청하면 다음 주 월요일에 실행된다. 24시간 이상 준비 대기 시간이 필요하니 미리미리 준비해야 긴급 자금이 필요할 때 시간을 맞출 수 있다.

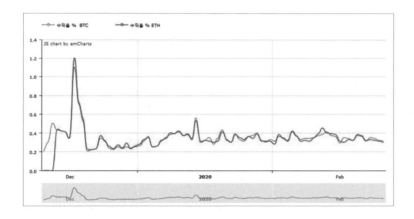

[그림 11-8] CRYPEXC 수익률 Chart와 실질 수익표

IPFS와 FILE Coin 사업의 실전

미래 예측이 긴요한 시대다. 4차 산업을 맞는 인터넷이 분산화 전환으로 대변혁을 맞으며 인터넷 경제의 근본적 재편이 진행되고 있다. 세간에서 제2의 비트코인으로 평가되는 IPFS^{InterPlanetary} ^{File System} 기반의 FileCoin 사업이 주목을 받고 있다. IPFS란 행성 간 파일 시스템의 약자로서 기존의 http가 중앙 서버 체계라서 해킹이나 전송망 다운과 전송 속도 저하, 저장 용량 부족이라는 체질적 문제를 분산 서버로 이런 문제들을 근본적으로 해결하려는 것이다.

1) IPFS 출현 배경과 여건

MIT가 선정한 2020년도 10대 혁신 기술을 보면 다음과 같다.[4]

① 해킹 불가능한 인터넷 Unhackable internet

---

4) MIIT Technology Review, 2020년 2월 26일 <2020년 10대 혁신기술 10 Breakthrough Technologies 2020>

② 초특화 개인 맞춤 의약 Hyper-personalized medicine

③ 디지털 화폐 Digital money

④ 항노화 약물 Anti-aging drugs

⑤ 인공지능 발견 분자 AI-discovered molecules

⑥ 위성 메가 별자리 Satellite mega-constellations

⑦ 양자 우월 Quantum supremacy

⑧ 작은 인공지능 Tiny AI

⑨ 차등 개인정보 Differential privacy

⑩ 기후 변화 속성 Climate change attribution

IPFS는 해킹이 불가능한 인터넷과 디지털 화폐, 그리고 작은 인
공지능의 3가지 혁신 기술이 어우러져 탄생된 것이라 볼 수 있다.
왜 그런지 하나씩 살펴보자.

2) 현재 인터넷 체계의 문제점

현재의 http 인터넷 서비스는 특정 데이터 센터에 위치한 서버
에 정보를 저장하여 중앙화 인터넷을 만든다. 그리고 웹 브라우저
에 URL인 www.를 입력하여 인터넷 정보에 액세스하면 URL은 찾
고자 하는 정보를 저장하는 하나의 서버를 식별하는 IP 주소로
확인된다. HTTP^{Hyper Text Transfer Protocol}는 인터넷 웹 서버와 사용
자의 인터넷 브라우저 사이에 문서를 전송하기 위해 사용되는 통

신 규약으로 웹 기반을 구성한다. 그런데 HTTP Web은 중앙화 Centralization되어 있어, 해킹의 위험으로 불안하고 비효율적이며, 전송 속도가 느리다. 고도의 연결성을 필요로 하는 첨단 현대 사회에서는 좁아진 대역폭 Band width, 시간 지연 Latency, 부족한 원복력 Resiliency와 같은 문제를 낳고 있는 것이다. 인터넷 사용자가 증가할수록, 데이터가 많아질수록 인터넷 망의 대역폭이 좁아져 병목 현상과 지연 현상이 발생하고 있다. 중앙 서버 전산망의 불안정과 마비에 따른 사례와 문제점을 보면 다음과 같다.

- 2011년 4월 12일 농협 전산망 마비 사태로 전산망의 대규모 자료가 손상되어 수일에 걸쳐 전체 또는 일부 서비스 이용이 마비된 사건이 있었다.
- 한진그룹 서버의 이상으로 대한항공과 진에어 40여 편 항공 운항이 지연되었다.
- 아마존의 웹 서비스 AWS에 의존도가 높은 페이스북, 인스타그램, 유튜브와 같이 국내 업체도 의존도 커져. 사고가 터지면 문제점도 연동이 불가피하다.
- 인터넷 통신 지연으로 소상공인과 중소기업의 부도 사례가 다수 발생하고 있다.
- 해커들이 서버를 마비시키고 돈을 요구하는 랜섬웨어 피해에서 한국이 1위라고 한다.

중앙화되면 대역폭이 좁아지고 소통의 속도가 느려지는데, 문제는 다가오는 빅데이터 시대에는 더욱 커진다는 것이다. 5G 시대에 사물인터넷, 로봇, AI, 자율주행차, 드론 등 M2M 서비스는 서버 없이 사용 불가하며 데이터의 30%는 실시간 처리가 필요하다고 한다. 자율주행 중인 차량이 지연되는 신호를 받아서는 운행이 불가능하기 때문이다. 그리고 중앙화는 서버 제공 기업이나 SNS 운영 기업, 정부 등 Big Brother가 정치적 목적으로 통제하기 쉬워지는 문제점도 있다.

또 인터넷망의 고장으로 콘텐츠가 소실되거나 침입자에게 해킹 당하면 나의 콘텐츠를 원본으로 불러올 수 없는 원복력Resiliency이 약해지거나 불가능해지는 문제도 생긴다.

그래서 IT 분야 트렌드 예측의 선지자 중의 한 명인 조지 길더는 2018년 11월 중국 칭화대 강의에서 "중앙화된 인터넷은 블록체인으로 대표되는 탈중앙화 인터넷으로 대체될 것이고 구글 시대의 종말을 가져올 것이다"라고 주장했다고 한다. 그야말로 세상 질서의 근본적 변화가 오게 되는 것이다. 이것은 기득권자에게는 큰 위협이지만, 도전자에게는 새로운 기회의 세계이다.

3) 대안으로 나타난 IPFS와 File Coin

스탠퍼드대학교 컴퓨터 과학자인 베넷Juan Benet은 2014년에 "The internet is in the middle of a revolution"이라는 백서에서 다음과 같이 개념을 정리하였다.[5]

---

5) Filecoin: A Decentralized Storage Network Protocol Labs / July 19, 2017 / Abstract

[그림 11-9] Juan Benet

이 개념을 정리하면 다음과 같다.

- IPFS는 분산 서버를 사용하는 인터넷 표준이다.
- 전 세계 컴퓨터를 이 표준으로 시스템을 연결하여 계정 일시 중지 및 서비스 지연이 큰 폭으로 감소하여 중단 없는 서비스 가능하다.
- http보다 업로드, 다운로드 속도가 빠르다.
- 해킹, 위, 변조, 디도스 공격에 안전하다.
- IPFS는 데이터를 여러 기기에 분산 저장해 서버 다운이나 사이버 해킹 공격을 당해 서버 하나에 문제가 생겨도 다른 서버를 이용해 데이터 복원 가능
- 근본적인 목표는 개방적으로 확산시켜 기존 인터넷을 대체
- 중앙 서버에 비해 가격이 엄청 싸다.
- 데이터를 해시로 만들어 256kb로 나누어 분산화 저장하여 동시에 데이터 다운로드 가능하다.

- 사용자가 많아지고 노드가 많을수록 업로드, 다운로드 속도는 더 빨라진다.
- 전 세계 많은 마이너를 통해 노드를 형성하여 거대 스토리지를 형성하여 저장 공간 비용이 매우 저렴해진다.
- 블록체인으로 보안과 안정성이 뛰어나며 데이터는 모니터링할 수 없으며 복사, 변조를 전혀 할 수 없다.
- 오픈 소스를 통해 다양한 분양이 가능하며 누구나 개발에 참여할 수 있다.

IPFS의 기능을 간단하게 정리하면 다음과 같다.
- 파일과 그 안의 모든 블록에는 암호화 해시라는 고유한 지문이 제공된다.
- IPFS는 네트워크에서 중복을 제거한다.
- 각 네트워크 노드에는 관심 있는 콘텐츠와 어떤 노드가 무엇을 저장하고 있는지 파악하는 데 도움이 되는 인덱싱 정보만 저장한다.
- 보거나 다운로드할 파일을 찾을 때 해당 파일의 해시 뒤에 콘컨텐츠를 저장하는 노드를 찾도록 네트워크에 요청한다.
- 그러나 해시를 기억할 필요는 없다. 모든 파일은 IPNS라는 분산 이름 지정 시스템을 사용하여 사람이 읽을 수 있는 이름으로 찾을 수 있다.

앞으로 전 인류가 쓰게 될 것으로 예측되는 ipfs 방식은 암호화 해시를 사용하여 네트워크에 저장된 데이터를 식별하고 분산

시키는 분산 스토리지 시스템이다. 현재 시범적으로 구글과 아마
존 등에서는 IPFS를 일부 사용하고, 현재 다수 기업체들이 시범적
사용에 참여하고 있다고 한다.

4) File Coin의 탄생

　파일코인Filecoin은 IPFS를 개발한 프로토콜 랩스Protocol Labs에서
개발한 코인이다. 이는 IPFS 이용 시 지불 및 보상 형태로 사용하
기 위해 개발되었다. Filecoin의 암호화 해시를 통한 색인화된 데
이터를 통해 사용자는 대규모 데이터 세트를 효율적으로 조정하
고 업데이트할 수 있다. 여기서 중요한 것이 작업 증명 방식이다.

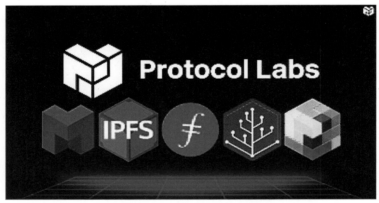

[그림 11-10] Protocalo Labs

BTC를 비롯한 대부분의 블록체인은 작업 증명 합의 프로토콜을 사용하여 채굴을 장려하고 네트워크 보안을 제공한다. 이 방식은 네트워크에서 트랜잭션을 확인하기 위해 노드를 실행하는 컴퓨터에서 많은 해시함수 계산을 수행해야 하므로 컴퓨터 최대 가동으로 에너지를 많이 소모한다. 일부 소셜 프로젝트는 Proof-of- Stake 합의 메커니즘 등의 새로운 방법으로 개선하고 있지만, 많은 전기 소모는 필연적이다.

반면에 Filecoin 프로토콜은 PoRep$^{\text{Proof-of-Replication}}$ 및 PoSt$^{\text{Proof-of-Spacetime}}$를 사용하여 파일에 고유한 공간이 할당되도록 한다. 이 저장 메모리에 저장되는 데이터는 사용자 가까이에 있는 물리적 서버에 저장되므로 정보 검색이 훨씬 빨라진다. 네트워크 프로토콜 자체는 파일에 저장되도록 한다. 새로운 암호화 증명은 Filecoin 마이닝 프로세스의 부산물로 클라이언트를 위한 유용하고 유용한 스토리지 서비스를 만든다. 채굴자들은 Filecoin의 검증 가능한 저장 공간에서 오픈 하드 드라이브 공간으로 수익을 창출하고 비례해 받게 된다. 더 많이 저장할수록 더 많은 파일 코인 토큰을 얻게 되는 것이다.

그러므로 연산이 필요할 때만 가동되므로 전기 소모가 무시할 만한 수준이기에 작업 증명 체계에서 낭비되는 에너지 문제가 근본적으로 해소되는 것이다. 나아가 더 전력 효율적인 클라우드 스토리지 네트워크를 생성할 수 있는 최적화 구조를 구축하는 방향으로 개발 목표가 설정되어 있다.

Filecoin은 2020년 6월경 Open 예정인데, Filecoin 노드 소프

트웨어는 무료이며 오픈 소스이다. 누구나 Filecoin 노드를 실행할 수 있으며 Testnet과 Mainnet은 누구에게나 공개하고 아무나 참여할 수 있다.

파일를 업로드할 때 파일코인을 지급하고 마이너는 저장 공간을 제공해 주면서 파일코인을 보상으로 받는다. 미국증권거래소 SEC 에서 ICO 허가를 받은 미국 최초의 코인이라고 주장하는 측도 있지만, 사실 확인을 아직 하지 못했다.

2017년 9월 8일에 실시된 파일코인Filecoin ICO에서 약 2,318억 원을 모금했다고 알려지고 있으며 이는 Telegram 1위를 이은 2위 규모다. FileCoin이 아직 채굴을 시작하지 않았지만, 그 가능성을 보고 선물시장에 상장되었는데, 가치는 2020년 2월 15일 coinmarketcap에는 5$로 나타나 있다. 코인의 분배는 20억 개 중 10%는 ICO에 분배되었고, 사회 기부와 개발비 등으로 사용된 것 이외에 나머지 70%인 14억 개가 앞으로 186년 동안 반감기 6년 주기로 채굴되게 된다. 2020년 6월부터 채굴되는 14억 개의 반인 7억 개가 제1 반감기 6년간 채굴된다. 그 첫해에 14억 개의 10%에 해당되는 1억 4천만 개가 채굴될 것이다. 당연히 2020년 첫해에 참여하는 것이 코인 확보의 좋은 기회가 될 것이다. 참고적으로 TVCC사가 제작한 동영상 보기를 권해 드린다.

https://youtu.be/rQZJjmPbHwc

5) File Coin 사업 참여 방법

사업은 크게 파일코인 채굴 사업과 스토리지 임대 사업으로 나눌 수 있다. 2020년 채굴에 투자하면 유리한 이유는 우선 채굴기를 제일 싸게 살 수 있는 시기이기 때문이다. 현재 4TB 용량 1대 채굴기 가격은 2,100$로 250만 원 수준이다. 채굴량은 저장 용량에 비례한다. 2020년 6월 메인 넷 이후에 실제 채굴이 시작되면 컴퓨터 채굴기 부품 가격 폭등이 예상된다.

전문가들은 2020년이 첫해이기 때문에 총 1억 4천만 개가 채굴되어 최대 생산의 기회라고 말한다. 또 신 인터넷 시스템 기반이기 때문에 파일코인이 제2의 비트코인이 될 가능성 높다고 전망하고 있다. 참여하는 방법은 아래 DDS^{Digital Data Storage} 채굴기 판매회사의 링크를 클릭하여 가입 절차를 진행하면 된다.

http://app.ddsfile.hk/signUp?id=alejandro

회원 및 사업자 등록 절차는 아래와 같다.

① 닉네임 설정은 자기의 실명이나 애칭을 사용

② 아이디 설정^{영문과 수자로 4~12자리 수로 설정}

③ 1차 비밀번호 설정 ^{영문과 수자로 4~20자리 수로 설정}

④ OTP 설정은 세심하게 신경 써야 한다.

- 먼저 자기 휴대폰^{실명이 아니기 때문에 다른 휴대폰 사용도 가능}에 구글 OTP 앱이 다운로드 되어 동작되어야 한다. 휴대폰 OTP 화면에서 아래 있는 +버튼을 누르면 나오는 빈칸을 대기시켜

놓는다.

- 그다음에 PC에서 회원 로그인 후 OTP 설정에 들어가면 설정을 위한 코드가 나타난다. 이것을 복사해서 휴대폰에 OTP로 추가하면 나오는 코드 넣기를 선택하여 확인한다. 그 아래 6자리 숫자가 나타나게 되면 이것을 PC의 OTP에 넣으면 설정이 완성된다.
- 2차 비밀번호 설정_{숫자, 영문, 특수문자의 조합으로 4~20자리수로 설정함이 바람직}

⑤ 2차 비밀번호 설정_{영문과 수자로 4~20자리 수로 설정} 새로 등록할 때는 4~20자리 수로 설정 후 OTP의 숫자를 넣어 확인하면 완성된다.

⑥ 일단 회원 가입된 후에는 자기의 채굴 장치 구매하는 투자금을 이더리움 ETH를 지갑에 입금한다. 이때 선택할 수 있는 패키지는 150불^{0.19ETH}, 300불^{1.82ETH}, 600불^{3.64ETH}, 2,100불^{7.28ETH}, 9,975불^{7.28ETH}, 18,900불^{7.28ETH} 등 6종류이다. 이 중 하나를 선택하여 구매하면 된다. 등록 후 업그레이드는 언제든지 가능하다.

⑦ 주의할 점은 DDS에서 어떤 수준으로 패키지를 구매할 것인가를 결정하고, 이 ETH 수량을 거래소에서 보내기 위해 입급이 전송되는 시간이 지체될 수 있으니 미리미리 준비해 두는 것이 좋다. 회원 가입을 하고 48시간 안에 자기가 구매하고자 하는 패키지에 해당하는 ETH를 보내야 한다.

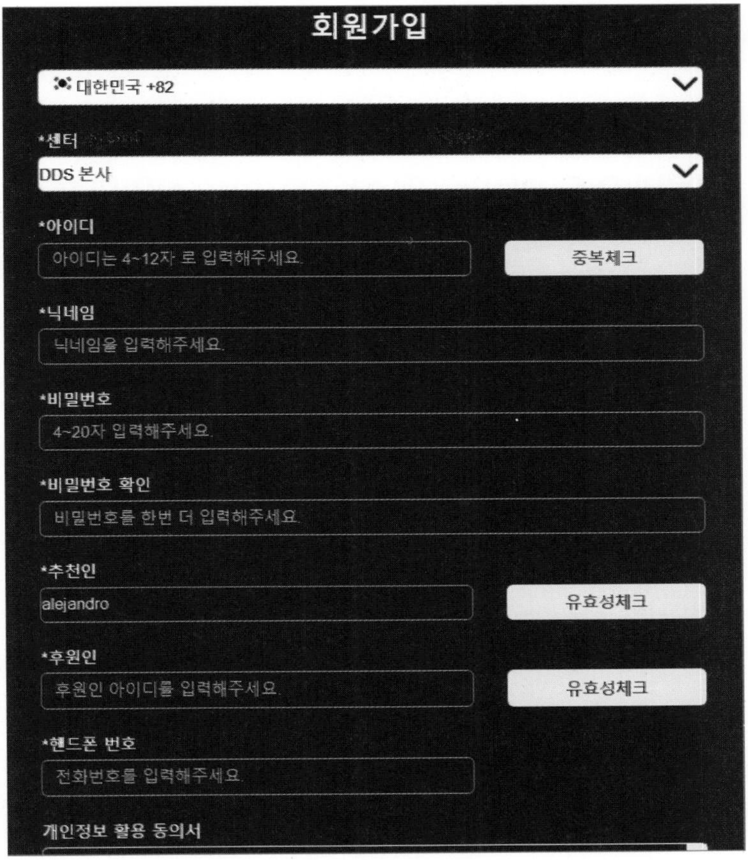
회원가입
대한민국 +82
*센터
DDS 본사
*아이디
아이디는 4~12자 로 입력해주세요.
중복체크
*닉네임
닉네임을 입력해주세요.
*비밀번호
4~20자 입력해주세요.
*비밀번호 확인
비밀번호를 한번 더 입력해주세요.
*추천인
alejandro
유효성체크
*후원인
후원인 아이디를 입력해주세요.
유효성체크
*핸드폰 번호
전화번호를 입력해주세요.
개인정보 활용 동의서

[그림 11-11] 회원가입

글로벌 DiFi Wallet 액스트림(XTRM) 사업의 실전

1) 서민을 위한 금융 도구의 실현

지불 금융 시스템의 혁신은 모든 글로벌 기업에 중요하지만, 핀테크 금융 서비스 산업은 오랫동안 발전을 위한 고통과 혼란에 빠졌었다. 이러한 다파이^{DiFi} 서비스의 파괴적인 효과는 금융기관^{FI}의 인식 부족이나 혁신에 대한 투자 부족으로 인해 제대로 그동안 이루어지지 않았던 요인이 가장 크고 시장의 보수적인 통제도 큰 이유 중의 하나라고 볼 수 있다. 그 이유는 금융 비즈니스는 엄격한 규제로 통제되는 환경에서 운영되고, 글로벌 및 현지 규정 준수와 표준을 모두 충족해야 하기 때문이다.

그래서 지난 10여 년간 많은 곳에서 모바일 지갑, 모바일 뱅킹 및 P2P 지급과 같은 더 많은 소비자 중심 솔루션을 배포하려고 시도했지만 거의 성공하지 못했거나 비즈니스 생태계 구성 완성 단계에 이르지 못하고 있다. 그러나 시간이 지남에 따라 이러한 파괴적인 기능은 거의 모든 비즈니스에 실질적이고 즉각적인 기능을 제공하게 되었다. 2016년 이후 cryptocurrency와 blockchain이 미래금융의 틀을 만들고 전 세계 서민들의 재정 및 경제적 자유를 가져올 그 미래를 예상하며 암호화폐 시장의 거대한 생태계를 구축해온 그룹이 있어 여기 소개하고자 한다.

액스트림[XTRM]의 전자지갑은 은행과 같은 기능으로 암호화폐의 입금 및 출금이 자유롭다. 즉 현재의 중앙은행의 문턱이 높은 금융 서비스에 진입하는 고통이 없이도 금융 거래가 자유롭다는 것이다. 블록체인의 정신을 실생활에 구현하는 금융 체계이기에 금융 투기 자본주의하에서 신음하는 서민들에게 큰 희망이 될 것이므로 그 의미는 크다. 이러한 큰 생태계 시스템을 수년간 개발하며 2020년 올해 XTRM 플랫폼 메인넷을 완성한 사람은 베네지[S. Banerjee] 회장이다.

[그림 11-12] 개발자 S. Benerjee

그는 디지털 통화 시스템 설계 및 개발에 대한 최고의 지식과 재능을 가진 갖춘 하드 코어 기술 전문가이다. 그는 소프트웨어 업계에 종사하는 사업가로서 항상 순수한 연구개발과 관련 기업가로서 활동해 왔다. 그는 약 2014년경부터 요코인^{YOCoin} 기술의 설계와 개발, 그리고 궁극적인 구현을 위해 노력해 온 국제적 실력자이다.

또 베네지는 혁신가로서 최고의 기술로 만든 XTRM을 암호화폐 시장에서 상위권의 디지털 화폐 진입 목표를 가시화하고 있다. 그는 홈페이지에서 다음과 같이 설명하고 있다.

"XTRM은 모든 규모의 소비자와 회사가 모든 유형의 B2B, B2C, C2C 및 C2B 글로벌 결제를 수신, 관리 및 결제할 수 있도록 하는 지능형 디지털 지갑 아키텍처로 구동되는 강력한 글로벌 결제 플랫폼입니다. XTRM은 다수의 대량 결제, 관리 및 송금 옵션을 제공하며 Bank EFT, Bank Checks, VISA Debit Cards, Virtual Visa 및 100개 이상의 다국적 디지털 기프트 카드와 같은 다양한 현금 및 비현금 글로벌 지불 옵션을 선택할 수 있습니다. XTRM은 140개가 넘는 전 세계 통화를 지원하여 전 세계 어디에서나 개인 및 회사에 대한 모든 종류의 통화 결제 및 환전을 허용하며, 국내 및 국제 세금 및 보안 규정을 완벽하게 준수하고 SOX, KYC 및 AML 준수합니다."

[그림 11-13] 시장은 상승장과 하락장의 겨누기라는 이미지를 담은 XTRM 로고

ㄹ) XTRM 출현 배경

비즈니스 모델이 무엇이든 XTRM 플랫폼을 활용하여 전 세계 어디에서나 회사나 개인에 대한 전 세계 결제를 수행하고 관리를 받을 수 있다면, 더 이상 지급 지연되거나 높은 수수료, 수수료 및 환율의 투명성 부족을 걱정할 필요가 없다. 파트너 및 고객을 집계하고 자금 흐름을 제어하면서 글로벌 규정 준수하여 매우 안전한 거래를 할 수 있다.

이러한 플랫폼은 전 세계적으로 대부분 아프리카와 아시아에 분포되어 있는 20억 명의 인구가 가난하여 은행계좌도 개설하지 못하는 현실에서, 이에 대한 대안으로 핀테크가 이들을 위한 금융 서비스가 제공될 수 있을 것으로 기대되고 있다. 특히 인도는 은행 이용률이 낮고 리테일 금융이 취약하나, 스마트폰의 보급률은 높아 핀테크 혁신이 일어나기 좋은 여건을 보유하고 있다. 영어를 사용하여 세계적인 소통이 원활하고, 수학을 잘하는 인도인들의 사회적 여건은 미국을 위시한 IT 선진국들과 많은 업무 협력이 이루어지는 것은 지극히 당연한 일이다.

특히 인도가 차세대 디지털 금융 선도국이 될 가능성이 높다고 평가받는데, 인도는 기존 금융 체계가 공고히 자리 잡아 기득권 체계의 변화가 쉽지 않은 국가들보다 상대적으로 핀테크 혁신이 일어나기 좋은 여건을 갖고 있다. 그 이유로 ▶ 12억 인구 규모, ▶ 낮은 은행 이용률, ▶ 국가 생체 인증 시스템인 AADHAR의 도입, ▶ 80%가 넘는 모바일 보급률을 들었다. 차기 핀테크 혁신의 대상국이 될 것으로 기대되기 때문이다.

XTRM은 앞에서 설명한 ipfs를 기반으로 한 재정 거래 FX 실전 DeFi^{Decentralized Financing} 최첨단 사업 모델이기도 하다. 다만, IPFS는 H/W 중심적 분산시스템이고, XTRM은 S/W 중심적 분산시스템이라고 개념을 정리할 수 있다. 이용자는 XTRM과 같은 신뢰할 수 있는 암호화 응용 프로그램으로 이동하여 비용이 절약되는 암호화 지갑에 보관하면 수익이 발생하는 선진 FX 사업 모델이라고 할 수 있다.

3) Yo Coin과 XTRM

요코인이 2017년경부터 본격적으로 한국에 소개되어 2018년 말까지 많은 한국 사업자들이 이 코인을 구매하고 사업에 참가하였다. 그 이유는 요코인으로 공과금을 내고 휴대폰으로 서민들의 은행 업무를 대신할 수 있는 기능이 있다는 것에 근거하였다. 그러나 2018년부터 시작된 세계적인 코인경제의 하락장에서 요코인도 엄청난 추락을 면할 수는 없었다. 다행이도 개발의 중심축을 잡고 있는 베네지 회장은 요뱅크와 같은 몇가지 플랫폼을 지속적으로 출시하여 크립토경제 플랫폼과 생태계 조성에 새로운 세계를 개척해 왔다. 그리고 2020년에 시작된 분산 인터넷을 기반으로 소비자들이 이익을 실현할 수 있는 XTRM 플랫폼 메인넷을 개발한 것이다.

4) XTRM의 품격과 사업 전망

크립토경제 플랫폼을 개발하고 연계된 코인을 선순환 구조로 생태계를 조성한다는 것은 말처럼 쉽지 않다. 그리고 그것을 객관적으로 평가받을 수 있는 방법도 그리 녹록지 않다. XTRM은 크립토경제 Wallet으로 업무를 시작하는 2020년 5월 현재 XTRM과 Bitcoin, Ether, Litecoin, Ripple, 그리고 Yo coin 등 5종만을 연결하고 있으나 앞으로 확대될 것이라고 한다.

사업법인은 미국 델라웨어주에 설립된 xtrm.world로, XTRM은 2013년 국제 인증기관인 ISO/IEA 27001의 승인을 받았다. 이 블록체인의 핵심 기술은 중앙 서버가 아닌 분산 서버이며 샤딩 및 플라즈마 기술 위에 XTRM 지갑으로 서비스된다. ISO/IEC27001은 ISO International Organization for Standardization 와 IEC International Electro technical Commission 에서 설정한 정보관리 시스템에 대한 국제 표준이다. 이는 정보 보호 분야에서 가장 권위 있는 국제 인증으로 이 인증을 받으려면 정보 보안 정책, 물리적 보안 및 액세스 제어를 포함하여 정보 보안과 관련된 11개 영역에서 133개 항목에 대해 엄격한 심사받는 검증 과정을 통과해야 한다. 좀 더 자세히 보면 이 인증은 정보, 기밀성 및 무결성에 대한 지속적인 액세스뿐만 아니라 법률 및 규정 준수를 가능하게 하는 정보 보안관리 시스템 ISMS 을 위한 프레임 워크를 제공해야 한다. 인터넷상에서 나의 중요한 자산을 보호하는 시스템은 ISO 27001 인증을 획득한 시스템을 선택해야 안전하지 않을까?

[그림 11-14] XTRM 회사 등록증

[그림 11-15] XTRM ISO 등록증

앞으로 xtrm world의 사업 플랫폼은 다음과 같은 영역으로 확장할 계획이다.

- Crypto의 일반 거래와 재정 거래
- Crypto Dapp & DEX
- Forex의 일반 거래와 재정 거래
- Crypto Bank/DEFI
- Crypto 카지노
- Crypto 쇼핑몰 등의 다양한 사업을 펼칠 예정이다.

이러한 사업 확장의 대략적인 일정은 다음과 같다.[6]

- 2020년 1분기 사업 시작
- 2020년 2분기 사업 확장
- 2020년 3분기 일반 거래와 재정 거래
- 2021년 1분기 쇼핑몰^{convential markets} 진입 등

다만 새로운 분산형 인터넷 개념을 기반으로 시작되는 비즈니스 모델이기 때문에 많은 수정 보완이 지속되면서 1년 내에는 안정화될 것이라고 조심스럽게 예상해 본다. 이 기간은 불확실성이 분명히 존재하지만, 미래를 준비하는 투자자의 입장에서 보면 이 회사는 지난 수년간의 역경을 극복하고 새로운 시스템을 출시했다는 결과물을 보면서 본 사업의 발전을 전제로 도전해 볼 만한 가치가 있다고 판단된다.

5) 사업 참여 기본 자세와 참여 방법

이 사업은 한국에서 xtrm.world 주관으로 Global XTRM Forum이 진행할 것으로 알려졌다. 지금까지 여러 해 동안 필자는 직·간접 경험을 했기에 개발자인 베네지 회장의 노고에 감사하고, 독자들께서도 미래를 함께 개척해 가기를 소망한다. 한국과 관계가 좋은 인도가 좋은 기술과 플랫폼을 만들었다면, 한국은 이 기반을 활용해 세계 시장에 진출해 한·인 양국이 세계 신경제 질서 개편을 리

6) https://xtrm.world/xtrmwhitepaper.pdf 참고

드하고 서민경제를 활성화하는 자본주의를 만들어 갈 수 있을 것이다. 세계의 많은 소비자가 실전에 참여하면 한국과 인도를 기점으로 아시아 여러 나라와 크립토경제의 활성화를 이끌어 갈 수 있다. 이런 결속은 세계 글로벌 서민경제에 큰 개선을 가져올 수 있다고 생각된다.

이 액스트림 사업에 참여하기 위해서는 다음 링크로 회원 가입, 즉 CREATE AN ACCOUNT에서 가입하면 된다. 회원 가입하고 나서 시스템을 점검하고 확신이 서면 지갑으로 위 코인 종류를 전송하면 된다.

https://xtrm.world/signup.php?referral=WIS

• Name:/ Email: / Mobile No.: /Country Name: / Password: / Repeat Password: / agree to terms & Policy: 확인 체크

[그림 11-16] XTRM 회원 등록 양식

6) 암호자산의 투자 원칙

이제 책을 마무리하는 결론 부분에서 한 가지 확실히 해야 할 다짐이 있다. 모든 사업 투자라는 것이 다 그러하듯이 위에서 소개한 몇 가지 비즈 모델들을 포함한 모든 사업의 판단과 투자는 당사자의 책임하에 이뤄져야 한다. 본인의 투자는 본인의 자발적 투자를 전제로 하기 때문이다. 만일에 있을 수도 있는 암호화폐시장의 급격한 하락이나 해당 기업의 파산과 같은 리스크는 본인이 감수하여야 한다. 또한, 반품이나 환불이 불가하기 때문에 투자 원금은 보장받을 수 없다. 결론적으로 수익과 손실은 본인 몫임을 인정하고, 이에 어떠한 민·형사상의 책임을 누구에게도 돌리지 않는 각오가 되어 있어야 한다.

이러한 각오와 다짐 없이 요행을 바라는 기회주의자적 자세로 이익을 앞에 두고는 배신하여 함께하는 동지 사업자들에게 책임을 떠넘기거나 법정에 걸어 멱살잡이를 하는 것은 반 블록체인적 정신이며, 원래의 신뢰 제로의 인간상으로 되돌아가는 것이다. 항상 블록체인적 가치관 위에 신뢰 인간 사회를 회복하도록 노력해야 한다.

장별 저자 소개

1장/ 사람이 쓰는 돈, 기계가 쓰는 돈

- 안동수
- adongs@kbs.co.kr
- 경영학 박사
- (사)한국블록체인기업진흥협회 수석부회장
- 저서: 『알기쉬운 비트코인 가상화폐』, 『디지로드 5.0 』
- 전) KBS 부사장

2장/ 암호화폐 개론

- 김형중
- khj-@korea.ac.kr
- 고려대학교 교수
- 한국핀테크학회 회장
- 고려대학교 암호화폐연구센터 센터장

3장/ 코인 이코노미의 2차 성장 전략

- 이서령
- esrlee@gmail.com
- 경영학 박사(혁신)
- (사)한국소프트웨어기술인협회 회장
- (사)한국블록체인기업진흥협회 사무총장
- 선문대학교 겸임교수(글로벌경영학과)
- 산업정책연구원(IPS) 연구교수
- 전) 과학기술연합대학원대학교(UST) 초빙교수
- 전) 국회정책연구위원(1급)

4장/ 블록체인 분야별 적용 방안

- 양해진
- jehonour08@hanmail.net
- 정부재정회계학 박사/ 법학석사
- (사)한국공유정책연구원 이사장
- 국가미래기술경영연구소 부소장

5장/ 금융기관의 블록체인 기반 경영 변화 전략

- 채경채
- chaechae33@gmail.com
- 연세대학교 경영학 석사
- 한국산업은행 근무
- 『알기쉬운 비트코인 가상화폐』 공저자

6장/ 암호화폐 보안 위협

- 기태현
- ceo@blockchain4security.kr
- 서울여자대학교 정보보호학과 겸임교수
- (주)블록체인시큐리티 대표이사
- 한국인프라정보보안포럼 사무국장
- 블록체인조정협회 보안 자문
- 모파스 메인넷 기술 자문

7장/ 법과 제도의 준비 현황과 과제

- 신용우
- yongwoos@assembly.go.kr
- 변호사
- 국회 입법조사관

8장/블록체인의 글로벌 프로젝트

- 김호진
- khjsys@daum,net
- University of Illinois at Urbana-Champaign 공학박사
- 정부재정회계학 박사과정/ 법학석사
- 노무라 경제연구소 객원 연구원
- 중국 베이징대학 교수

9장/공유경제의 완성, 소셜 블록체인

- 박항준
- dhanwool@gmail.com
- 세한대학교 교수
- 액셀러레이터 ㈜하이퍼텍스트메이커스 대표이사
- 통일부 (사)우리경제협력기업협회 부회장
- 한국공유경제정책연구원 부원장
- 저서:『크립토경제의 미래』,『스마트업 패러독스』,『더마켓』

10장/초엔트로피 시대의 블록체인 미래 전략

- 리재학
- jhl3003@gmail.com
- 과학철학박사
- UN-NGO 국제경제기구 세계유통연맹 이사장
- (사)유엔조달협회 이사장
- 한국생명공학연구소 소장
- 극동과학기술대학교 석좌교수

11장/ 암호화폐 사업의 실전

- 안동수
- adongs@kbs.co.kr
- 경영학 박사
- (사)한국블록체인기업진흥협회 수석부회장
- 저서:『알기쉬운 비트코인 가상화폐』,『디지로드 5.0 』
- 전) KBS 부사장

혁명군과 함께 **새로운 경제세계로 진군하라**

휴대폰 인류의
블록체인 디파이 혁명

초판 1쇄 발행   2020년   5월   28일
초판 2쇄 발행   2021년   4월   23일
초판 3쇄 발행   2022년   3월   1일

지 은 이 | 기태현, 김형중, 김호진, 리재학, 박항준,
              신용우, 안동수, 양해진, 이서령, 채경채
펴 낸 이 | 박정태
편집이사 | 이명수   출판기획 | 정하경
편 집 부 | 김동서, 위가연
마 케 팅 | 박명준, 박두리   온라인마케팅 | 박용대
경영지원 | 최윤숙

펴낸곳   BOOK STAR
출판등록   2006. 9. 8. 제 313-2006-000198 호
주소   파주시 파주출판문화도시 광인사길 161 광문각 B/D 4F
전화   031)955-8787
팩스   031)955-3730
E-mail   kwangmk7@hanmail.net
홈페이지   www.kwangmoonkag.co.kr

ISBN   979-11-88768-24-0 13320
가격   19,000원